Niveau intermédiaire

Exercices

Vocabulaire expliqué du français

Nicole Larger
Reine Mimran

CLE
INTERNATIONAL
www.cle-inter.com

Direction éditoriale : Michèle GRANDMANGIN
Édition : Odile BENON TANOH
Correction : Jean-Pierre DELARUE
Illustrations : Denis LARGER
Couverture : Laurence DURANDEAU

AVANT-PROPOS

Ce *Cahier d'exercices* accompagne le *Vocabulaire expliqué du français*. Comme lui, il s'adresse à des étudiants de niveau intermédiaire et avancé.

Ces exercices ont été conçus comme l'application des notions abordées dans le *Vocabulaire expliqué du français*, niveau intermédiaire. On les retrouve donc regroupés selon les mêmes catégories :
■ **LA VIE DES MOTS** (préfixe, suffixe, mots composés… ; synonymes, antonymes…)
■ **LES MOTS DANS LA VIE** (registres de langue, sigles, néologismes… ; tournures idiomatiques ou imagées…)
■ **LES MOTS ET VOUS** (comment localiser, décrire, raconter ; précisions sur le genre, l'orthographe…)
Cette organisation permet de se reporter facilement au *Vocabulaire expliqué du français* ; le manuel peut néanmoins être utilisé indépendamment du *Vocabulaire*.

Les exercices proposés sont variés et progressifs. Outre les habituels exercices à trous, nous avons introduit des mots croisés, des devinettes, des charades et des jeux sur le sens des mots.
Mais cette variété n'exclut pas l'ordre. Au contraire, elle s'inscrit dans un ordre, dans une progression bien déterminés. En effet, chaque leçon conduit l'étudiant à une connaissance du vocabulaire à travers des étapes précises :
– la **réflexion** sur les mots grâce à des exercices d'observation, d'association et de classement ;
– la **reformulation**, dans des exercices visant à préciser le sens des mots (définitions) et dans les exercices de rédaction ;
– l'**évaluation** : dans les exercices à trous, les questions à choix multiples et dans les cinq bilans qui clôturent les chapitres de l'ouvrage, l'étudiant pourra lui-même tester les connaissances acquises.

Nous espérons que ces exercices permettront à l'étudiant de s'approprier le sens des mots et de comprendre ainsi le fonctionnement de la langue.

SOMMAIRE

LA VIE DES MOTS

I

1. LA FORMATION DES MOTS

1 • 1 Les préfixes

• Les préfixes de verbes

1. Observez les mots suivants et soulignez le préfixe.

1. aplatir – 2. commettre – 3. désorganiser – 4. intervenir – 5. transporter.

2. Amusez-vous ! Complétez le mot à l'aide de la définition qui vous est donnée.

Ex. : *Retirer le fil électrique d'une prise.*

| D | | R | | | | R | → | D | É | B | R | A | N | C | H | E | R |

1. faire voir, montrer → | D | | V | | L | | R |

2. retirer les souliers → | D | | C | | | S | | R |

3. ouvrir une lettre → | D | | C | | C | H | e | T | e | R |

4. ne pas être d'accord → | D | | S | | P | | | | | R |

5. débarrasser la table → | D | | S | | | V | R |

3. À l'aide d'un préfixe, donnez la forme négative des verbes soulignés.

Ex. : *intéresser* et **dés**intéresser.

Elle se **désintéresse** *de toutes les activités qui l'*intéressaient *autrefois.*

1. La petite fille joue à habiller et à .... sa poupée.

2. Elle est très agitée, elle passe son temps à placer et à ...., à ranger et à .... tout ce qui lui tombe sous la main.

3. Pour faire une ronde, les petites filles joignaient leurs mains et étaient bien attentives à ne pas les ....

4. Certains poissons, par exemple la morue, n'ont pas besoin d'être salés, au contraire il faut les ....

4. À partir des noms suivants, donnez deux formes verbales opposées. Ensuite, faites une phrase avec chacune d'elles.

Ex. : *barque* → **em**barquer, **dé**barquer

Nous **embarquerons** *ce soir à Brest et nous arriverons à Southampton dans deux jours. Nous* **débarquerons** *alors la marchandise.*

1. le courage – 2. le dommage – 3. le ménage – 4. la racine.

5. À partir des verbes ou des noms soulignés, donnez le verbe constitué avec le préfixe *re-* (ou *r-* ou *ré-*).

Ex. : *Quand j'étais au lycée, j'avais une amie que j'aimais beaucoup. Le soir, à la fin de nos cours, nous nous* accompagnions *et* **raccompagnions** *mutuellement chez l'une et chez l'autre pendant des heures.*

1. Allumer et .... une lampe est parfois un signal pour communiquer.

2. La police a attrapé ce gangster une première fois. Mais il a réussi à s'évader et maintenant il faut le ....

3. Je lui ai écrit et .... des dizaines de fois sans qu'elle me réponde. Désormais, je ne lui enverrai plus une seule lettre.

4. On lui a dit et .... que la cigarette était mauvaise pour la santé, mais il ne veut rien entendre et il continue à fumer ses deux paquets par jour.

5. Il lui a envoyé une magnifique bague qu'elle lui a .... aussitôt.

6. « Vous avez très bien organisé ce service, » a dit le nouveau directeur, « mais il faut penser maintenant à le moderniser et donc à le .... ».

7. « Ce que Dieu a uni, l'homme ne peut pas le séparer » a dit le prêtre à tous ceux qui étaient .... ce jour-là pour le mariage.

8. Il lisait et .... le texte sans y comprendre quoi que ce soit.

9. La baby-sitter amenait l'enfant au jardin vers les deux heures et elle le .... à la maison à quatre heures tapantes.

10. Ne t'en fais pas, tu as bien agi ; ce que tu as fait, tu l'as bien fait, garde courage, allons, tu dois .... !

11. Le sauteur à la perche a essayé de passer les 6 mètres, il a échoué mais il va ....

12. Devant un tribunal sceptique, le témoin affirmait et .... qu'il disait la vérité.

6. Dites ce qui pourrait être supprimé dans les phrases suivantes.
1. Il a lu le poème puis il l'a relu une autre fois.
2. L'enfant faisait un château de sable qu'il défaisait et refaisait de nouveau.
3. Elle a appelé son ami et l'a rappelé une seconde fois.
4. Le député espère être réélu encore une fois.

7. Choisissez le verbe qui convient (*re-*, *r-* est un préfixe qui marque la répétition ou un retour à un état antérieur ; *dé-* a une valeur négative ; attention au groupe « *peindre, repeindre, dépeindre* »**).**

1. *accrocher, raccrocher, décrocher*

a. Le téléphone sonne, qui peut .... ?

b. N'oublie pas de .... le téléphone quand tu auras fini de parler.

c. .... votre manteau au portemanteau. Ne le laissez pas sur la chaise !

2. *monter, remonter, démonter*

a. J'ai acheté ce meuble dans une grande surface et je l'ai .... toute seule !!! C'est bien, hein ?

b. Non, ce n'est pas très bien, tu as interverti les portes, c'est pour cela que tu ne peux pas les ouvrir. Maintenant, tu dois le .... et le ....

c. Pierre, ne reste pas dans la rue, je n'ai pas encore fini de me préparer, ... !

3. *loger, reloger, déloger*

a. La mairie a promis de .... cette famille de dix personnes dans un appartement plus spacieux.

b. Nous n'avons pas trouvé d'appartement, nous .... à l'hôtel en ce moment.

c. La police a .... un groupe de squatters qui occupaient un bâtiment administratif.

4. *commander, recommander, décommander*

a. Je vous .... le poisson, il est très frais, il est très bon dans ce restaurant.

b. Je ne me sens pas bien, je vais .... le rendez-vous que j'avais pris avec mes amis.

c. Désolée, je suis en retard, mais je ne trouvais pas le restaurant ! Est-ce que vous avez déjà .... ?

5. *peindre, repeindre, dépeindre*

a. L'appartement est en mauvais état, il faut tout ....

b. La maison était exactement comme mon amie me l'avait ....

c. Léonard de Vinci a .... *la Joconde*.

8. Dites si le préfixe *re-* marque la répétition ou non dans les verbes suivants.

1. réapprendre   ❑ oui   ❑ non   4. réclamer   ❑ oui   ❑ non

2. réchauffer   ❑ oui   ❑ non   5. réfléchir   ❑ oui   ❑ non

3. réciter   ❑ oui   ❑ non   6. refaire   ❑ oui   ❑ non

9. À partir de l'infinitif indiqué, formez deux, trois ou quatre verbes à l'aide de préfixes différents et faites une courte phrase avec chacun de ces verbes.

Ex. : *paraître* → **dis**paraître, **re**paraître
  *Ce journal **paraît** le lundi.*
  *Le soleil **a disparu**, la nuit tombe, mais il **reparaîtra** demain, si le temps est beau.*

1. faire – 2. mener – 3. porter – 4. poser – 5. venir.

10. Parmi les préfixes *ad-, con-, contre-, dé-, en-, entre-, inter-, me-, pré-, re-, sous-, sur-,* choisissez ceux qui peuvent accompagner les verbes ci-dessous en faisant des ajustements orthographiques quand c'est nécessaire.

Ex. : *courir → accourir (ad-), recourir, concourir, secourir (sub-/sous-)*

1. dire ....

2. lever ....

3. mettre ....

4. prendre ....

5. tenir ....

11. Ne nous trompons pas : répondez aux questions suivantes.

Ex. : *Est-ce que « **dé**voiler » est le contraire de « voiler » ? → **Oui.***
*« **Dé**finir » est-il le contraire de « finir » ? → **Non : finir = terminer ; définir = expliquer, donner un sens.***

1. Est-ce que « **dé**faire » est le contraire de « faire » ? →
2. Est-ce que « **dé**plaire » est le contraire de « plaire » ? →
3. « **Dé**fendre » est-il le contraire de « fendre » ? →
4. Est-ce que « **dé**peindre » est le contraire de « peindre » ? →
5. Est-ce que « **dé**livrer un homme » est le contraire de : « libérer un homme » ? →
6. Est-ce que « **dé**sespérer » est le contraire de « espérer » ? →

12. Retrouver le radical de base des verbes suivants. (C'est généralement le radical de l'adjectif.)

Ex. : *enlaidir : -laid-*

1. affaiblir : ....
2. allonger : ....
3. attrister : ....
4. embellir : ....

5. raccourcir : ....
6. ralentir : ....
7. rassurer : ....
8. rétrécir : ....

• Les préfixes de noms et d'adjectifs

1. Observez, soulignez le préfixe et donnez sa valeur.

Ex. : *hypertension → **hyper**tension ; ce préfixe marque la grandeur, l'excès.*
1. archi-connu – 2. désillusion – 3. irréprochable – 4. mésentente – 5. minijupe – 6. polygame – 7. surcharge – 8. triangle – 9. ultramoderne – 10. uniforme.

2. Observez et repérez le mot qui logiquement n'appartient pas à la liste.

anonyme ; désespéré ; incroyable ; irréel ; malheureux ; préscolaire.

3. Devinons.

Ex. : *Est-ce qu'une <u>multi</u>nationale est une autoroute ? → **Non, c'est une société qui a des activités dans plusieurs pays.***

1. Est-ce qu'un <u>poly</u>glotte est un malade ? → ....
2. Est-ce qu'un <u>hémi</u>sphère est un gâteau ? → ....
3. Est-ce qu'une <u>multi</u>tude est une qualité ? → ....

4. Est-ce qu'un <u>monologue</u> est un homme qui aime la solitude ? → ....

5. Est-ce que le <u>polygame</u> est un jeu ? → ....

6. Est-ce qu'un <u>interligne</u> est une règle pour tirer des traits ? → ....

7. Est-ce que la <u>périphérie</u> est un fil électrique ? → ....

8. Est-ce qu'un <u>intervalle</u> est un arbre ? → ....

4. Répondez aux questions suivantes.

1. Comment appelle-t-on une famille qui comporte un seul parent ? ....

2. Quel adjectif qualifie une voix uniforme, qui ne change pas, qui a un seul ton ? ...

3. Quel adjectif qualifie une personne qui parle deux langues ? ....

4. Quel adjectif qualifie une <u>salle</u> qui n'est pas tout à fait circulaire ? ....

5. Comment appelle-t-on un journal qui paraît une fois par semaine ? ....

6. Quel adjectif qualifie un vêtement qu'on ne peut mettre ? ....

7. Quel adjectif qualifie deux personnes qu'on ne peut séparer ? ....

8. Comment appelle-t-on une personne qui ne fait pas connaître son nom ? ....

5. Cochez la bonne réponse.

1. Un avant-centre est ❑ a. un animal.
   ❑ b. un footballeur qui joue au centre de la ligne d'attaque.
   ❑ c. une pièce de monnaie.

2. Une postface est ❑ a. un visage fatigué.
   ❑ b. un tableau.
   ❑ c. un texte placé en fin de livre.

3. La préretraite est ❑ a. la situation de quelqu'un qui s'est arrêté de travailler avant le temps fixé.
   ❑ b. une région de France.
   ❑ c. une maladie.

4. Le superflu est ❑ a. un insecte.
   ❑ b. ce qui est en plus, ce qui n'est pas absolument nécessaire.
   ❑ c. une rivière.

5. Le surmenage est ❑ a. un outil.
   ❑ b. un oiseau.
   ❑ c. un état de fatigue extrême dû à un excès de travail.

6. Complétez les phrases suivantes en utilisant des préfixes qui marquent un degré élevé, un excès : *archi-, extra-, hyper-, sur-, ultra-*.

Ex. : *Cette information est <u>tout à fait fausse</u>, elle est **archifausse**.*

1. Un enfant <u>très doué</u> est un enfant ....

2. Une petite fille <u>très sensible</u> est une petite fille ....

3. Une salle <u>très pleine</u> est une salle ....

4. Un artiste <u>très connu</u> est un artiste ....

5. Une personne qui <u>sort complètement de l'ordinaire</u> est une personne extraordinaire

6. Une robe <u>très chic</u> est une robe ....

7. Une personne <u>très excitée</u> est une personne ....

8. Une ville <u>très peuplée</u> est une ville ....

7. Complétez les phrases suivantes en utilisant des préfixes qui marquent la petitesse : *mini-, micro-.*

1. Les enfants adorent jouer dans ce petit golf, dans ce ....

2. Elle porte toujours des jupes très, très courtes, elle porte des ....

3. Ils habitent dans un tout petit appartement, dans un appartement

....

4. Elle est enrhumée, elle risque de vous contaminer, elle peut vous passer ses

....

5. Ma vie a changé depuis que j'ai acheté un appareil qui fait cuire en quelques minutes tous les plats que j'y mets, depuis que j'ai un four à ....

8. Associez les deux colonnes de manière à former des mots préfixés (verbe, nom, adjectif…).

1. arrière-   a. bus
2. dés-   b. marché
3. mé-   c. excité
4. mini-   d. porter
5. pré-   e. objectif
6. super-   f. avis
7. sur-   g. pays
8. télé-   h. union
9. trans-   i. content

9. Quel est cet objet ?

1. Elle me permet de changer de chaînes télé. → ....

2. Il empêche les voleurs de prendre ma bicyclette. → ....

3. Il me protège de la pluie. → ....

4. Il me protège des courants d'air. → ....

5. Il me permet d'échapper à la foudre. → ....

6. Fixé sur ma voiture, il me permet de voir derrière moi sans me retourner.

→ ....

10 À l'aide de suffixes négatifs : *dé-, dés-, dis-, mal-, mé-,* **donnez le contraire de :**

1. l'adresse *(f)* → ....
2. l'approbation *(f)* → ....
3. la chance → ....
4. l'espoir *(m)* → ....
5. le gel → ....
6. l'honnêteté *(f)* → ....
7. l'illusion *(f)* → ....
8. la loyauté → ....
9. l'obéissance *(f)* → ....
10. l'ordre *(m)* → ....

11. connu → ....
12. content → ....
13. habile → ....
14. heureux → ....
15. intéressé → ....
16. ordonné → ....
17. propre → ....
18. sain → ....
19. semblable → ....
20. symétrique → ....

11. Remplacez l'expression soulignée par un adjectif à valeur négative.

Ex. : *un événement qu'on ne peut pas prévoir* → *un événement* **imprévisible**

1. une histoire qu'on ne peut pas croire → ....
2. un comportement qu'on ne peut pas admettre → ....
3. un objet qui ne sert à rien → ....
4. un homme sans reproche → ....
5. un sourire auquel on ne peut pas résister → ....
6. un fait dont on ne peut pas douter → ....
7. un vêtement qui ne laisse pas passer l'eau → ....
8. un geste qui n'est pas voulu → ....
9. un événement qu'on n'a pas prévu → ....
10. un corps qui semble sans vie → ....

12. Associez les mots des deux colonnes de manière à former des noms préfixés.

■ Série A

1. sans-   a. femme
2. vice-   b. lieu
3. ex-   c. sol
4. non-   d. gêne
5. sous-   e. président

■ Série B

1. entr   a. adresse
2. pré   b. conformisme
3. avant-   c. acte
4. anti   d. face
5. mal   e. première

13. Retrouvez le préfixe associé au verbe DIRE : *contre-, inter-, mé-, pré-, re-.*

1. Avant même l'annonce des résultats, je lui avais ....*dit* qu'il réussirait. Je sais qu'il est intelligent, travailleur, sérieux et tenace.

2. Je ne le supporte plus ; quand je dis oui, il dit non, quand je dis vert, il dit rouge, il passe son temps à me ....*dire*.

3. De nombreux panneaux signalent qu'il est ....*dit* de stationner dans cette rue très étroite.

4. On a beau expliquer, répéter les explications, dire et ....*dire* les mêmes choses, ils ne comprennent pas.

5. Certaines personnes trouvent passionnant de dire du mal des autres, de ....*dire* des autres.

14. Retrouvez le préfixe associé au verbe SE FIER : *con-, dé-, mé-.*

1. Mon amie n'aime pas faire des confidences, elle se ....*fie* rarement.

2. Je n'ai aucune confiance en lui, je me ....*fie* de lui.

3. Ne lui fais pas une confiance aveugle, ...*fie*-toi de lui, il n'est pas très honnête.

15. Retrouvez le préfixe associé au verbe LEVER : *en-, re-, sou-.*

1. Avant de se mettre au lit, elle retire, elle ....*lève* sa montre, ses bagues et sa chaîne de cou.

2. Tout le monde s'est précipité pour aider la vieille femme, qui était tombée, à se remettre debout, à se ....*lever.*

3. Les chevaux galopaient en ....*levant* la poussière du chemin.

16. Retrouvez le préfixe associé au verbe MENER : *a-, dé-, em-, ra-, sur-.* (Attention aux élisions.)

1. Mon fils a une otite, je vais le ....*mener* chez le médecin.

2. Arrête de t'agiter, de te ....*mener* comme tu le fais, repose-toi un peu, tu te ....*mènes.*

3. La fin de la guerre a fait revenir les prisonniers, les a ....*menés* chez eux.

4. Nous quittons la ville pendant les vacances, nous ....*menons* les enfants à la campagne.

17. Retrouvez le préfixe associé à METTRE : *ad-, com-, é-, per-, pro-, re-, sou-, trans-.* (Attention aux élisions.)

1. Dans cette rue, le stationnement est autorisé, ...*mis*, seulement pour les riverains, pour les habitants de la rue.

2. Le député a dit avec force, a ....*mis* de faire baisser le chômage.

3. Ne touche pas à cette statuette, elle est fragile, ...*mets*-la vite à sa place.

4. Les employés ont présenté, ont ....*mis* au directeur un nouveau plan de restructuration de l'entreprise.

5.La plupart des salariés sont obligés de payer l'impôt, ils sont ....*mis* à l'impôt.

6. Je reconnais, je ....*mets* qu'il est difficile de résoudre le problème de la pollution.

7. Cette propriété s'est ....*mise* dans la famille de génération en génération.

8. Dans un procès, on s'en ....*met* généralement à son avocat.

18. Retrouvez le préfixe associé au verbe PORTER : *ap-, com-, em-, ex-, im-, rap-, rem-, sup-, trans-.*

1. Quand elle part en voyage, elle ....*emporte* toujours trop de vêtements, trop de bagages.

2. N'oublie pas de ....*porter* les livres à la bibliothèque !

3. Ce pays qui n'a pas d'industrie ....*porte* des produits manufacturés.

4. La France ....*porte* ses vins, ses fromages, et la mode de ses couturiers.

5. Cette femme admirable a ....*porté* avec courage toutes les difficultés de la vie et elle s'est ....*portée* en véritable sainte.

6. La maison entourée d'un grand jardin ....*portait* une dizaine de pièces.

7. Peux-tu me ....*porter* un verre d'eau, s'il te plaît ? Je suis trop épuisée pour aller jusqu'à la cuisine.

8. De nombreuses péniches passent sur le fleuve, ...portant toutes sortes de matières premières.

9. « Garçon, ...portez ce steak, s'il vous plaît, il n'est pas assez cuit à mon goût ! »

19. Retrouvez le préfixe associé au verbe POSER : *com-, dé-, entre-, pro-, re-, sup-.*

1. Je pense, je ....pose que la grève des transports se prolongera si les employés n'obtiennent pas l'augmentation de salaire qu'ils ont demandée.

2. Maurice Ravel a ....posé un concerto pour la main gauche, dédié et destiné à un musicien autrichien qui avait perdu sa main droite au cours de la Première Guerre mondiale.

3. Quel est le sujet de philosophie ....posé au baccalauréat cette année ?

4. L'expert a pris la statuette, l'a tournée, retournée, l'a longuement regardée, puis l'a ....posée délicatement.

5. Pour ouvrir sa porte, elle a dû d'abord ....poser tous les paquets qu'elle portait.

6. Faute de place dans son nouvel appartement, il a ....posé quelques-uns de ses meubles dans un garde-meubles.

20. Retrouvez le préfixe associé au verbe PRENDRE : *ap-, com-, entre-, re-, sur-.*

1. Est-ce qu'il reste du gâteau au chocolat ? J'en ....prendrai bien un autre morceau, il est vraiment délicieux.

2. Christophe Colomb a ....pris un voyage qui devait, croyait-il, le conduire vers les Indes.

3. Mon ami a ....pris son fils de 11 ans, en train de fumer un gros cigare.

4. Elle a décidé d'...........prendre par cœur un très long poème de Victor Hugo.

5. Je n'ai jamais rien ....pris aux mathématiques.

21. Retrouvez le préfixe associé au verbe TENIR : *con-, entre-, main-, re-, sou-.*

1. On nous a ....tenus plusieurs heures à la frontière. Personne n'a pu nous en expliquer la raison.

2. Une énorme poutre ....tenait le mur qui était sur le point de tomber.

3. Combien de places ....tient l'Opéra Bastille ?

4. Elle ....tient sa forme en faisant une heure de gymnastique chaque jour.

5. Dans les salles chaudes des thermes romains, un système de chauffage par le sol ....tenait une chaleur constante.

22. Retrouvez le préfixe associé au verbe VENIR : *con-, de-, inter-, pré-, pro-, re-, sou-, sub-, sur-.*

1. C'est au XVIIᵉ siècle que la France est ....venue un pays très centralisé.

2. De nombreux passants sont ....venus pour séparer les deux jeunes gens qui se battaient.

3. Je vous le dis, je vous ....*viens*, si vous continuez à fumer, vous risquez d'avoir dans quelques années de graves ennuis de santé.

4. Attends-moi, je ....*viens* dans un instant.

5. Est-ce que la chambre vous ....*vient*, vous la prenez ?

6. Cette erreur ....*vient* de votre ignorance.

7. On dit que les gens âgés se ....*viennent* mieux de leur enfance que des événements les plus proches.

8. Une loi oblige les parents à ....*venir* aux besoins de leurs enfants jusqu'à la fin de leurs études.

9. Je répète mes explications de crainte qu'un malentendu ne ....*vienne*.

1 • *2* Les suffixes

• Les suffixes de verbes

1. Observez et entourez le suffixe.

Ex. : *blanchir*

1. chantonner – 2. danser – 3. raréfier – 4. rationaliser – 5. gratouiller *(fam.)* – 6. vieillir – 7. vivoter.

2. Formez un verbe sur les mots suivants. (Attention à la modification possible du radical verbal).

Ex. : *étincelle* → ***étinceler***

1. cri → .... – 2. don → .... – 3. saut → .... –
4. signal → .... – 5. galop → .... – 6. bavard → .... –
7. rêve → .... – 8. vide → .... – 9. numéro → .... –
10. différence → .... – 11. privilège → ....

3. Remplacez l'expression soulignée par un verbe simple. (Attention à la construction des verbes.)

Ex. : *Ce chef d'entreprise espère que la publicité lui permettra de <u>rendre rentable</u> son entreprise.* → *de **rentabiliser** son entreprise.*

1. Ce travail que j'ai fait il y a une dizaine d'années me semble un peu dépassé, il faut <u>le rendre actuel</u>, il faut l'....................... .

2. Le téléphone portable est <u>devenu banal</u> ; il s'est ....

3. Mes cheveux n'ont pas tous la même longueur, je vais aller chez le coiffeur pour <u>leur donner une longueur égale</u>, pour les ....

4. En accrochant partout les photos de ses enfants, le prisonnier avait essayé de <u>rendre sa cellule plus personnelle</u>, il avait essayé de la _personnaliser_ ....

5. Quand il boit de l'alcool, cet homme qui est la douceur même normalement, <u>traite sa femme d'une façon brutale</u> : il la ....

6. D'accord, votre mari ne fait rien à la maison, il vous regarde travailler ; mais il ne faut pas <u>en faire une généralité</u>, vous ne devez pas .... , beaucoup d'hommes aujourd'hui mettent la main à la pâte.

7. De nombreuses personnes voudraient <u>rendre légal</u>, ... l'usage de certaines drogues.

8. Le gouvernement cherche à rendre les régions plus autonomes, en leur donnant plus de pouvoirs, <u>en abandonnant le centralisme</u>, en ....

4. Sur le modèle *sonore/sonoriser*, donnez le verbe formé sur les adjectifs et les noms suivants. Ensuite, introduisez ce verbe dans une courte phrase.
(Attention à la modification possible du radical.)

Ex. : *utile* → **utiliser**
→ *Ce célèbre écrivain affirme qu'il <u>utilise</u> un stylo et non pas un ordinateur pour écrire ses romans.*

1. actuel – 2. économe – 3. faveur – 4. général – 5. hôpital – 6. moderne – 7. solidaire – 8. stable – 9. verbal – 10. uniforme.

5. Amusez-vous ! Trouvez le verbe en complétant les cases à l'aide de la définition qui vous est donnée.

Ex. : *rendre intense*

I					F		R	

→ | I | N | T | E | N | S | I | F | I | E | R |

1. rendre fort

F		T				R	

2. rendre faux

F		L		I			R

3. rendre authentique

A			H		N				R

4. transformer en personne

P						F		R

5. rendre divers

D			R					R

6. rendre simple

S			P	L				R

7. organiser en suivant un plan

P		A	N		F		R

6. Remplacez l'expression entre parenthèses par un verbe simple. Faites les transformations nécessaires.

Ex. : *Certains techniciens très habiles **ont miniaturisé** les appareils de photo. (repro-duire en miniature).*

1. Il est très bizarre ; il veut toujours .... les couleurs de ses vêtements. *(trouver une harmonie)*

2. Ses enfants lui ont téléphoné pour lui dire qu'ils étaient bien arrivés ; cela l'a ...., l'a............................. *(rendre plus calme, rendre plus tranquille)*

3. On veut .... les hôpitaux en y invitant des clowns, des musiciens et des comédiens. *(rendre plus humain)*

4. Le crottin de cheval va .... mon jardin. *(rendre plus fertile)*

5. Quand je veux faire comprendre à quelqu'un une question difficile, je la .... *(rendre plus simple)*

6. Grâce à vos explications, j'ai .... cette question. *(rendre plus clair)*

7. Les premiers Européens ont cherché à .... l'Europe. *(faire l'unité de, rendre l'Europe unie)*

8. Plus on grimpe en montagne, plus on constate que l'oxygène se .... *(devenir plus rare)*

7. À partir des adjectifs suivants, composez un petit texte où vous décrirez le ciel depuis l'aube jusqu'au soir.

Ex. : *C'est l'aube, le ciel **blanchit**...*

blanc → rose → pâle → rouge → vert → noir → obscur *ou* sombre.

8. Complétez la phrase en remplaçant l'expression entre parenthèses par un verbe factitif formé sur l'adjectif souligné.

Ex. : *doux → **(s')adoucir** (= rendre doux ou devenir doux : nous avons avec ces deux formes verbales la valeur factitive). – Attention, ce sont des verbes qui peuvent aussi se former à l'aide d'un préfixe.*
→ *Quand il parle à son bébé, il (rend sa voix plus_douce), il **adoucit** sa voix.*

1. Elle a appris le départ de ses amis, cela l'a (rendue <u>triste</u>), cela l'a ....

2. Cette robe est trop longue, il faut (la rendre plus <u>courte</u>), il faut la ....

3. L'eau du bain était trop chaude, j'ai attendu un peu pour la laisser (devenir plus <u>tiède</u>) ....

4. Il n'y avait pas assez de place sur les trottoirs pour les piétons, alors la municipalité a décidé de les (rendre plus <u>larges</u>) ....

5. Il (est devenu très <u>riche</u>) s'est .... en spéculant à la bourse, et puis il (est devenu très <u>pauvre</u>) s'est .... en spéculant à la bourse. C'est la vie.

6. Cette sauce est trop liquide, il faut (la rendre plus <u>épaisse</u>) l' .... en continuant la cuisson.

7. Je rentre, le temps (devient plus <u>frais</u>) .... et je suis légèrement habillée.

8. On (a rendu la région plus <u>saine</u>) .... en asséchant les marais.

9. Remplacez l'expression soulignée par un verbe simple à valeur factitive.

Ex. : *plat* → **(s')aplatir** (= rendre ou devenir plat : c'est la valeur factitive)
→ *Elle déteste ses cheveux épais et frisés ; alors elle passe son temps <u>à les rendre plats</u>, **à les aplatir** avec une brosse.* (Attention, ce sont des verbes qui peuvent aussi se former à l'aide d'un préfixe. – Attention également aux changements de construction.)

Une « amie » rencontre une autre « amie » :

— Bonjour, bonjour, ma chère, il y a longtemps que nous ne nous sommes pas vues. Que deviens-tu ? C'est ton petit garçon ? Enfin, petit, il mesure bien 1 mètre 70, il <u>est devenu très grand</u> .... Et on a l'impression que ses vêtements <u>sont devenus trop étroits pour lui</u> .... Et toi, comment vas-tu ? Et oui, on <u>devient vieux</u> .... Mais tu sais, rassure-toi, tu <u>n'es pas devenue laide</u> .... avec le temps ; non, au contraire on dirait que tu <u>es devenue plus belle,</u> .... mais oui, mais oui… L'âge <u>rend sages</u> .... les gens qui étaient un peu fous et <u>rend beaux</u> .... ceux qui ne l'étaient pas, tu n'as pas remarqué ? Et puis tu <u>es devenue plus mince</u> .... Mais je parle, je parle, allez, au revoir ma chère, et à bientôt peut-être. (Elle revient sur ses pas.) Dis-moi, tu ne t'es pas fait faire un lifting ? J'ai l'impression que tu <u>es devenue plus jeune</u> ...., Arlette.
— Mais je ne m'appelle pas Arlette, je…
— Comment ? Tu as changé de prénom ?

10. Les suffixes diminutifs
Remplacez les verbes soulignés par des verbes qui marquent que l'action se répète et qu'elle se fait pas petits mouvements.

Ex. : *Le vieillard a du mal à manger ; ses mains <u>tremblent légèrement</u>* → *ses mains* **tremblotent.**

L'enfant <u>trotte</u> .... près de sa mère. Quand elle s'arrête devant une vitrine, il <u>saute</u> .... autour d'elle, attendant qu'elle ait repris sa marche. Il <u>tousse</u> .... un peu pour se faire remarquer, mais elle regarde ailleurs. Alors il <u>siffle</u> .... entre ses dents une petite chanson ou il <u>mâche</u> .... un élastique qu'il prend pour un chewing-gum.

• Les suffixes d'adjectifs

1. Observez les mots suivants et entourez le suffixe.
Ex. : *deux<u>ième</u>*

1. argentine – 2. italien – 3. chinoise – 4. révolutionnaire – 5. amour<u>eux</u> – 6. amus<u>ant</u> – 7. acceptable.

2. De quelle nationalité sont-ils ? Complétez les phrases suivantes.

Ex. : *Elle est de Madrid, elle est **espagnole**. – Il vient du Maroc, il est **marocain**.*

1. Il est de Vienne, il est ....

2. Elle est de Bucarest, elle est ....

3. Il est de Toronto, il est ....

4. Elles sont de Téhéran, elles sont ....

5. Il est de New York, il est ....

6. Il est de Dublin, il est ....

7. Il vient du Népal, il est ....

8. Elle vient du Brésil, elle est ....

3. Trouvez l'adjectif correspondant au nom de pays souligné.

Dans la classe, il y avait de nombreux étudiants qui venaient de tous les pays du monde ; certains venaient d'Angleterre → *certains étaient **anglais***, d'autres venaient du Sénégal, du Maroc ou de Tunisie → *d'autres étaient* ....
D'autres encore venaient de Pologne, de Roumanie, d'Allemagne, de Russie, d'Ouzbékistan, de Turquie, de Grèce, de Chine, du Japon, d'Australie, de Corée, d'Angola, de Finlande, de Norvège, de Laponie → *d'autres encore étaient* ....
.... et de bien d'autres pays qui nous pardonneront de ne pas les nommer, il faut s'arrêter sur quelques frontières.

4. Remplacez les expressions soulignées par des adjectifs en *-al*, ou *-el*.

Ex. : *Nous étudierons les sciences de la nature. → les sciences **naturelles**.*

1. Il avait une démarche de roi. → ....

2. J'ai pour vous une affection de frère, lui dit-il. → ....

3. Il faut nourrir l'enfant au lait de sa mère. → ....

4. La météo annonce que le soleil brillera quand les brouillards du matin auront disparu. → ....

5. Elle aime les métiers où l'on travaille avec ses mains. → ....

6. Elle a commencé des études de médecine. → ....

7. Depuis quelques semaines, il a des troubles de la vision. → ....

8. La lettre « a » est la lettre qui est au début de l'alphabet. → ....

5. Remplacez l'expression soulignée par l'adjectif correspondant, d'après les suffixes suivants : *publicit**aire**, norm**al(e)**, chant**eur(-euse)**, vigour**eux(-euse)**, anc**ien(ne)**, faut**if(-ive)**, jurid**ique**.*

Ex. : *Dans une élection, c'est la volonté du peuple qui se manifeste. → la volonté **populaire**.*

1. Cet homme politique a beaucoup d'ambition, il est vraiment ....

2. Prends cette poire, elle a beaucoup de jus, elle est bien ....

3. Je ne supporte pas les gens qui ont toujours l'air <u>de vouloir</u> vous attaquer, <u>vous agresser</u>, qui ont un air ....

4. Elle a découvert très tard qu'elle était la fille de ses parents <u>par adoption</u>, qu'elle était leur fille ....

5. Il fait un vrai temps <u>d'automne</u>, il fait un temps ....

6. Nous assistons à des dérèglements <u>du climat</u>, à des dérèglements ....

7. Cette année notre entreprise <u>a fait des bénéfices</u>, elle est ....

8. Le vieil homme fait sa promenade <u>de tous les jours</u>, sa promenade ....

6. Remplacez l'expression soulignée par l'adjectif correspondant, d'après les suffixes suivants : magnif*ique*, na*ïf*/na*ïve*, poil*u(e)*, la*ïc*/la*ïque*, social*iste*.

1. Je vais participer à des épreuves <u>de sport</u>. → ....

2. Sur ce sujet, nous avons des positions <u>qui sont tout à fait les mêmes</u>. →
....

3. Les tableaux de Rubens et de Renoir montrent des femmes <u>bien en chair</u>. →
....

4. Le téléphone portable va peu à peu remplacer les cabines téléphoniques <u>ouvertes à tous</u>. → ....

5. Les événements de mai 1968 sont des événements <u>qui maintenant appartiennent à l'histoire</u>. → ....

6. C'était un homme paisible, <u>qui ne recherchait que la tranquillité, que la paix</u>. →
....

7. De nombreuses personnes veulent régler les conflits en évitant la guerre, elles sont <u>profondément attachées à la paix</u>. → ....

8. Le septième art est l'art <u>du cinéma</u>. → ....

7. Remplacez l'expression soulignée par un adjectif.

Ex. : *L'U.N.E.S.C.O. est un organisme chargé de missions <u>relatives à la culture</u>.* → ...
culturelles.

1. C'est un événement <u>qui provoque le scandale</u>. → ....

2. Aujourd'hui on doit enseigner aux enfants non seulement les droits mais les devoirs <u>d'un citoyen</u>. → ....

3. C'est un objet <u>qui a son utilité</u>. → ....

4. C'est une région où rien ne pousse, <u>qui ressemble à un désert</u>.
→ ....

5. La féminisation des noms de métier est à la fois un fait <u>de société</u> et un fait <u>de culture</u>.
→ ....

6. Les enfants adorent les voyages <u>qu'ils font par l'imagination</u>. → ....

7. C'est un bracelet en or <u>pris dans la masse</u>. → ....

8. La relation entre Othello et Desdémone est une relation <u>marquée par la passion</u> et <u>la cruauté</u>. → .... et ....

8. Qui est Polysémix ? C'est quelqu'un qui n'est pas très sympathique parce que :

A. 1. Polysémix se met en colère…   → Il est co.. .

2. … et quand il se met en colère,

il a une voix aiguë, désagréable.   → Il a une voix cr........................... .

3. Polysémix parle beaucoup.   → Il est ba .... !

4. Polysémix a peur de tout.   → Il est tr...................................... !

5. Polysémix n'aime pas travailler.   → Il est pa .... !

6. Polysémix parle de lui d'une manière favorable. → Il est van .... !

7. Polysémix parle ou chante très fort.   → Il est bra .... !

8. Polysémix aime se battre.   → Il est bat .... !

B. 1. Polysémix aime les compliments exagérés. → Il aime les compliments fla............. !

2. Polysémix ne dit pas la vérité.   → Il est : men .... ,

3. Polysémix a des envies qui ne durent pas

longtemps.   →   ca.. ,

4. Polysémix veut tout savoir.   →   cu....................................... ,

5. Polysémix aime se moquer des autres.   →   mo...................................... ,

6. Polysémix n'aime pas dépenser.   →   ra....................................... ,

7. Polysémix croit tout ce qu'on lui dit.   →   na....................................... ,

8. Polysémix trompe, triche.   →   tr....................................... .

Quels sont les mots familiers dans A. et B. ? ....

9. Mais parfois, il est sympathique parce que :

A. 1. Polysémix a du courage.   → Il est co........................... .

2. Polysémix sourit tout le temps…   → Il est so........................... .

3. … et même, il aime rire.   → et ri................................ .

4. Polysémix sait se débrouiller.   → Il est dé........................... .

5. Polysémix aime faire de petits travaux de réparations. → Il est bri........................... .

6. Polysémix raconte des histoires qui intéressent.   → Il est in........................... .

7. Polysémix amuse.   → Il est am........................... .

8. Polysémix aime agir.   → Il est ac........................... .

B. 1. Polysémix est étrange, original.   → Il est sin............................... .

2. Dans la vie quotidienne, Polysémix n'utilise pas

sa main droite …   → Il n'est pas dr ....

3. … mais sa main gauche.   → … mais ga......................... .

4. Polysémix est extrêmement riche…   → Il est ri ....

5. … et extrêmement célèbre.   → … et cé............................. .

6. Et puis surtout, Polysémix aime Antonymixa,… → Il est am ....

7. … et parce qu'il aime, il émeut, …   → Il est ém............................. .

8. … et il touche les cœurs.   → Il est to............................. .

10. Que fait Polysémix?

1. Hier Polysémix a mangé un potage très fade, qui n'avait aucun goût. → fad*asse* *(soso)*

2. Aujourd'hui, il a choisi un bon restaurant et il a commandé un plat qui a un très bon goût, un plat plein de saveur. → sa*voureux*

3. Il a commandé aussi un très, très bon dessert. → dé*licieux*

4. Puis, Polysémix va voir un spectacle de contes de fées. → fé*erique*

5. En sortant, il regarde le ciel qui est d'un gris sale. *sucio* → gr*isâtre* (grisáceo)

6. Cette année, Polysémix a eu besoin d'argent, il a demandé un prêt à la banque. → ban*caire*

7. Il aimerait poursuivre des études à l'université. → un*iversitaire*

8. Mais Polysémix a peur d'un danger pour la planète. → pl*anétaire*

11. Observez et donnez la valeur des suffixes présents dans les mots suivants.

1. blanch**âtre** – 2. vach**ard** – 3. fad**asse** – 4. cauchemard**esque**. *tb* *cauche mar*

Blanquecino   *malo*   *moy soso*   *pesadilla*

12. Sur le modèle : *soif/soiffard, fade/fadasse, blanc/blanchâtre,* et en vous aidant d'un dictionnaire, formez des mots à partir d'un des suffixes suivants. Vous en donnerez aussi le sens. (Ces mots sont souvent familiers et péjoratifs.)

	-ard	-asse	-âtre
belle			bell**âtre** : bel homme stupide
1. blond		blondasse d'un vilain blond	
2. brun			brunâtre; tirant sur le brun
3. faible	faiblard (debiluchp) homm un peu faible		
4. homme		hommasse = qui a ce manière d'un homme	
5. idole			idolâtre idólatra
6. mou/molle		mollasse beau de cho, fofo	
7. snob	snobinard cursi, repipi		
8. soûl *(fam.)*	soûlard borrachin		
9. vert	verdâtre d'un vert sale verdosa		

13. Complétez les mots de la dernière phrase à l'aide d'un suffixe à valeur péjorative ou méliorative. (Ces mots sont généralement des mots familiers.)

C'est un homme
1. qui a de la chance;
2. qui a de la veine; *tiene potra*
3. et qui pourtant se lamente, qui geint sans cesse; *sin cesar*
4. en fait ce n'est qu'un homme tout à fait médiocre.

→ C'est un homme chanç*ard*, vein*ard*, geign*ard*, *quejica*

ring*ard*. *médiocre* *hortera*

vi Po
hom...
fo...
ssi...
[so...]

ça fait riguard
es una hortereda

14. Remplacez la proposition soulignée par l'adjectif correspondant.

Ex. : *Le journaliste a posé à l'homme politique des questions qui le gênent.* → *des questions* **gênantes.**

1. C'est un professeur qui exige beaucoup de ses élèves. → *exigeant*
2. Il m'a parlé sur un ton qui menaçait. → *menaçant*
3. Elle portait une tenue qui provoquait. → *provocante*
4. Nous avons des opinions qui diffèrent. → *différente*
5. Le peintre a fait de moi un portrait qui me ressemble tout à fait. → *ressemblant*
6. Les témoins de l'accident ont donné des versions qui concordaient. → *concordantes*
7. C'est un sport qui fatigue beaucoup. → *fatigant*
8. Attention, c'est une sauce qui pique. → *piquante*

15. Même exercice.

1. Votre amie est une femme qui a beaucoup de charme. → *charmante*
2. Elle avait les yeux qui brillaient. → *brillants*
3. J'ai appris une nouvelle qui étonne. → *étonnante*
4. Dans le jour qui finissait, nous nous sommes promenés au bord de l'océan.
→ *finissant*
5. Je ne supporte pas le ton de mépris *desprecio* que cet homme prend parfois pour s'adresser
aux autres. → *méprisant des preciativo*
6. 40° ! La chaleur faisait suffoquer. → … était *suffocante*
7. Ma mère avait une voix qui apaisait. *apacigua* → *apaisante*
8. Les discussions politiques irritent souvent. → … sont *irritants*

16. Remplacez la proposition soulignée par un adjectif de même sens, un adjectif qui marque la possibilité.

Ex. : *C'était un homme qui pouvait inspirer de la pitié.* → *C'était un homme* **pitoyable.** *estima* *lamentable* *lastimoso*

1. L'appartement n'est pas très beau, mais on peut l'habiter, il est *habitable* .
2. C'est un spectacle qui provoquait l'horreur. C'était un spectacle *horrible* .
3. Je peux lire ton écriture, elle est tout à fait *lisible* .
4. N'aie pas peur, c'est une eau qu'on peut boire, c'est une eau *potable* .
5. C'était un petit village où régnait la paix, c'était un petit village *paisible* .
6. Le Mont-Blanc ? Mais c'est un sommet auquel on peut accéder très facilement, c'est un sommet tout à fait *accessible* .
7. Mon ami est une personne qui pratique la charité, c'est une personne *charitable*
8. Le maire était un homme qu'on pouvait respecter, un homme *respectable* . *accede*

17. Même exercice.

1. On dit que Dieu ne peut pas être vu, qu'il est *invisible* .
2. Ce sont des chaussures qu'on peut laver, ce sont des chaussures *lavables* .
3. Elle a vécu des événements qu'elle ne pourra jamais oublier, des événements
inoubliables .

4. C'est un enfant <u>qui ressent très profondément ce qui lui arrive</u>, un enfant très ....*sensible*.......... .

5. Mon voisin <u>est digne d'être aimé parce qu'il cherche toujours à faire plaisir aux autres</u>, il est vraiment très .....*aimable*........... .

6. Il fait chaud, mais c'est une chaleur <u>qu'on peut supporter</u>, une chaleur ...*supportable*....... .

7. Mon petit garçon <u>aime être avec les autres, il aime être en société</u>, il est très ....*sociable*.......... .

8. Voilà la solution <u>qu'on peut souhaiter</u>, c'est la solution ....*souhaitable*.......... .

18. Formez des adjectifs diminutifs en -*et(te)*, -*ot(te)* sur les mots suivants et introduisez-les dans de courtes phrases.

1. pâle – 2. mignonne – 3. propre – 4. simple – 5. vieux.

• Les suffixes de noms

1. Sur le modèle : *amuser* → *amus**ement**; épaissir* → *épaiss**issement**; livrer* → *livr**aison**,* **formez des noms à partir des verbes suivants.** (Attention aux ajustements orthographiques.) **Que remarquez-vous ?**

		-ement (m.)	-issement (m.)	-aison (f.)
ladrar	1. aboyer	aboiement		
dar a luz	2. accoucher	acouchement		
debilitar	3. affaiblir		affablissement	
disponer arreglar organizar adelgazar	4. agencer	agencement		
	5. amaigrir		amaigrissement	
	6. applaudir		applaudisements	
tartamudear	7. bégayer	béga**iement**		
	8. se comporter	comportement		
	9. conjuguer			conjugaison
desarrollar desenvolver desembrar cesar	10. développer	développement		
	11. éblouir		ébouissement	
	12. enseigner	enseignement		
	13. incliner			inclinaison
eagrimear lloriquear	14. larmoyer	larmoiement		
renovar	15. livrer			eivraison
	16. renouveler	renouvellement		
tutear	17. tutoyer	tutoiement		

tuteo

2. Généralement, les verbes du 2ᵉ groupe, les verbes en *-ir*, donnent des noms formés sur un suffixe en *-issement* (ralentir, ralentissement). Quels sont les noms formés sur les verbes suivants du 2ᵉ groupe ? Que remarquez-vous ?

1. bondir (saltar, brincar) bondissement   4. réussir _salir bien_ réussite (éxito)

2. finir finissement   5. trahir (traicioner) trahison

3. guérir (curar) guérison

....

3. Généralement, les verbes en *-oyer*, *-ayer* forment des noms en *-oiement, -aiement*. Quels sont les noms formés sur les verbes suivants ? Que remarquez-vous ?

1. essayer essai – 2. envoyer envoi – 3. employer emploi .

....

4. Sur le modèle : *collaborer → collaboration; classifier → classification; démocratiser → démocratisation*, **formez des noms à partir des suffixes suivants.** (Attention aux ajustements orthographiques.) **Que remarquez-vous ?**

	-ation, -cation (f.)	-ification (f.)	-isation (f.)
1. alimenter	alimentation		
2. agiter	agitation		
3. amplifier		amplification	
4. animer	animation		
5. appliquer	application		
6. canaliser			canalisation
7. *centraliser*			*centralisation*
8. condamner	condamnation		
9. expliquer	explication		
10. fabriquer	fabrication		
11. hospitaliser			hospitalisation
12. justifier		justification	
13. moderniser			modernisation
14. planifier			
15. simplifier		simplification	
16. transformer	transformation		
17. vérifier		vérification	
18. vulgariser	vulgarisation		

1. LA FORMATION DES MOTS • 1.2 Les suffixes

5. Sur le modèle : *obtenir → obtention; disparaître → disparition; voir → vision,* **formez des noms à partir des suffixes suivants.** (Attention aux ajustements orthographiques.)

	-tion/-ition/-ution (f.)	-ction (f.)	-sion (f.)
1. s'abstenir	*abstention*		
2. agir *acteur orara*	*agitation*		
3. additionner	*addition*		
4. apparaître	*apparition*		
5. attribuer *doisgar*	*attribution*		
6. auditionner	*audition*		
7. *confondre*			**confusion**
8. corriger		*correction*	
9. évoluer	*évolution*		
10. décider			*décision*
11. diviser	`		*division*
12. mentionner	*mention*		
13. poser	*position*		
14. protéger		*protection*	
15. tendre *tarde/ tersal*			*tension*

6. Attention, quels sont les noms formés sur les verbes suivants ?
abrevia *atiléra*
1. abréger – 2. alléger – 3. diverger – 4. piéger – 5. siéger.
abréviation

7. Quels sont les noms formés sur les verbes suivants ? Que constatez-vous ? (Attention au verbe *conduire* et au verbe *détruire*.) **Introduisez ces noms dans de courtes phrases.**
conduite *construction* *déduction destruction instruction introduction*
1. conduire – 2. construire – 3. déduire – 4. détruire – 5. instruire – 6. introduire –
7. reproduire – 8. séduire – 9. traduire. *traduction*
reproduction *séduction*

8. Quels sont les noms formés sur les verbes suivants, que constatez-vous ? (Attention au verbe *apercevoir*.) **Introduisez ces noms dans de courtes phrases.**

1. apercevoir – 2. concevoir – 3. décevoir – 4. percevoir – 5. recevoir.
aperçu *conception déception perception réception*

9. Formez des noms en -age (qui marquent l'action ou le résultat) **à partir des expressions soulignées, en faisant toutes les transformations nécessaires.**

Ex. : *Sonder la population semble nécessaire aux hommes politiques. → **Le sondage de** la population semble nécessaire aux hommes politiques.*

1. Elle bavarde beaucoup, cela agace le professeur. → *bavardage* ....

2. Démarrer et freiner sont des opérations qu'il faut maîtriser quand on apprend à conduire une voiture. → ....

3. Certains savants n'ont qu'une idée en tête : cloner des êtres humains. → *clonage*

4. Elle adore <u>patiner</u>, elle deviendra sans doute une grande championne. → *patinage*

5. La <u>lessive</u>? Qu'est-ce que c'est? C'est <u>laver, rincer, essorer</u> le linge. → *lavage... rinçage, essorage* (*enjuar or escurir, aclarar, secar*)

6. J'ai toujours eu envie de visiter la cabine <u>où se trouve le pilote</u> de l'avion. → *pilotage*

7. Mes amis se sont mariés; <u>cela</u> a été l'occasion d'une grande fête. → *mariage*

8. Je déteste <u>repasser.</u> → *ce repassage*

10. Choisissez le terme correct. (Certains mots construits sur le même radical changent de sens selon le suffixe.)

Ex. : *étal**ement*** (l'action d'étaler) ou *étal**age*** (résultat de l'action d'étaler) *escalonar*

    Pour éviter les embouteillages sur les routes, le gouvernement a organisé l' | *étalage* | **étalement** | *des vacances.*

    Elle a trouvé du travail, elle est étalagiste, elle fait les | **étalages** | *étalements* | *dans un grand magasin.*

1. En été, les commerçants de cette petite ville <u>côtière</u> attendent avec impatience l' | *arrivage* | **arrivée** | des touristes.

2. Sur le port, beaucoup de gens aiment assister à l' | **arrivage** | *arrivée* | des poissons encore <u>frétillants</u>. *coleando*

3. Quand on est <u>très</u> myope, il faut se faire souvent examiner les yeux de crainte *desprendiento* d'un | *décollage* | **décollement** | possible de la rétine.

4. Je ressens toujours un frisson d'excitation au moment du | **décollage** | *décollement* | de l'avion. *escatopiro / estreudcimento*

5. Après le passage du Tour de France dans une ville, les services de | *nettoyage* | **nettoiement** | entrent en action.

6. Attention, cette robe en soie ne supporte qu'un | **nettoyage** | *nettoiement* | à sec.

7. Notre | *réglage* | **règlement** | intérieur interdit que l'on fume, mange ou boive dans les salles de classe.

8. J'ai dû faire venir un spécialiste pour le | **réglage** | *règlement* | des chaînes de ma télévision.

11. Choisissez : *la lenteur* ou *le ralentissement, la largeur* ou *l'élargissement, la jeunesse* ou *le rajeunissement, la beauté* ou *l'embellissement…*
Que constatez-vous du point de vue du sens et du genre de ces mots? Lequel marque l'état, lequel marque l'action de rendre lent, large, jeune ou beau…?

1. Quelle est | *la largeur* | *l'élargissement* | de l'avenue?

2. La chaussée est trop étroite; la mairie a décidé | *la largeur* | *l'élargissement* | de la rue.

3. On dit que | *la jeunesse* | *le rajeunissement* | est l'âge de tous les espoirs.

4. On prétend que certaines crèmes agissent sur | *la jeunesse* | *le rajeunissement* | de la peau.

5. Quand on est jeune, on a | *la beauté* | *l'embellissement* | du diable.

6. En plantant des arbres, en fleurissant les fenêtres, en repeignant leurs volets, en gardant les rues propres, les habitants ont contribué à | *la beauté* | *l'embellissement* | de leur ville.

7. Dans ce petit village, tout le monde se plaint de | *la lenteur* | *le ralentissement* | du courrier.

8. À la suite des nombreuses grèves, le gouvernement craint | *la lenteur* | *le ralentissement* | de la vie économique.

12. Même exercice.

1. À quoi se mesure | *la grandeur* | *l'agrandissement* | d'un pays ?

2. Le restaurant est fermé en raison de travaux | *de grandeur* | *d'agrandissement* |.

3. Quelle est | *l'épaisseur* | *l'épaississement* | du mur ?

4. Autour de la cicatrice on constatait | *l'épaisseur* | *l'épaississement* | de la peau.

5. La météo a annoncé | *la douceur* | *le radoucissement* | de la température.

6. Cette région est réputée pour | *la douceur* | *le radoucissement* | de son climat.

7. On dit que la jeunesse est folle et que | *la vieillesse* | *le vieillissement* | est sage.

8. De nombreux démographes s'inquiètent | *de la vieillesse* | *du vieillissement* | de la population.

13. Formez des noms en *-ance* ou *-ence*, à partir des verbes et adjectifs suivants.

Ex. : reconnaître → **la reconnaissance**

1. attirer – 2. croire – 3. espérer – 4. gérer – 5. se méfier – 6. naître – 7. se venger – 8. exiger – 9. préférer – 10. arrogant – 11. constant – 12. élégant – 13. puissant – 14. vaillant.

14. Formez des noms en *-ade, -erie, -ure* à partir des verbes, des noms et adjectifs suivants.

Ex. : glisser → gliss**ade** (l'action de glisser)

	-ade	-erie	-ure
1. argent		argenterie vajilla de plata	
2. baigner	baignade		
3. citron	citronnade		
4. colonne	colonnade columnata		
5. coquet(te)		coquetterie	
6. couper			coupure
7. dorer	dorade		
8. galant(e)		galanterie	
9. minute		minuterie interruptor	
10. noyer	noyade		
11. œil	œillade (guiño)		
12. plaisanter		plaisanterie broma	
13. tricher		tricherie trampa	

15. Remplacez l'expression soulignée par le nom correspondant.

Ex. : *Elle était très mince*, cela faisait l'admiration de ses amies. → *Sa minceur* faisait l'admiration de ses amies.

1. Autrefois, chez une femme, un _teint_ _blanc_ était un signe de beauté. → Autrefois, chez une femme, la ...... *blancheur* .... du teint était un signe de beauté.

2. Les acteurs sont _populaires_ ; mais _cela_ est souvent éphémère. → La .... *popularité* .... des acteurs est souvent éphémère.

3. Au cours du match, le joueur de tennis a dû reconnaître que son adversaire lui était _supérieur_. → Au cours du match, le joueur de tennis a dû reconnaître la ..... *supériorité* .... de son adversaire.

4. La pièce était _obscure_, _cela_ nous a obligés à avancer à _tâtons_. → À cause de l' .. *obscurité* .... de la pièce, nous avons été obligés d'avancer à tâtons.

5. Il _est loyal et discret_ ; _cela_ inspire confiance. → Sa ... *discrétion* .... et sa ... *loyauté* .... inspirent confiance.

6. La montagne nous offre son air _pur_, son ciel _lumineux_, ses torrents _frais_ et _limpides_, ses nuits _tranquilles._ → La montagne nous offre la ... *pureté* .... de son air, la .. *luminosité* .... de son ciel, la .... *fraîcheur* .... et la ... *tranquillité* .... de ses torrents, ainsi que la .. *limpidité* .... de ses nuits.

7. Il était _triste_ ; _cela_ inquiétait sa famille. → Sa ... *tristesse* .... inquiétait sa famille.

8. Comment ne pas admirer mon ami qui est _droit, bon, simple_ et _intègre._ → Comment ne pas admirer la *droiture* ...., la ...... *bonté* ...., la ... *intégrité* .... et l' ... *simplicité* .... de mon ami.

16. Remplacez l'adjectif souligné par le nom correspondant.

1. Marie est très _jalouse_ ; _cela_ éloigne d'elle tous ses amis. → La .... de Marie éloigne d'elle tous ses amis.

2. Tu as remarqué comme Pierre est _maigre_ ! → Tu as remarqué la .... de Pierre ?

3. Tous les spectateurs admiraient la jeune gymnaste _si souple_. → Tous les spectateurs admiraient la grande .... de la jeune gymnaste.

4. On peut trouver insupportable que certaines personnes âgées soient _pauvres_ et _seules._ → On peut trouver insupportables la .... et la .... de certaines personnes âgées.

5. Jean est très exigeant, _cela_ rend les contacts avec lui assez difficiles. → La grande .... de Jean rend les contacts avec lui assez difficiles.

6. Une mère doit savoir se montrer _tendre_ et _ferme_ à la fois. → Une mère doit savoir montrer en même temps de la .... et de la ....

7. Le père exigeait que ses enfants soient <u>francs</u> et <u>courageux</u>. → Le père exigeait de ses enfants .... et ....

8. Il est apparemment <u>modeste</u>, mais cela cache qu'il est très <u>orgueilleux.</u> → Sa .... apparente cache un grand ....

17. Même exercice.

Ex. : *Je sais combien certaines personnes peuvent être <u>cruelles</u>.* → **Je connais la cruauté** *de certaines personnes.*

1. La présence des S.D.F. autour de nous devrait nous pousser à être plus <u>généreux</u> <u>et moins indifférents</u>. → La présence des S.D.F. autour de nous devrait nous pousser à plus de .... et à moins d' ....

2. Qu'est-ce qu'il y a de pire : qu'il soit <u>bête</u> ou <u>méchant</u> ? → Qu'est-ce qu'il y a de pire ? Sa .... ou sa .... ?

3. <u>Être gourmand</u> n'est pas toujours considéré comme un défaut. → La .... n'est pas toujours considérée comme un défaut.

4. On peut être à la fois amusé et agacé par les remarques <u>banales</u> qu'on peut entendre dans les expositions de peinture. → On peut être à la fois amusé et agacé par la .... des remarques qu'on entend dans les expositions de peinture.

5. Jean est <u>doux</u> et <u>intelligent</u> ; c'est pour cela que tout le monde l'aime. → Tout le monde aime Jean pour sa .... et pour son ....

6. Pierre est <u>apte</u> à cette fonction ; c'est évident. → L' .... de Pierre à cette fonction est évidente.

7. Il a refusé mon aide <u>parce qu'il est fier</u>. → Il a refusé mon aide par ....

8. Il était <u>gai</u> parce qu'il était <u>ivre</u>. → Sa .... venait de son ....

9. Vous avez été très <u>aimable</u> avec nous, cela nous a profondément touchés. → Votre .... nous a profondément touchés.

18. Remplacez l'expression soulignée par un nom.

1. Il est très pénible de voir <u>ses amis souffrir</u>. → Il est très pénible de voir la .... de ses amis.

2. Son travail, c'est <u>ouvrir et fermer</u> les portes. → L' .... et la .... des portes, voilà son travail.

3. <u>On a découvert</u> un nouveau vaccin ; cela va révolutionner la médecine. → La .... d'un nouveau vaccin va révolutionner la médecine.

4. Il faut vérifier <u>ce que contient</u> le paquet. → Il faut vérifier .... du paquet.

5. <u>Coudre</u> est une activité que certaines petites filles adorent et que d'autres détestent. →
La .... est une activité que certaines petites filles adorent et
que d'autres détestent.

6. <u>Autoriser</u> et <u>interdire</u> font partie des tâches des parents. → L' ....
et l' .... font partie des tâches des parents.

7. Je n'aime pas <u>contredire ni être contredite</u>. → Je n'aime pas la ....

8. On craint que les adversaires <u>n'interrompent les pourparlers de paix et même qu'il les
rompent</u>. → On craint l' .... et même la ....
des pourparlers de paix.

19. Comment appelle-t-on la personne qui :

1. vend   → un ....,   une ....
2. achète   → un ....,   une ....
3. dirige   → un ....,   une ....
4. met en scène   → un ....
5. danse   → un ....,   une ....
6. compose de la musique   → un ....,   une ....
7. éduque les enfants   → un ....,   une ....
8. distribue le courrier   → un ....,   une ....

20. Attention, observez ces mots et rassemblez-les en deux groupes logiques.

1. un chercheur   4. un démarcheur   7. un ingénieur   10. un surfeur
2. un compteur   5. un démarreur   8. un ordinateur   11. un superviseur
3. un congélateur   6. un doseur   9. un projecteur   12. un videur

21. Qui fait ..., qui vend... devinez.

1. Qui fait les gâteaux ? C'est ....
2. Qui fait le pain ? C'est ....
3. Qui fait les meubles en bois ? C'est ....
4. Qui vend de la viande ? C'est .... l'
5. Qui vend du sucre, du sel, de l'huile, des conserves ? C'est ....
6. Qui fabrique les montres ? C'est ....
7. Qui vend du fromage ? C'est ....
8. Qui fait les vêtements ? C'est ....

22. Où... ?

1. J'achète des gâteaux dans une ....
2. J'achète le pain à la ....
3. Je vends de la viande dans une ....
4. Je vends du sucre, du sel, de l'huile, des conserves dans une ....
5. J'achète mes livres dans une ....

6. J'achète mes cahiers, des crayons, des stylos dans une ....

7. J'achète du lait et du fromage à la ....

8. Les gens qui aiment ça, achètent le jambon, le saucisson, les pieds de porc, le boudin... à la ....

23. Quel est l'arbre / le lieu... ?

Ex. : *Quel est l'arbre qui porte des pommes ? C'est le **pommier**.*

1. Quel est l'arbre qui porte des roses ? C'est ....

2. Comment s'appelle le lieu où pousse cet arbre ? ....

3. Quel est l'arbre qui porte des dattes ? C'est ....

4. Comment s'appelle le lieu où pousse cet arbre ? ....

5. Quel est l'arbre qui porte des oranges ? C'est ....

6. Comment s'appelle le lieu où pousse cet arbre ? ....

7. Quel est l'arbre qui porte des olives ? C'est ....

8. Comment s'appelle le lieu où pousse cet arbre ? ....

24. Quand je serai grand(e)...

1. Je jouerai la comédie sur une scène, je serai une bonne/grande ....

2. Je jouerai d'un instrument de musique, je serai ....

3. Je ferai les décors dans un théâtre, je serai ....

4. Je traduirai des livres, je serai ....

5. Je réparerai les moteurs des voitures, je serai ....

6. Je travaillerai dans un journal, je serai ....

7. Je chanterai dans une chorale, je serai ....

8. J'enseignerai dans une école primaire, je serai ....

25. Quand je serai grand(e)...

1. Je vendrai des meubles anciens et je serai ....

2. Je vendrai des livres, je serai ....

3. Je travaillerai dans la fonction publique, je serai ....

4. Je soignerai les animaux, je serai ....

5. Je chercherai et j'étudierai les traces des civilisations disparues, je serai ....

6. Je chercherai et j'étudierai en Égypte les tombeaux et les palais des pharaons, je serai ....

7. Ou bien j'aiderai les gens à se comprendre, à mieux vivre avec eux-mêmes et je serai ....

8. Et pour changer de vie, je m'installerai dans un village de montagne, et je deviendrai un(e) vrai(e) ....

26. Donnez les noms d'instruments ou de machines, dérivés des verbes suivants.

1. arroser – 2. dépanner – 3. hacher – 4. percer – 5. photocopier – 6. raser – 7. sécher.

27. Devinettes. Comment appelle-t-on :

1. un meuble dans lequel on range les vêtements ? → ....

2. une salle à manger pour des gens qui vivent en communauté ? → ....

3. un endroit où des chercheurs, des scientifiques travaillent ? → ....

4. un endroit où des astronomes observent le mouvement des étoiles ? → ....

28. Devinettes. Comment appelle-t-on :

1. dans un appartement, l'endroit où l'on passe ? → ....

2. dans une rue, l'endroit où circulent les piétons ? → ....

3. un ustensile qui sert à égoutter, qui sert à débarrasser une chose d'un liquide ? → ....

4. un endroit où plusieurs personnes qui vivent en communauté dorment ? → ....

29. Complétez le texte suivant selon l'exemple donné en vous aidant des expressions soulignées.

Un homme de notre temps

1. Dans sa jeunesse, Claude _avait un idéal_, il était **idéaliste** ; il voulait changer la société, il voulait l'égalité pour tous, il ne voulait ni riches ni pauvres, il voulait le bien commun, il était .... ; puis il a commencé à travailler et il a évolué. Il a gardé l'idéal de sa jeunesse, mais il a appris les réalités de la vie, il a appris à être .... ; et en même temps il continuait à vouloir le bien de la société tout entière, le bien de tous, il est devenu ....

2. Peu à peu il s'est enrichi et ses opinions ont changé ; il était pour le profit, pour le capital, il était devenu .... et en politique, il n'était ni à gauche ni à droite, il était ....

3. Mais sa fille qui est étudiante a un idéal, elle est .... ; alors, elle s'est engagée dans des mouvements qui luttent contre une vision mondiale de la politique et de l'économie, elle fait partie des mouvements ....

30. Complétez les noms à valeur péjorative du texte 2 en vous aidant des expressions soulignées du texte 1. (Ces mots sont généralement des mots familiers.)

■ Texte 1 : _Un autre homme de notre temps._
Cet homme très riche était un ancien étudiant qui avait participé aux événements de mai 1968. Après avoir été payé au SMIC, au salaire minimum, il avait fait fortune d'une façon mystérieuse et était devenu un politicien sans scrupules, très connu. En fait, c'est un homme médiocre et de plus, c'est un mauvais conducteur.

■ **Texte 2 :** Ce _rich_ .... était un ancien soixante-_huit_ .... Après avoir été un _smic_ ...., il était devenu un _politic_ .... très connu. En fait, c'est un _toc_ .... et de plus un _chauf_ ....

31. Le suffixe zéro au masculin et au féminin. À partir des verbes, formez :
A. des noms masculins…

1. appeler, dégeler, geler, jeter   → ....

2. appuyer, donner, ennuyer   → ....

3. crier, oublier, plier, trier   → ....

B. … et des noms féminins.

1. payer *(attention à ce verbe, il y a deux possibilités)* → ....

2. étinceler, étiqueter *(attention aux ajustements orthographiques)*, marcher → ....

• Les suffixes d'adverbes

1. Remplacez l'adjectif par l'adverbe correspondant.

Ex. : *Il faut (absolu)* **absolument** *que tu viennes à ma soirée.*

Comment vivre *(intelligent)* .... ses vacances ? Toute l'année,
on attend *(impatient)* .... ces mois d'été qui vont nous apporter
le repos ou l'aventure. Beaucoup de gens organisent *(calme)* ....
leur départ. Ils y pensent *(long)* .... Ils savent *(vrai)*
......................................, *(précis)* .... ce qu'ils veulent. Leur
esprit est *(constant)* .... occupé par ces projets de vacances.
(Apparent) ...., c'est facile. Ils consultent *(attentif)* ....
tous les dépliants. Ils choisissent *(soigneux)* .... une destination et
longtemps à l'avance, ils s'inscrivent *(prudent)* .... dans une agence.
Et puis les vacances arrivent. On se prépare *(fiévreux)* ...., on
fait les derniers achats. Quels vêtements emporter ? Tout dépend. Certains partent
en croisière. Ils doivent s'habiller *(élégant)* .... D'autres partent
au bord de la mer ou en montagne. Ils s'habilleront *(simple)* ....
Cela ne les préoccupe pas *(réel)* .... Un maillot, un jean, un
tee-shirt suffiront. D'autres encore vont dans des clubs de vacances où ils seront
accueillis *(bruyant)* ....
Ils se déguiseront. De toutes les façons, les vacances passeront *(rapide)*
......................................, on reviendra à la maison, en se disant que *(final)*
......................................, on aurait préféré aller ailleurs.

2. Retrouvez un adverbe en *-ment* dans l'expression soulignée.

Ex. : *Il jette un regard négligent sur le paysage.* → *Il* **regarde négligemment** *le paysage.*

1. Il m'a répondu d'une manière brève. → ....

2. Il écoute d'une oreille distraite le conférencier. → ....

3. D'habitude, il se réveille à 7 heures du matin. → ....

4. Ils se sont aimés avec passion. → ....

5. Il a répété les explications avec patience. → ....

6. Cet homme politique est connu <u>dans le monde entier</u>. → ....

7. Tu ne me déranges <u>en aucune façon</u>. → ....

8. Il nous a aidés <u>avec une grande gentillesse</u>. → ....

• Amusons-nous pour finir ! Jouons aux charades !

1. Mon premier est l'adjectif possessif féminin de la deuxième personne, *ma, ..., sa*. – Mon deuxième reçoit des fleurs à ma fenêtre. – Mon troisième est le suffixe des verbes du premier groupe. – **Et mon tout est un verbe qui signifie « frapper légèrement et à plusieurs reprises du bout des doigts » :** → tapoter................

2. Mon premier est la neuvième lettre de l'alphabet. – Mon deuxième, qui est blanc, est dans ma bouche. – Mon troisième est un suffixe d'adjectif. – **Et mon tout est synonyme de « pareil » :** → identique....

3. Mon premier est l'adjectif possessif féminin de la deuxième personne : *ma, ... sa*. – Mon deuxième est dans un livre. – **Et mon tout est un bruit très violent :** ta....

4. Mon premier est le préfixe de la répétition. – Mon deuxième est le second terme de la négation : *ne ... .* – Mon troisième est une personne qui a beaucoup de connaissances, d'expérience, ou un enfant obéissant et calme. – **Mon tout se fait après le lavage avec un fer chaud :** → ....

5. Mon premier est une préposition ; c'est le contraire de *sous*. – Mon deuxième est un pronom personnel complément de la première personne : *..., te, se*. – Je fais mon troisième quand je suis dans l'eau, dans la mer ou à la piscine. – **Mon tout est une grande fatigue :** → ....

6. Mon premier est le contraire de *bien*. Mon deuxième est le contraire de *sale*. – **Et mon tout est sale :** → ....

7. Mon premier est un préfixe négatif. – Mon deuxième est un petit objet carré avec lequel on joue. – Mon troisième est la négation de *et*. – Mon dernier est un suffixe qui marque la possibilité. – **Mon tout est certain :** → ....

1 • *3* Les mots composés

• Les noms et adjectifs composés

1. Observez les mots suivants et dites comment ils sont composés. Donnez le sens de ces mots.

Ex. : *Un fait-tout (ou un faitout).* → ***Ce mot est formé du verbe « faire » il fait, et du pronom « tout ». Ce mot désigne une marmite.***

1. l'au-delà → ....

2. un bas-relief → ....

3. une basse-cour → ....

4. un chausse-pied   → ....

5. un ciné-club   → ....

6. une contre-allée   → ....

7. le franc-parler   → ....

8. le garde-boue   → ....

9. une jupe-culotte   → ....

10. un lance-fusées   → ....

2. Reliez puis récrivez les mots de manière à former des noms composés.
(Attention aux traits d'union.)

1. bande   a. bar   ....

2. appartement   b. café   ....

3. bar   c. stop   ....

4. pause   d. son   ....

5. auto   e. malade   ....

6. bloc   f. tabac   ....

7. garde   g. témoin   ....

8. voiture   h. notes   ....

3. Complétez les phrases de manière à former un mot composé qui donne un sens logique à la phrase. (Attention aux traits d'union.)

Ex. : *Après l'orage, un magnifique **arc-en-ciel** nous offre ses couleurs au milieu des nuages.*

1. Les randonneurs ont planté leur tente puis ils ont déplié et installé leur sac .... avant la nuit.

2. Chaque soir, elle fait sa toilette et s'enduit généreusement le visage d'une crème .... pour être plus belle au réveil !!!

3. Les visiteurs se pressaient dans les salles de l'exposition Gauguin pour admirer les chefs-........................... du peintre.

4. Parmi les nombreux patients qui remplissaient la salle ...., certains feuilletaient des revues, d'autres lisaient, d'autres bavardaient, d'autres attendaient.

5. Les mots composés sont parfois séparés ou reliés par un trait ....

6. Certains chefs cuisiniers prétendent qu'il n'y a rien de plus difficile à réussir que les œufs brouillés ou qu'une bonne salade de pommes ....

7. Elle a jeté un coup .... rapide à son miroir, s'est trouvée assez bien et elle s'est fait un clin .... de satisfaction.

8. N'oublie pas d'aller au bureau .... pour faire peser le paquet de livres que nous envoyons à nos amis.

4. Complétez le texte suivant avec les mots composés qui conviennent.

Tous les matins, elle se levait, passait sur sa chemise .... une élégante robe ...., se dirigeait vers la salle ...., faisait sa toilette, n'oubliait pas de fermer le tube de dentifrice et de ranger sa brosse ...., puis elle allait dans la salle .... où l'attendait un délicieux petit-........................... que son mari lui avait préparé. Elle retournait ensuite dans la chambre .... et s'habillait, pendant que son mari branchait le fer .... pour défroisser un pantalon et une chemise. Il mettait le linge dans la machine .... et seulement après, commençait sa toilette.

5. Méli-mélo de mots. Réunissez les mots d'un ensemble à l'autre pour former des noms composés et remplir le troisième ensemble.

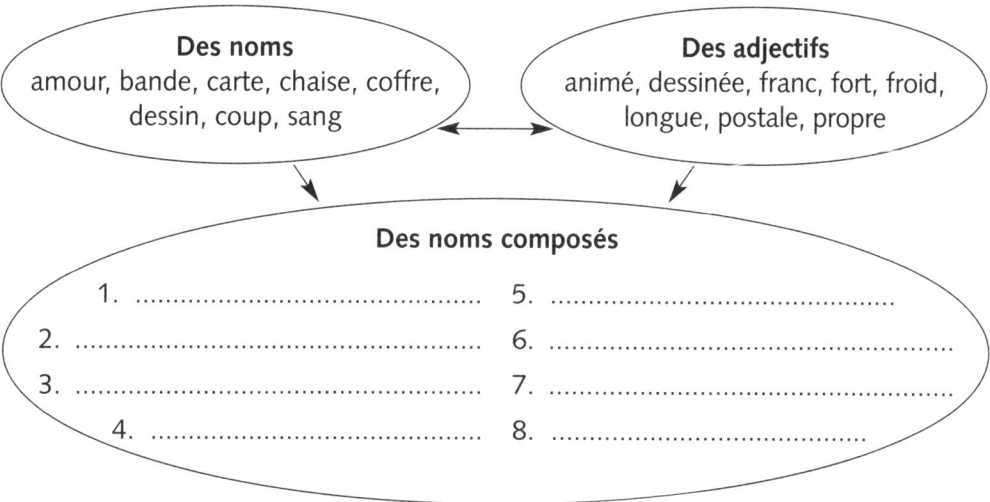

Des noms
amour, bande, carte, chaise, coffre, dessin, coup, sang

Des adjectifs
animé, dessinée, franc, fort, froid, longue, postale, propre

Des noms composés

1. ....
2. ....
3. ....
4. ....
5. ....
6. ....
7. ....
8. ....

6. Au secours, les mots sont devenus fous ! Apportez un peu de correction dans ces phrases.

1. Elle travaille dans le *prêt-à-jeter. → ....
2. Dans les cafés et les restaurants, il faut laisser un *pourmanger au garçon. → ....
3. Dans la salle de bains, il y avait près du lavabo un *porte-nappe. → ....
4. On avait organisé un *pique-pique : chacun avait apporté quelque chose : *un tire-oreille pour ouvrir les bouteilles, un *ferme-boîte pour les conserves, quelques *amuse-museaux pour faire patienter avant le repas, des *croque-messieurs et des *croque-dames au fromage et à la tomate et un délicieux *trois-tiers. → ....
5. Dans la voiture, rien ne fonctionnait : les *sèche-glaces étaient définitivement immobiles, les *appuie-cous tombaient au freinage, le *pare-bise était fendu et le *siège-sieste bloqué. → ....
6. Cette femme n'a aucun *savoir-exister, elle montre du *laisser-venir et du *je-m'en-scoutisme. → ....
7. Le ciel était jaune citron, l'herbe bleu tendre et le soleil vert émeraude. → ....
8. Il marchait en titubant ; il était *ivre-vivant. → ....

Pour vous aider, nous vous proposons quelques mots pour remplacer les intrus :
aller, boire, bouchon, brise, couchette, essuie, foutisme, gueule, madame, monsieur, mort, nique, ouvre, porter, quarts, quatre, serviette, tête, vivre.

7. Dans les mots composés suivants, faut-il à, au, aux, de, d' ?

1. Il a laissé tomber ses lettres dans la boîte .... lettres.

2. Avant de passer dans la salle .... manger, l'invité est allé à la salle .... bains pour se laver les mains avant le dîner.

3. Elle s'énerve facilement, elle est très soupe .... lait.

4. Avant de se maquiller, elle se passe sur le visage une épaisse couche de sa crème .... jour.

5. Les journalistes ont organisé un face .... face entre les deux hommes politiques.

6. À cause des difficultés économiques actuelles, notre société a connu un important manque .... gagner cette année.

7. Elle conduit tous les jours son petit garçon au jardin .... enfants.

8. Le contrôleur jette un coup .... œil sur le passeport du voyageur.

8. Quelle préposition pour quel mot ? (Attention : avec ou sans trait d'union, un seul mot ou deux mots.)

1. en	a. côté	....
2. sous	b. propos	....
3. sans	c. tête	....
4. pour	d. midi	....
5. avant	e. logis	....
6. après	f. titre	....
7. à	g. boire	....

9. Même exercice.

1. sans	a. garde	....
2. sous	b. temps	....
3. avant	c. d'œuvre	....
4. contre	d. shampoing	....
5. à	e. entendu	....
6. après	f. propos	....
7. hors	g. cœur	....

10. Par quel mot pourriez-vous compléter les verbes suivants pour former des noms composés ?

1. un abat- ....
2. un aide- ....
3. un aller- ....
4. un casse- ....
5. un chauffe- ....
6. un couvre- ....
7. un faire- ....
8. un porte- ....
9. un tire- ....

11. Des expressions bizarres. Complétez les phrases suivantes avec des énoncés à valeur de noms.

1. Elle avait un charme indéfinissable, un *je-ne-* ....,
qui séduisait immédiatement son interlocuteur.

2. Elle a rencontré un jeune homme que personne ne connaît, un *je-ne-* ....

3. Elle est très sensible à l'opinion des autres, au *qu'en-dira-* ....

4. Ce qui caractérise certains jeunes gens, c'est une indifférence à tout, un *je-m'en-* ...., qui désole leurs proches.

5. Dans la société, il y a des gens oubliés, laissés de côté, des gens en marge, des

gens qui ne comptent pas, des *laissés-* ....

6. C'est quelqu'un qui ne renonce pas, qui va au bout de ses idées, un *jusqu'au-*

....

12. Des vêtements. En partant en vacances, elle a rempli sa valise mais elle n'a pas rangé ses vêtements. À vous de le faire en associant les deux listes : utilisez les mots de la liste B pour compléter la liste A. Elle y a mis…

A. 1. un cache- ....   3. un coupe- ....   5. un pull- ....

2. un cache- ....   4. une jupe- ....   6. un twin- ....

B. -cœur, -culotte, -nez, -over, -set, -vent.

13. Savez-vous compter ? Complétez.

1. C'était un jeune couple : il vivait dans un ....-pièces (une chambre à coucher et un salon).

2. Lui était joueur de rugby, il était ....-quarts centre dans l'équipe de sa ville ; elle, faisait de la musique et était imbattable sur les mesures à ....-huit, à ....-quatre.

3. Dans la vie quotidienne, ils vivaient assez simplement : elle roulait sur un ....-roues, et à cause de cela ne portait pas de manteau en hiver, mais une veste ....-quarts.

4. De temps en temps, elle faisait un gâteau, un modeste ....-quarts.

5. Mais en vacances, ils louaient un ....-quatre ; ils ne fréquentaient que les grands hôtels, les grands restaurants, ils ne descendaient que dans les ....-étoiles.

14. Et si on donnait des nuances aux couleurs ?

1. bleu   a. crème
2. jaune   b. cerise
3. vert   c. ciel
4. rouge   d. d'ébène
5. blanc   e. paille
6. noir   f. émeraude

15. Accord des mots composés. Récrivez ce texte en commençant par : « *Dans leur chambre…* », et en mettant au pluriel les mots soulignés. Vous ferez les accords quand c'est possible.

1. Dans sa chambre il y avait un couvre-lit bleu marine, une chaise longue en bois, une lampe avec un abat-jour vert d'eau.

2. Sur la table de nuit, on trouvait pêle-mêle un livre, un radio-réveil, un éléphant porte-bonheur, une carte postale, envoyée de Crète, qui représentait un chef-d'œuvre d'une civilisation ancienne, un serre-tête, un bloc-notes ; par terre, un fourre-tout en toile.

3. Elle avait des goûts divers, c'était une jeune fille touche-à-tout, couche-tard et lève-tôt.

4. Elle aimait fréquenter le bar-tabac de son quartier ; et comme c'était un vrai casse-cou, elle faisait des randonnées en haute montagne et du ski hors-piste.

5. Mais elle était aussi généreuse. Elle avait comme ami un sans-le-sou qu'elle aidait comme elle pouvait et montrait ainsi qu'elle n'était pas une personne sans-cœur.

→ *Dans leur chambre, il y avait des ….*

1 • 4 Les locutions verbales et adverbiales

• Les locutions verbales

1. Dans les phrases suivantes, avons-nous des verbes simples ou des locutions verbales ? (Rappelez-vous, une locution verbale est composée de deux mots au moins et forme un tout.)

1. Elle avait quinze ans environ. ....

2. J'ai faim. ....

3. Il a confiance en moi. ....

4. Elle a une cicatrice à la jambe. ....

5. Dans ma famille, nous avons tous les yeux bleus. ....

6. J'ai mal au dos. ....

7. Vous avez raison de prendre vos vacances en juin. ....

8. Nous avons une maison dans le sud de la France. ....

2. Même exercice.

1. Il fait froid aujourd'hui. ....

2. Il fait du tennis depuis l'âge de 8 ans. ....

3. Nous faisons nos courses le dimanche matin. ....

4. Faites attention, le sol est glissant. ....

5. J'ai fait partie d'un club de bridge pendant plusieurs années. ....

6. Ils font une partie de cartes. Ils jouent au bridge. ....

7. Il fait le méchant, mais en réalité c'est un homme très gentil. ....

8. Elle nous a fait part de son prochain départ. ....

3. Même exercice.

1. Cette réforme a donné lieu à de nombreuses grèves. ....

2. Elle m'a donné l'adresse d'un bon médecin. ....

3. Elle prendra son congé de maternité dans quelques semaines. ....

4. Nous avons pris congé de nos amis en les remerciant
du délicieux dîner. ....

5. Il faisait très chaud ce mois de juin. De nombreuses personnes
prenaient l'air jusqu'à minuit. ....

6. Elle a pris un air très surpris quand je lui ai dit que je savais
qu'elle avait menti. ....

7. J'ai pris part à la course. ....

8. Qui a pris ma part de gâteau ? ....

4. Reliez les éléments de manière à retrouver des locutions verbales.

1. Il est tombé
2. Vous avez
3. Tu fais
4. Elle a perdu
5. Il faut tenir
6. Ils ont donné
7. Ne prends
8. L'équipe a mis

a. au jour des vestiges de l'époque pharaonique.
b. compte de l'avis des autres.
c. amoureux d'elle à la seconde même où il l'a vue.
d. raison à leur ami.
e. soif ?
f. semblant d'écouter, mais tu as l'esprit ailleurs.
g. connaissance dans la rue.
h. pas froid.

5. Reliez les éléments.

1. Il a mis
2. Les délégués ont rendu
3. Elle a tenu
4. Vous tirerez
5. Elle s'est trouvée
6. Tu as
7. Elle fait
8. Il prend

a. tête à son patron.
b. profit de votre voyage si vous prenez un guide.
c. mal.
d. fin à la grève en donnant satisfaction aux grévistes.
e. à cœur tout ce qu'il entreprend.
f. compte de leurs négociations aux ouvriers de l'usine.
g. besoin d'un peu de repos.
h. face à toutes les difficultés avec courage.

6. Ne confondez pas et choisissez.

1. *faire l'affaire – faire une affaire / des affaires*

   a. C'est un homme très entreprenant, il fait .... avec les commerçants du monde entier.

   b. Le candidat ne parle pas le chinois, mais il parle anglais, espagnol, russe et allemand. Il fera .... pour ce poste de relations internationales.

2. *faire grand bruit – faire du bruit*

   a. Mes voisins font .... toute la nuit. Ce sont des coups de marteau, des meubles qu'on déplace, des objets qui tombent, parfois des cris. J'aimerais bien savoir ce qui se passe chez eux.

   b. La publication de ce livre qui révélait des scandales dans le monde des arts a fait ....

3. *tenir compte de – tenir les comptes*

   a. Dans l'échec scolaire d'un enfant, il faut tenir .... de la situation sociale de sa famille.

   b. Le gangster a été dénoncé à la police par l'homme qui tenait .... de ses entreprises malhonnêtes.

4. *perdre pied – perdre un pied*

   a. Le nageur débutant s'est affolé quand il s'est rendu compte qu'il perdait ....

   b. Le journaliste qui faisait un reportage dans un pays en guerre a sauté sur une mine et a perdu ....

5. *faire feu – faire du feu*

   a. Dans les films de cow-boys, on voit souvent des gens faire .... sur des boîtes de conserves, pour s'exercer, pour jouer.

b. Brr, quel froid de canard ! J'ai hâte de rentrer à la maison et de faire .... dans la cheminée.

7. Même exercice.

1. *avoir mal – avoir du mal*

   a. L'enfant qui était tombé, criait qu'il .... en se tenant la jambe.

   b. Elle .... à comprendre certains exercices de mathématiques.

2. *avoir confiance – avoir la confiance*

   a. Le directeur qui .... en son adjoint, lui laissait de grandes responsabilités.

   b. L'adjoint du directeur .... de son chef.

3. *faire appel – faire l'appel*

   a. J'ai trouvé dans ma boîte à lettres une publicité qui disait : « Si vous avez besoin d'un plombier, d'un électricien, d'un peintre, téléphonez-nous, ... à nos spécialistes ».

   b. Les élèves sont entrés dans la classe, le professeur s'est assis et il a commencé à .... pour savoir qui était présent et qui était absent.

4. *prendre l'air – prendre un air*

   a. Il faisait chaud dans la salle du mariage, je suis sortie sur le balcon pour ....

   b. Il a .... étonné quand je lui ai appris que son ami allait quitter son emploi.

5. *tenir tête – tenir la tête*

   a. Le favori a longtemps .... de la course avant de s'écrouler à un mètre de l'arrivée.

   b. « Tu ne sortiras pas ! » hurlait le père « Si, je sortirai ! » répondait la fille qui .... à son père.

• Les locutions adverbiales

1. Remplacez l'adverbe en *-ment* par une locution adverbiale de même sens.

1. Jean veille <u>gentiment</u> sur sa vieille voisine. → ....

2. Elle aime <u>passionnément</u> la musique. → ....

3. Il n'a aucune mémoire ; il a essayé <u>vainement</u> pendant deux heures d'apprendre un poème. → ....

4. M. X. ? Oui, <u>effectivement</u>, c'est bien ici qu'il habite, monsieur l'agent. → ....

5. Oui, vous avez raison, nous avons là <u>indubitablement</u> un tableau de Rembrandt. → ....

6. Elle est très habile. Elle fait ce qu'elle veut avec ses doigts. Elle coud <u>merveilleusement</u>. → ....

7. Ce petit artisan a beaucoup travaillé et <u>progressivement</u> il a vu son atelier se développer et sa situation s'améliorer. → ....

8. Le cortège avançait <u>silencieusement</u>. → ....

2. Même exercice.

1. La vieille dame était chargée de paquets et elle se déplaçait <u>péniblement</u>. →
....

2. Les chasseurs avançaient <u>prudemment</u> dans la forêt. → ....

3. <u>Généralement</u> on ne tutoie pas une personne qu'on ne connaît pas. → ....

4. Il se passionne pour toutes les technologies modernes, <u>particulièrement</u> pour les technologies informatiques. → ....

5. Le piéton a répondu <u>calmement</u> à l'automobiliste furieux qui l'injuriait. →
....

6. La maman expliquait <u>patiemment</u> à son fils qu'il ne fallait pas mettre le petit frère dans le vide-ordures. → ....

7. Autrefois on punissait <u>sévèrement</u>, <u>impitoyablement</u>, les voleurs. → ....

8. Les espions communiquaient <u>secrètement</u>, en utilisant des codes qu'on ne pouvait pas déchiffrer. → ....

3. Remplacez l'expression soulignée par une des locutions adverbiales de la liste.
à bon escient, à tête reposée, à tue-tête, à l'envers, à perdre haleine, quatre à quatre, à la longue, sur-le-champ

1. Il a reçu un appel téléphonique urgent, et il a dû partir <u>immédiatement</u>,
....

2. Un film célèbre de Jean-Luc Godard s'appelle <u>À bout de souffle</u>, il aurait pu s'appeler également ....

3. Que signifie l'expression parler « <u>verlan</u> » ? Elle signifie parler ... .

4. Pour montrer son agilité, il a monté les escaliers <u>en sautant plusieurs marches</u>,
....

5. Les enfants hurlaient <u>à nous casser la tête</u>, ...

6. En donnant sa démission à ce moment-là, il a agi <u>avec raison, avec discernement</u>,
....

7. Un chanteur dit dans une de ses chansons que tout s'en va <u>avec le temps</u>, l'amour, les souvenirs…, que tout s'en va ....

8. Laisse-moi ton dossier, je le lirai chez moi <u>tranquillement</u>, ...
Ici, on ne s'entend pas avec le bruit des enfants qui jouent autour de nous.

4. Remplacez l'expression soulignée par une des locutions adverbiales de la liste.
à gorge déployée, à cœur ouvert, pêle-mêle, à l'improviste, à perte de vue, à la dérobée, en sursaut, à l'unanimité

1. Sur son bureau s'entassaient <u>dans un désordre complet</u>, ... , des livres, des cahiers, des feuilles de papier, des disquettes d'ordinateur, des dossiers.

2. Le directeur, méfiant, faisait des visites surprises, il arrivait <u>sans se faire annoncer</u>, ... pour vérifier si tout le monde travaillait.

3. En Bolivie, il y a une région qui était autrefois recouverte par la mer ; et devant soi, <u>aussi loin que la vue peut aller</u>, ... on ne voit que des étendues blanches de sel.

4. Tout le monde croyait qu'elle travaillait ; en réalité elle dormait sur son bureau, et quand son père est entré, elle s'est rèveillée <u>d'une manière brusque</u>, ..., en bredouillant.

5. Le projet de loi sur l'université a été voté <u>par tous</u>, <u>sans exception</u> ....

6. Devant lui, il y avait une jeune fille très belle ; il ne pouvait s'empêcher de la regarder, mais en même temps, il ne voulait pas être indiscret, alors il la regardait <u>d'une manière furtive, discrète</u> ....

7. Si elle continue à rire <u>aux éclats</u> .... comme elle le fait, elle va finir par se décrocher la mâchoire.

8. Croyez-moi, je vous parle <u>franchement</u> ...., je trouve que vous avez tort.

5. Trouvez une ou deux autres locutions adverbiales pour exprimer :

1. le renforcement : *à tout prix,* ...., ...
2. la progression : *peu à peu,* ...., ...
3. la répétition : *à tous moments,* ...., ...
4. le temps : *de bonne heure,* ...., ...
5. la situation dans l'espace : *au-dessus,* ...., ...

6. Reliez la locution adverbiale et la définition lui correspondant.

1. par cœur	a. très vite
2. de long en large	b. sans payer, gratuitement
3. à pieds joints	c. malgré soi, contre sa volonté
4. en un rien de temps	d. au moment où on s'y attend le moins
5. à contrecœur	e. dans le plus grand désordre, dans la confusion
6. à l'improviste	f. de mémoire, sans consulter son texte
7. sens dessus dessous	g. secrètement, à la dérobée
8. bel et bien	h. dans un sens et dans l'autre
9. à l'œil	i. sans hésiter
10. en cachette	j. vraiment, réellement

BILAN 1

Certains voient dans la télévision un instrument de connaissance, d'autres y voient un instrument d'abêtissement.

Pour les premiers, elle est un œil ouvert sur le monde, sur l'univers ; elle apporte l'information. Elle fait découvrir des manières différentes de vivre,
5 de manger, de boire, de prier, d'apprendre. Elle enseigne, elle renseigne. Elle peut plaire, déplaire, déranger, elle intéresse toujours.

En outre, elle peut amuser et divertir. De nombreux téléspectateurs demandent et redemandent des programmes de jeux, de concours, de variétés.

Ils se réjouissent de les suivre semaine après semaine. Ils les attendent avec
10 impatience et ils les préfèrent souvent à un tête-à-tête avec la personne qu'ils fréquentent. Pour eux, rien ne surpasse la télévision.

Pour les autres, ceux qui la rejettent, qui la détestent, elle tue l'originalité. Elle standardise l'information, elle uniformise les talents, elle dévalorise la culture, elle déshumanise. C'est un fourre-tout sans intérêt. À cause d'elle,
15 les enfants deviennent des adolescents illettrés, incapables de se concentrer, des êtres qui ne parlent pas mais marmonnent, bredouillent. Bref, la situation est grave et à la longue, elle deviendra gravissime.

Ce qui est amusant, c'est que ceux qui font preuve de la plus grande sévérité, ceux qui prennent à cœur de critiquer ce media, sont sans doute ceux
20 qui le connaissent le mieux et ceux qui regardent le plus souvent ses programmes détestables.

• Les préfixes   *(sur 10)*

Savez-vous reconnaître maintenant un préfixe ? Alors donnez le préfixe des mots suivants et, si c'est possible, leur valeur. Notez-vous.

1. Ligne 5 – *apprendre* : Quelle est la base de ce verbe ? Quel est le préfixe ? Quelle valeur a-t-il ?

.... *(2 points)*

2. Ligne 5 – Quelle différence y a-t-il entre *enseigner* et *renseigner* ? Est-ce que le préfixe « r- » marque ici la répétition ?

.... *(2 points)*

3. Ligne 6 – Quel est le préfixe dans les verbes *déplaire* et *déranger* ? Quelle valeur a-t-il ?

.... *(2 points)*

4. Lignes 8 et 12 – Est-ce que le préfixe « re- » a la même valeur dans les verbes *redemandent* et *rejettent* ?

.... *(2 points)*

5. Ligne 15 – Relevez deux mots à préfixe négatif et donnez le sens de ces mots.

.... *(2 points)*

• Les suffixes   *(sur 10)*

Savez-vous reconnaître maintenant un suffixe ? Alors, répondez aux questions suivantes et donnez-vous une note.

1. Ligne 2 – *abêtissement* : quel est le suffixe ? Sur quel type de verbe ce suffixe est-il formé ?

.... *(1 point)*

2. Lignes 9-10 – Remplacez l'expression *avec impatience* par un adverbe en « -ment ».

.... *(1 point)*

3. Lignes 4 et 10 – l'adjectif *différent* est formé sur le verbe *différer*. Formez un nom à partir de ce verbe et formez un nom à partir du verbe *préférer*. Qu'est-ce que vous constatez ?

.... *(1 point)*

4. Lignes 13 et 14 – *standardise, uniformise, dévalorise, déshumanise* : quel est le suffixe commun à ces quatre verbes ? Quelle valeur a-t-il ? Quelle est la base des ces verbes ? Deux de ces verbes ont un préfixe commun. Quels sont ces verbes et quelle est la valeur de ce préfixe ?

.... *(4 points)*

5. Ligne 16 : *marmonner* et *bredouiller*. Quels sont les suffixes ? Quelle valeur ont-ils ? Quel est le sens de ces mots ?

.... *(2 points)*

6. Relevez dans le texte un adjectif dont le suffixe a une valeur superlative.

.... *(1 point)*

• Les mots composés*

Savez-vous reconnaître un mot composé ?
Relevez deux noms composés et donnez le sens de ces mots.

.... *(4 points)*

• Les locutions adverbiales et verbales*

Pouvez-vous les retrouver ?
Relevez deux locutions adverbiales et deux locutions verbales et donnez le sens de ces locutions.

.... *(6 points)*

* Vous compterez ensemble les mots composés et les locutions. (sur 10)

2. LE SENS DES MOTS

2 • 1 Les synonymes et les séries synonymiques

• **Les synonymes varient en précision**

Chemin faisant

1. Groupez les mots suivants en les associant selon leur sens.
la route, le bateau, le chemin, la péniche, le sentier, le navire, l'avenue, le paquebot, le cargo, le boulevard, le chalutier, la rue.

chalut   sendero   buque
buque

① La route / le chemin / le sentier / l'avenue / le boulevard / la rue

② le bateau / la péniche / le navire / le paquebot / le cargo / le chalutier.

2. Choisissez.
avenue, autoroute, chemin, impasse, route, rue, sentier, voie

callejón   via

1. J'étais dans une ...rue......... de Londres et je cherchais un café.

2. Les vaches suivaient un petit ..sentier.. dans la montagne.

3. L'arc de Triomphe est au bout de l'avenue.... des Champs-Élysées.

4. Dans cette ville inconnue, sortant de mon hôtel, j'ai longé des pâtés de maisons et je me suis retrouvé devant un mur ; j'étais dans une ...impasse

5. Les autoroute ont été faites pour que les voitures qui vont et viennent d'une ville à l'autre ne puissent pas se rencontrer et soient bien séparées.

6. Autrefois, les ..routes.... entre deux villes n'étaient pas sûres et on assistait parfois à des attaques de voyageurs.

7. La police a décidé d'interdire toute manifestation sur la ...voie..... publique.

8. En chemin.... pour l'école, elle s'arrêtait souvent pour s'acheter des bonbons.

3. Nuances et mots appropriés.

1. Est-ce que <u>je me promène</u> quand je suis pressé(e) ?   ❏ oui   ☑ non
2. Est-ce que <u>j'erre</u> quand je sais où je vais ?   ❏ oui   ☑ non
3. Est-ce qu'une vieille dame <u>arpente</u> un espace…   ❏ oui   ☑ non
4. … est-ce qu'<u>elle trottine</u> ?   ❏ oui   ❏ non
5. Est-ce que <u>je me promène</u> quand je <u>flâne</u> ?   ☑ oui   ❏ non
6. J'ai les mêmes intentions quand <u>je me balade</u> et quand <u>je rôde</u> ?   ❏ oui   ❏ non

Que d'eau ! Que d'eau !

4. Mots croisés.

HORIZONTALEMENT :
1. Petit cours d'eau qu'on peut franchir en sautant par-dessus.
3. Petite étendue d'eau qui reste au sol après la pluie.
8. Pluie forte mais de courte durée.
11. Petite étendue d'eau où viennent boire les animaux de la ferme.
13. Synonyme plus rare du 8 horizontal.

VERTICALEMENT :
I. Cours d'eau qui ne va pas à la mer.
IV. Cours d'eau qui va à la mer.
V. Coup de vent violent.
VI. Étendue d'eau autour de laquelle poussent des plantes où vivent des oiseaux, des canards.
VII. Il souffle.
IX. Elle arrache les arbres et les toits, elle écrase les fleurs, elle peut être terrible.

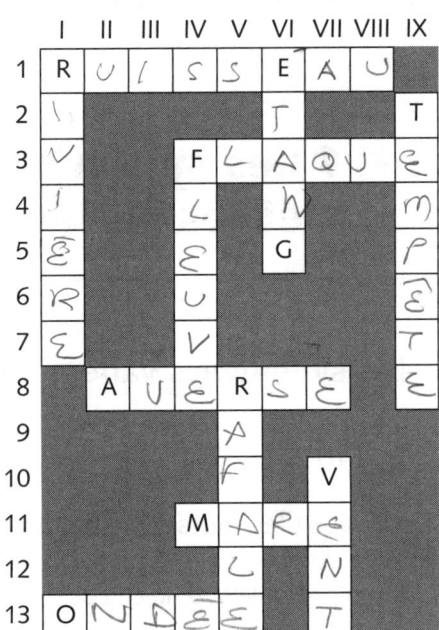

5. Nuances et mots appropriés.

1. Est-ce que je prends <u>un paquebot</u> pour traverser un étang ? ❑ oui ❑ non
2. Est-ce que je monte dans <u>un navire</u> pour descendre un fleuve ? ❑ oui ❑ non
3. Est-ce qu'<u>un cargo</u> peut naviguer sur une mare ? ❑ oui ❑ non
4. Est-ce qu'il y a <u>des péniches</u> sur les rivières ? ☑ oui ❑ non
5. Est-ce qu'on peut voir <u>des barques</u> sur une mare ? ❑ oui ❑ non
6. Je peux prendre <u>un canot à moteur</u> pour aller d'un bord à l'autre d'un lac ? ❑ oui ❑ non

6. Mots croisés.

HORIZONTALEMENT :
1. Bâtiment flottant à fond plat : vous en verrez beaucoup sur les fleuves.
3. On a besoin de rames pour la faire avancer.
5. Bâtiment de mer qui avance grâce au vent qui souffle dans ses voiles.
8. Des navigateurs courageux font le tour du monde sur ce bâtiment à trois coques.
12. Bâtiment de pêche.

VERTICALEMENT :
I. Le Titanic en était un !
V. Bâtiment destiné principalement au transport des marchandises. – Quand je suis en vacances au bord de la mer, j'en fais souvent.
X. Bâtiment de mer.

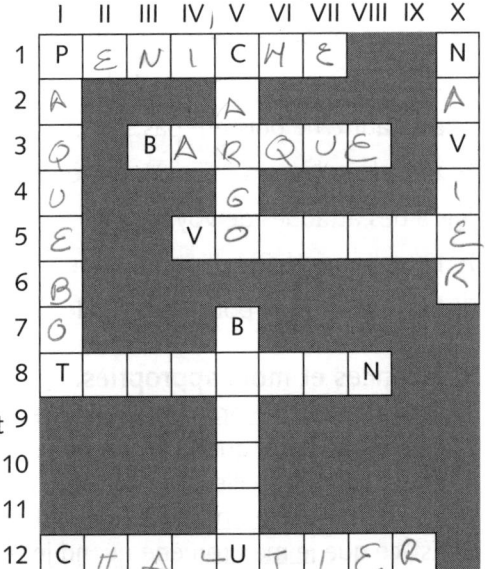

7. Formez trois groupes en associant les mots suivants selon leur sens.

l'averse, l'étang, le fleuve, la flaque, le lac, la mare, la pluie, l'ondée, la rivière, le ruisseau, le torrent.

....

8. Choisissez.
l'averse, l'étang, la flaque, le fleuve, le lac, la pluie, la rivière, le ruisseau, le torrent

1. Les enfants couraient dans la campagne, sautant par-dessus les haies, franchissant les petits ...*ruisseaux*

2. Il se rappelait les vacances de son enfance : les courses dans la campagne avec ses petits camarades, les arbres auxquels ils grimpaient, la ...*rivière*... dans laquelle ils allaient pêcher et nager.

3. Il avait plu pendant des heures et les piétons avaient beaucoup de mal à éviter les grosses ...*flaques*... qui restaient sur les trottoirs et sur la chaussée.

4. La Seine, le Mississipi, l'Amazone, le Danube, le Nil sont des ...*fleuves*..., ils vont tous jusqu'à la mer.

5. Les pieds dans le ...*torrent*... glacé, nous regardions l'eau qui bouillonnait sur les cailloux en dévalant la pente.

6. Voilà la ...*pluie*... et je ne n'ai pas de parapluie ! Vite, vite, entrons dans ce café, en attendant que ça cesse ! Ce n'est qu'une ...*averse*..., ça ne durera pas longtemps !

7. C'était un petit matin d'automne. Les <u>chasseurs</u>, cachés par les <u>roseaux</u> et par le <u>brouillard</u> qui montait de ...*étang*..., attendaient le passage des canards sauvages, des oiseaux qui allaient partir vers les pays chauds.

8. Dans les Alpes, vous trouverez de nombreux ...*lac*... . Les plus grands et les plus connus sont ...*lac*... Léman et ...*Lac*... d'Annecy qui a la réputation d'être le plus propre d'Europe.

La maison

9. Chassez les intrus (les mots qui ne vont pas dans la liste suivante).
un appartement, un domicile, un chahut, un chalet, une chambre, un <u>fonctionnaire</u>, un immeuble, un living, un logement, une pièce, une salle à manger, une salle de bains, une <u>villa</u>, le tapage.

10. Décrivez votre maison, ou la maison de vos rêves.
Commencez par « *J'habite…* » **ou** « *J'aimerais habiter…* », **puis indiquez :**
– le lieu du domicile. (*Paris, Athènes, Moscou, Marrakech, Dakar, la campagne, le bord de la mer, la montagne…*)
– le type d'habitation qui correspond au lieu (*un appartement, une maison, une villa, un chalet…*)
– le plan (décrivez, de façon précise, les pièces)
– l'extérieur (montrez sur quoi donnent les fenêtres ou les balcons de l'habitation).

11. Vous avez visité un appartement à louer : faites-en la description pour quelqu'un qui ne l'a pas vu, en répondant aux questions suivantes.
1. Dans quelle ville se trouve-t-il ?
2. Dans quel quartier ?
3. Dans quelle rue, avenue, boulevard… ?

4. Comment est l'immeuble ? Ancien, moderne, en bon ou en mauvais état ?

5. Combien d'étages ? À quel étage est l'appartement ? Avec ou sans ascenseur ?

6. Combien de pièces ? Détaillez. Comment sont-elles situées l'une par rapport à l'autre ?

7. Fenêtres, balcons ? Sur quoi donnent les fenêtres ? L'impression générale ?

12. Mots croisés.

HORIZONTALEMENT :

1. Je m'y lave. *(en trois mots)*

5. On le voit souvent à la montagne : le toit est en bois et les murs en pierres.

7. On la voit souvent à la mer.

10. Il est propriétaire de deux … dans un immeuble moderne.

VERTICALEMENT :

I.   J'y prends mes repas. *(en trois mots)*

III. J'y reçois mes amis. *(anglicisme)*

IV. J'y dors.

VII. Inscrivez l'adresse de votre … sur la demande de passeport.

VIII. Je rentre chez moi, je rentre à la …

XI. Dans un studio, il n'y a qu'une …

XII. Elle peut être … de séjour, de cinéma, de classe, d'attente, de restaurant…

XIV. Synonyme du 3 vertical.

	I	II	III	IV	V	VI	VII	VIII	IX	X	XI	XII	XIII	XIV
1	S		L				D	E		B				S
2														
3										P				
4														
5							C							
6														
7				V				A						
8			C											
9														
10	A						M			S				
11														
12														
13														
14														
15														

Chut, il y a des gens qui dorment !

13. Groupez les mots suivants d'après leur sens.

le boucan, le bruit, le chahut, la corvée, l'emploi, la fonction, le fracas, le métier, l'ouvrage, le poste, la profession, le tapage, le tintamarre, le travail, le vacarme.

....

....

....

14. Choisissez le mot juste.

tintamarre, vacarme, tapage, fracas, boucan, chahut

1. Quel est le mot qui traduit le bruit que fait une chose qui se casse, qui se brise ?

— C'est le ....

2. Quel bruit font les enfants qui tapent sur toutes sortes d'objets ? — Ils font du

....

3. Quel est le bruit qui monte de la rue, des voix des gens, du bruit de la circulation ?

— C'est le ....

4. Quand elle fait la cuisine, c'est un .... de casseroles qui tombent, de couvercles qui claquent, de cuillers et de fourchettes qui s'entrechoquent…

5. « Les enfants, arrêtez immédiatement ce .... , on ne s'entend plus ».

6. Ce professeur ne supporte plus le .... que font ses élèves dans la classe.

15. Mots croisés.

HORIZONTALEMENT :

1. Le feu … dans la cheminée. J'adore l'entendre.
3. Ce mot qualifie un bruit intense, haut, désagréable.
6. Le vent qui souffle fait … les portes et les fenêtres. Quel bruit !
9. Synonyme du 3 horizontal. Se dit aussi d'un accent, qui peut être … ou grave.
12. Je fais … les feuilles et les branches sèches quand je marche dans les bois.

VERTICALEMENT :

I. Parler à voix basse pour ne pas se faire entendre.
IV. Le champagne … dans le verre.
VII. Synonyme du 1 vertical.
IX. L'huile … dans la poêle quand on la chauffe.

	I	II	III	IV	V	VI	VII	VIII	IX	X
1	C			P		T				
2	H									
3			S	T						
4										
5							M		G	
6			C							
7										
8									S	
9				A						
10										
11										
12	C									

16. Nuances et mots appropriés.

LES VERBES :

1. Est-ce que le champagne grince dans le verre ? → ....

2. Est-ce que les fenêtres et les portes murmurent quand le vent les secoue ? →

....

3. Comment est la voix de quelqu'un qui crie ? → ....

4. Est-ce que le bois du parquet craque dans les vieilles maisons ? → ....

5. Est-ce que la pluie crépite sur le sol ? → ....

6. Que fait une personne qui veut parler sans se faire entendre ? → ....

7. Qu'est-ce qui grésille ? → ....

8. Qu'est-ce qui grince ? → ....

LES BRUITS :

1. « Crt, crt » fait le feu qui ....

2. « Psht, psht » fait le champagne qui ....

3. « Cra, cra » font les branches d'arbre sèches qui ....

4. « Vlan, vlan » font les portes qui .... poussées par le vent.

5. « Gr, gr, gr » font les portes mal huilées qui ....

6. « Pssss, psss » fait l'huile qui .... dans la poêle.

On vend, on achète, on mange, on boit !

17. Mots croisés.

HORIZONTALEMENT :
1. On y déjeune, on y dîne, on y prend un café, le thé…
6. Petite construction : on y vend des journaux…
9. On les appelle aussi grandes surfaces.
12. Petite construction : on y vend des crêpes, des frites…

VERTICALEMENT :
I. J'achète mes vêtements dans de petites … de mon quartier.
V. Pourrait être synonyme du 1 horizontal, s'il était plus grand, moins modeste.
IX. À la fois boisson et lieu où on peut consommer.
XII. Pourraient être synonymes du 1 vertical.

18. **Décrivez une rue commerçante de votre ville, de la ville où vous habitez : boutiques, cafés, restaurants, clients…**
Dessinez la rue, et placez tous les commerces qui s'y trouvent.

Allez, au travail, au boulot !

19. Choisissez le mot juste.

boulot, collègue, confrère, devoir, emploi, métier, poste, profession, travail

1. Pour trouver du ...., beaucoup de chômeurs s'adressent à l'A.N.P.E. Ce sigle signifie l'Agence nationale pour l'.................. . Parfois l'Agence leur trouve un .... stable, parfois seulement un .... intérimaire.

2. « Salut, je suis super content, j'ai trouvé un petit .... génial pour les vacances ».

3. On l'a enfin nommé à un .... de professeur dans la ville où vit sa famille.

4. « Des ...., encore des ...., toujours des .... » disait en pleurant l'enfant, « je déteste mon maître ».

5. « Plombier, tu seras plombier, mon fils, on aura toujours besoin d'un plombier, c'est un très bon .... Tu seras ton propre patron et personne ne pourra te licencier. »

6. Je suis médecin et je rencontre parfois d'autres médecins, mes ...., dans des congrès.

7. « Allons, les enfants, asseyez-vous ! Vous avez devant vous une fiche sur laquelle vous inscrirez votre nom, votre adresse, et la .... de vos parents. »

8. Dans mon bureau, nous sommes très nombreux. J'ai des .... sympathiques avec qui je m'entends très bien, et d'autres qui me sont complètement indifférents.

20. Quelle nuance y a-t-il entre :
1. a. le travail *et* la corvée ?
   b. le travail *et* le boulot ?
2. a. le bruit *et* le boucan ?
   b. le boucan *et* le chahut ?

Enfin, on se repose !

21. Dans la liste ci-dessous, chassez l'intrus (le mot qui ne va pas avec les autres mots).
congés, désœuvrement, loisirs, oisiveté, R.T.T., travail, vacances

22. Choisissez le mot juste.
congés, désœuvrement, loisirs, oisiveté, R.T.T., travail, vacances.

1. Tous les enfants de France ont deux mois de .... en été.

2. On dit que .... est la mère de tous les vices.

3. Je suis très fatiguée, je vais prendre quelques jours de .... pour me reposer et reprendre des forces.

4. À quoi occupez-vous vos ....? Vous lisez, vous écoutez de la musique, vous faites du sport, vous vous promenez ou bien vous ne faites rien du tout ?

5. Après quarante années de ...., on peut prendre sa retraite.

6. Parfois, quand les jeunes gens n'ont rien à faire, quand ils ne savent pas quoi faire, ils se laissent entraîner et ils font des bêtises par simple ....

7. Je ne travaillerai pas vendredi prochain ; je vais rattraper des heures en trop et je vais poser une ....

8. En 1936, on a instauré, on a inauguré en France les premiers .... payés.

On quitte tout et on bouge

23. Choisissez le mot juste.
aller, partir, venir, revenir, retourner, rentrer

1. Vous .... chaque année à Chamonix ?

2. Nous .... pour la Chine.

3. Elle .... de Marseille.

4. J'ai passé une semaine dans cette ville merveilleuse ; je .... demain et je regrette de la quitter, mais c'est sûr, j'y .... un jour.

5. Les étudiants étrangers .... dans leur pays, au moment des vacances.

6. La bibliothèque ? J'en ...., j'y ai passé toute la journée, et j'y .... demain.

7. Où ....-vous cet été ?

8. Vos questions sont intéressantes, mais .... au texte et étudions les rapports entre les personnages du roman.

24. Même exercice.

1. J'adore me baigner dans la mer, je sors de l'eau mais je vais y .... dans quelques instants.

2. Nous .... enfin chez nous, après plusieurs semaines de voyage.

3. Attends-moi, je .... dans un instant.

4. Tous les dimanches, nous .... au restaurant.

5. D'où ....-tu ?

6. Un immigré n'est jamais sûr de .... un jour dans son pays natal.

7. Tous les adolescents ont rêvé un jour ou l'autre de .... loin, très loin.

8. Il .... au cinéma tous les jours. C'est ce qu'on appelle un cinéphile.

25. Faites deux groupes de mots en les associant selon leur sens.
chanceler, escalader, gravir, grimper, se hisser, tituber, trébucher, vaciller.

26. Le mot juste : êtes-vous d'accord avec les verbes proposés dans les phrases suivantes ? Sinon, redonnez à chaque phrase le bon verbe.

1. Le lierre	(a escaladé)	le long du mur.
2. Les randonneurs	(est monté)	péniblement la côte.
3. Le prisonnier	(grimpe)	le mur de sa prison.
4. Pour changer une ampoule, mon mari	(gravissent)	sur un tabouret.

27. Attention, je vais tomber, badaboum ! Je tombe. Choisissez le bon verbe. (Attention aux élisions.)
(s')abattre, chanceler, dévaler, s'écrouler, s'effondrer, tituber, tomber, trébucher, vaciller

1. Le vieux mur du jardin a fini par .... Il ne reste que des pierres.

2. Il avait tellement neigé cet hiver que de nombreux toits se sont .... sous le poids de la neige.

3. L'ivrogne avançait en .... À chaque pas, on pouvait croire qu'il allait ...., et se retrouver assis par terre.

4. L'arbre le plus vieux de la forêt était infesté par des insectes. Pour éviter qu'il ne contamine les autres arbres, on a dû le ....

5. Les skieurs expérimentés .... la piste à toute allure.

6. Malade, elle était restée au lit pendant quelques semaines. Les premiers jours de sa convalescence ont été difficiles. La tête lui tournait. Elle avait l'impression que tout .... autour d'elle, les murs, les objets.

 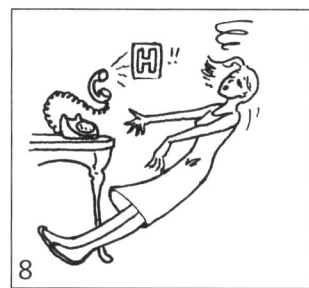

7. J'étais ridicule. Je portais des talons hauts et fins alors que je vis habituellement en baskets. À chaque pas, je .... et je risquais de me tordre la cheville.

8. En apprenant que son mari avait eu un accident de voiture, elle a .... et elle s'est évanouie.

Le monde des perceptions

28. Voir ou regarder ?

1. Je me suis assise dans un café pour .... le spectacle de la rue.

2. J'ai .... dans le métro une affiche publicitaire qui vantait les avantages d'une nouvelle crème de beauté.

3. Tous les invités, journalistes, actrices, chanteurs, avaient pris place pour .... le défilé de mode qui commençait.

4. Est-ce que tu as .... le dernier film de Coppola ?

5. Chaque fois que je viens .... mon amie, je la trouve en train de .... une émission stupide à la télé.

6. Elle .... avec inquiétude le petit bouton qui commençait à apparaître sur son nez.

7. « Viens vite, viens .... ce que ton fils a fait ! » a-t-il crié à sa femme.

8. Le brouillard était tombé sur la ville, un brouillard épais, on ne .... plus rien.

29. Trouvez le mot juste. Quel verbe plus précis de la liste pourrait-on utiliser à la place du verbe souligné ?

apercevoir, dévisager, distinguer, examiner, fixer, observer, percevoir, scruter

1. L'astronome grâce à son télescope peut <u>regarder</u> le ciel et les étoiles les plus lointaines. → ....

2. Le savant <u>regardait</u> au microscope les formes minuscules qui s'agitaient sur la plaque. → ....

3. L'alpiniste <u>regardait avec une grande attention</u> la paroi rocheuse, cherchant les points de passage qui lui permettraient d'atteindre le sommet. → ....

4. Les jeunes gens désœuvrés <u>regardaient avec insistance</u> les jeunes filles qui passaient devant eux, faisant avec effronterie des comparaisons. → ....

5. Il attendait son amie depuis une demi-heure ; enfin, il <u>l'a vue</u> au loin dans la foule qui s'écoulait sur l'avenue. → ....

6. Il faut être un expert en peinture pour <u>voir</u> les différences, les nuances entre un original et une excellente copie. → ....

7. Dans la semi-obscurité qui régnait dans la salle de cinéma, on <u>voyait</u> à peine les sièges et les spectateurs. → ....

8. Le bébé affamé <u>attachait son regard</u> avec gourmandise <u>sur</u> le biberon que sa mère préparait. → ....

30. Quelle différence faites-vous entre :

1. a. dévisager *et* défigurer ?
   b. dévisager *et* envisager ?
2. a. apercevoir *et* s'apercevoir de
   b. apercevoir *et* percevoir

31. Entendre ou écouter ?

1. C'est dramatique ! Je n'............................ jamais le réveil !

2. J'ai .... dire hier que le Président voulait dissoudre l'Assemblée.

3. « Tais-toi un instant et .... le chant des oiseaux ! »

4. Elle a .... le grondement du tonnerre, alors au lieu de fermer la fenêtre, elle l'a ouverte. Elle aime le tonnerre.

5. Elle .... toujours avec beaucoup d'attention le cours de son professeur de philosophie.

6. J'ai sonné une fois, deux fois, trois fois, mais personne n'a .... à cause du vacarme que faisaient les enfants.

7. Tous les samedis matins elle .... une émission sur France-Culture.

8. Je lui parlais, mais je voyais bien qu'elle ne m'............................ pas, elle rêvait.

32. Mots croisés : on touche !

HORIZONTALEMENT :

1. Passer rapidement et vigoureusement la main sur une partie du corps.
3. Toucher avec la main pour reconnaître.
4. Pourrait être synonyme du précédent : c'est ce que fait le médecin quand il examine un malade.
8. Après une épreuve difficile, les sportifs se font … pour détendre leurs muscles.
10. Les mamans adorent toucher légèrement, avec tendresse leur bébé. Elles adorent le …

	I	II	III	IV	V	VI	VII	VIII	IX	X	XI	XII
1	F			C						E		
2												
3			T							F		
4								P				
5												
6												
7												
8						M						
9												
10	C											

VERTICALEMENT :

I. Passer une chose sur une autre en pressant. Pour bien laver le linge, il faut le…
IV. C'est ce que fait la maman pour faire rire son petit enfant.
X. Toucher légèrement.

• Les synonymes varient en intensité

1. Trouvez le synonyme intensif.

1. Je vous assure madame, il n'y a aucune différence entre ces deux pantalons, ils sont tout à fait <u>pareils</u>, je dirai qu'ils sont *i* ....

2. L'actrice était vraiment <u>séduisante</u>, certains la trouvaient même *ens* ....

3. Le Président a décoré le pompier pour <u>son courage</u>, pour son *hé* ....
Il était entré dans la maison en flammes pour sauver deux enfants qui s'y trouvaient.

4. Non seulement je <u>critique</u> ta conduite, mais je la *con* ....

5. C'était une mère <u>inquiète</u>, toujours *an* ....

6. Il n'avait pas beaucoup d'argent. Aussi le diamant de fiançailles qu'il lui avait acheté était-il <u>tout petit</u>, pour ne pas dire *mi* ....

7. Je suis <u>vraiment content</u>, je suis *ra* .... que vous ayez pu venir.

8. Les paysans étaient <u>désolés</u>, *cons* .... de voir leur récolte dévastée par la grêle.

2. Même exercice.

1. J'étais <u>surprise</u> et même *stu* .... Je ne m'attendais pas à une telle réaction de leur part.

2. <u>La peur, l'effroi</u>, *l'épo* .... régnaient parmi les habitants des maisons en flammes.

3. C'est un homme tout à fait <u>capable</u>, je dirais même *tal* .... , *gén* .... dans son domaine.

4. Sa joie a été de courte durée, elle a été <u>passagère</u>, *éphé* ....

5. Le monde est <u>grand</u>, *va* ....

6. Ton fils a échoué au bac? Oui, d'accord, tu peux être <u>triste</u>, mais pas *affl*..................., ce n'est pas une catastrophe. Ton fils est en bonne santé et il a l'avenir devant lui.

7. La vieillesse lui avait donné ce visage <u>calme, tranquille</u>, *ser*.................. .

8. J'<u>aime</u> mon ami de tout mon cœur, je l'*ad*.................. .

3. Même exercice.

1. Ils ont <u>critiqué</u> l'attitude du professeur trop sévère et même ils l'ont *dés*.................. .

2. Le jardin était <u>éclairé</u>, *illu*.................. de mille ampoules.

3. Elle avait eu très peur en voyant l'animal sauvage s'approcher d'elle. Son visage était <u>pâle</u>, *li*.................. .

4. Il possède une <u>grande</u> fortune, une *im*.................. fortune.

5. Le diamant <u>brillait</u>, *resp*.................. au soleil.

6. Il était <u>obstiné</u> et même *ent*.................. . Rien ni personne ne pouvait lui faire changer d'avis.

7. Quand on est jeune, on est imprudent, mais à mesure que le temps passe, on devient <u>raisonnable</u> et peut-être *sa*.................. .

8. Cet homme qui était plutôt laid, était pourtant <u>captivant</u>, *fasc*.................. par son intelligence.

4. Qualité ou défaut? À vous de juger!

1. Je <u>persévère</u> dans mon effort. ❑ qualité ❑ défaut
2. Je <u>m'obstine</u> dans mon opinion. ❑ qualité ❑ défaut
3. Il <u>s'entête</u> malgré l'évidence. ❑ qualité ❑ défaut
4. C'est un homme <u>courageux</u>. ❑ qualité ❑ défaut
5. Cette jeune fille est <u>téméraire</u>. ❑ qualité ❑ défaut

5. Mots croisés : Que la lumière soit!

HORIZONTALEMENT :
1. On voyait la statue d'or … au soleil.
3. Les enfants qui se promènent en forêt ont toujours peur de voir … les yeux des bêtes sauvages.
6. Elle aime voir ses vitres lavées et frottées … au soleil.

VERTICALEMENT :
III. Regarde! La première étoile, l'étoile du berger … dans le ciel.
VII. Ses yeux … de joie.
IX. Son visage … de bonheur.

6. Nuances et mots appropriés : *satisfait, content, heureux, ravi* **sont synonymes, mais... comparez le sujet dans les phrases suivantes et essayez de savoir pourquoi les synonymes ne sont pas interchangeables. Que pouvez-vous dire de tous ces adjectifs ?**

1. a. Le professeur est <u>satisfait</u> du travail de ses élèves.
   b. *(mais on dira)* Le travail des élèves est <u>satisfaisant</u>.

2. a. Nous sommes <u>contents</u> de la fin de l'aventure.
   b. *(mais on dira)* C'est une fin <u>heureuse</u>.

3. a. Elles étaient <u>ravies</u> de leur soirée.
   b. *(mais on dira)* Leur soirée était <u>joyeuse</u> !

• Les synonymes varient en construction

1. Faut-il ou non une préposition ? Et s'il en faut une, trouvez la bonne.

1. a. Elle a accepté .... partir avec moi.
   b. Elle a enfin consenti .... partir avec moi.

2. a. Il a abandonné .... sa part.
   b. Il a renoncé .... sa part.

3. a. Elle s'est engagée .... remettre son travail dans les deux jours.
   b. Elle a promis .... remettre son travail dans les deux jours.

4. a. Elle a fait part .... son départ à sa famille.
   b. Elle a annoncé .... son départ à sa famille.

5. a. Le pompier a montré .... un grand courage.
   b. Il a fait preuve .... un grand courage.

6. a. Veillez .... le bébé.
   b. Surveillez .... le bébé.

7. a. Les chevaux sont passés .... la barrière.
   b. Les chevaux ont franchi .... la barrière.

8. a. J'ai confiance .... vous.
   b. Je me fie .... vous.

2. Remplacez le mot souligné par le mot entre parenthèses et faites les transformations nécessaires.

1. Je <u>me suis enfin rappelé</u> le mot que je cherchais et qui m'échappait. *(se souvenir)*

....

2. Est-ce que <u>tu utilises</u> ton ordinateur en ce moment ? *(se servir)*

....

3. <u>Elle a autorisé</u> ses élèves à utiliser leur dictionnaire. *(permettre)*

....

4. <u>Il a épousé</u> une jeune fille très riche. *(se marier)*

....

5. Ils sont arrivés à leur but. *(atteindre)*

....

6. Le professeur a annoncé aux élèves son départ à la retraite. *(informer)*

....

7. J'aime mieux Proust que Mauriac. *(préférer)*

....

8. Il a essayé de savoir où tu étais. *(chercher)*

....

---

2 • *2* Les antonymes

---

1. Récrivez le texte, en remplaçant les mots soulignés par le terme féminin correspondant. Pensez à faire toutes les autres transformations nécessaires.
Il était une fois un homme qui habitait dans une grande ville, au milieu des grands immeubles de pierre, dans le bruit et la pollution. Il pensait de temps en temps à l'époque où il était petit garçon et où il vivait dans un village avec son papa. Son papa était un homme de la campagne qui travaillait dans les champs et qui avait des bêtes : des taureaux, des moutons, des coqs, des chevaux, des chiens et des chats. Il vivait dans ce village avec ses frères et ses neveux. Et les enfants, les cousins, aimaient jouer ensemble. Ils couraient dans les champs, nageaient dans la rivière et se séchaient au soleil en mangeant des fruits sauvages. Ces souvenirs étaient à la fois doux et tristes.

2. Donnez le verbe réciproque correspondant au verbe souligné. (Deux verbes **réciproques** impliquent deux faits complémentaires inverses : *offrir / prendre*.)
Ex. : *Quand on vous offre un cadeau il faut le prendre.*

1. Tout ce que j'ai appris, c'est mon maître qui me l'a ....

2. J'ai vendu la voiture que j'avais .... l'année dernière.

3. Quand on t'interroge, tu dois ....

4. Avez-vous reçu le livre que je vous ai ....?

5. Je lui ai emprunté sa voiture. — Vraiment ? Il a accepté de te la ....?

6. Tu dois m'écouter quand je te ....

7. De nombreuses mères recommandent à leurs enfants de ne pas prendre ce qu'un inconnu leur ....

3. Complétez les phrases suivantes par le terme opposé.
Ex. : *Donne-moi une réponse, dis-moi oui ou dis-moi non.*

1. Je vais lui demander de partir en vacances avec moi. Va-t-il accepter ou ....?

2. Un jour, j'irai à New York pour y travailler ou étudier, mais je ....

3. C'est désolant, tout ce que j'ai appris pendant mes années d'études, je l'ai

....

4. Il faut toujours finir ce qu'on a ....

5. Cherche et tu ....

6. Ce que l'homme construit, l'homme le .... Ainsi va le monde.

7. N'aie pas peur ! Si on t'attaque, je te ...., je te le promets.

8. Si tu travailles, tu réussiras, si tu ne travailles pas, tu ....

4. Même exercice.

1. Il y a une pièce de théâtre en français dont le titre est : « Il faut qu'une porte soit

ouverte ou .... ».

2. Il existe un proverbe français qui dit : « Qui rit vendredi, dimanche .... »
Il signifie que rien n'est sûr.

3. — Est-ce que tu sais qui a prononcé ces paroles : « Connais-toi, toi-même. »
— Non, je l' ....

4. L'âne ne voulait pas avancer ; et pourtant, moi, je le tirais et derrière, il y avait
quelqu'un qui le ....

5. Autrefois, selon qu'un enfant agissait bien ou mal, on le récompensait ou on le

....

6. Tu parleras seulement si on t'interroge, sinon, tu te ....

7. Allons, dis-moi la vérité, j'ai raison ou j'ai ....?

8. Ces parents sont étranges : ils autorisent le lendemain ce qu'ils ont ....
la veille.

5. Complétez les couples de contraires suivants.

1. la beauté et la ....

2. la force et la ....

3. la clarté et l' ....

4. la propreté et la ....

5. la fragilité et la ....

6. la jeunesse et la ....

7. la gentillesse et la ....

8. la ressemblance et la ....

9. la richesse et la ....

10. la générosité et l'...................

6. Reliez les antonymes.

1. la lenteur
2. la majorité
3. la vérité
4. la supériorité
5. la bonté
6. le cru
7. l'envers
8. le courage

a. la lâcheté
b. l'infériorité
c. la méchanceté
d. le cuit
e. la rapidité
f. la minorité
g. le mensonge
h. l'endroit

7. Jeanne et Alice sont très différentes : l'une est le contraire de l'autre. Faites le portrait d'Alice à partir du portrait de Jeanne.

Jeanne est <u>grande</u> et <u>jeune</u> ; elle se trouve <u>laide</u> et <u>grosse</u> ; elle a l'air <u>méchante</u>, elle

....

est plutôt <u>généreuse</u>. Elle est souvent <u>triste</u> parce qu'elle se croit <u>faible</u> et <u>fragile</u>.

....

Chaque acte de sa vie devient quelque chose de <u>lourd </u>à porter. Autour d'elle, elle ne

....

voit que <u>le mensonge</u>. Sa démarche <u>lente</u> donne l'impression qu'elle est <u>malade</u>. Elle

....

aime <u>la chaleur</u>, <u>le silence</u> et <u>l'obscurité</u>. Elle est <u>riche</u> mais elle ne le sait pas.

....

8. Donnez le verbe affirmatif correspondant au verbe négatif souligné.

Ex. : *La météo avait tort : le ciel ne <u>s'éclaircissait</u> pas,* ***il s'obscurcissait***.

1. Elle <u>ne rajeunit pas</u>, au contraire elle ....

2. Vous <u>n'avez pas ralenti</u> en voyant le policier, au contraire vous avez ....

3. Je <u>ne l'aime pas</u>, je la ....

4. Mais non, elle <u>n'a pas grossi</u>, regarde-la bien, je trouve même qu'elle ....

5. On <u>ne s'enrichit pas</u> en jouant au casino, bien au contraire, on s' ....

6. Son opération esthétique <u>ne l'a pas embelli</u>, je trouve qu'elle l'a ....

7. Tu <u>ne m'as pas dit la vérité</u>, tu as ....

8. Je <u>ne ressemble pas</u> à ma sœur, nous .... l'une de l'autre en tout.

9. Reliez les antonymes.

1. nettoyer	a. baisser
2. réchauffer	b. s'approcher
3. alléger	c. rétrécir
4. grossir	d. salir
5. élargir	e. refroidir
6. tomber	f. alourdir
7. lever	g. maigrir
8. s'éloigner	h. se relever

10. Complétez par le terme opposé.

Ex. : *Où sommes-nous ? <u>en haut</u> ou **en bas** ?*

1. Je suis perdu : faut-il aller <u>à droite</u> ou ....?

2. Où est Londres par rapport à Paris ? Au <u>nord</u> ou au ....? À <u>l'est</u> ou à

...................?

3. « Est-ce que vous allez à l'aéroport pour prendre l'avion ou pour attendre quelqu'un ? Est-ce que je vous dépose à la porte des <u>arrivées</u> ou à la porte des

...................? » m'a demandé le chauffeur de taxi.

4. Ce parking est très mal conçu : les voitures qui <u>entrent</u> se trouvent souvent face à face avec les voitures qui ....

5. Dans une voiture, je préfère m'asseoir à .... ; je suis malade quand je suis assise <u>à l'arrière</u>.

6. Tu <u>descends</u> ou je .... te chercher ?

7. Je vais te photographier ; mets-toi devant la statue ; non, <u>avance</u> un peu ; non c'est trop, ... ; voilà, c'est bien ! Clic ! C'est fait.

8. L'année dernière, <u>j'ai allongé</u> ma robe parce que c'était la mode ; mais cette année, je vais la .... parce que c'est la mode. Quelle vie !

11. Complétez le texte par le terme opposé aux mots soulignés.

Tous les hommes veulent <u>la paix</u>, mais ils font .... ; ils cherchent <u>le bonheur</u> mais ils rencontrent aussi .... Ils demandent la <u>justice</u> mais .... existe toujours. Ils souhaitent <u>la richesse</u> pour tous mais .... est encore là. Ils se battent pour <u>la santé</u> mais ils ne peuvent rien parfois contre .... <u>Le bien</u> de tous est leur but, mais .... n'a pas disparu. Ils désirent <u>le paradis</u> sur la terre, mais parfois la terre devient .... Malgré tout, ils préfèrent <u>la vie</u> à .... Ils préfèrent vivre quand même.

12. Même exercice.

1. <u>Il y a longtemps</u>, les loups étaient nombreux dans les forêts françaises. Et puis, ils ont disparu et ce n'est que .... qu'ils sont revenus.

2. <u>Aujourd'hui</u> nous nous déplaçons en automobile ; .... on se déplaçait à cheval.

3. J'aime ces deux moments extrêmes de la journée, <u>l'aube</u> et ....

4. Nous nous sommes vus <u>la semaine dernière</u> et nous nous reverrons ....

5. <u>Je me rappelle</u> avec une grande précision les événements de mon enfance, mais j'ai .... des événements plus récents.

6. Lorsque deux personnes sont très différentes l'une de l'autre, on dit souvent qu'elles sont comme <u>le jour</u> et ....

7. Cette vieille dame sort <u>souvent</u> de chez elle, son mari en revanche sort ....

8. Elle fait <u>toujours</u> une sieste après le repas, mais toi, tu n'en fais ....

13. Donnez les antonymes à valeur négative pour les mots suivants, puis introduisez-les dans de courtes phrases.
1. ami – 2. espérer – 3. exact – 4. facile – 5. faire – 6. lisible – 7. moral – 8. normal – 9. possible – 10. régulier.

14. Faites le portrait en négatif de Jean, en donnant le contraire des mots soulignés.

Jean est un homme <u>sympathique, agréable</u> et <u>poli</u>. Tout le monde <u>l'aime</u>. Il <u>plaît</u> aux

....

femmes parce qu'il est <u>sensible</u>. Il <u>sait</u> beaucoup de choses ; c'est un <u>lettré</u>, <u>capable</u>

....

de lire et de comprendre des langues étrangères. Il a une connaissance <u>parfaite</u> de sa

....

propre langue. On est <u>content</u> de passer du temps avec lui parce qu'on découvre en

....

lui un homme <u>amical</u> et <u>sensé</u>.

....

15. Cochez la bonne réponse.

1. <u>décéder</u> est le contraire de
❑ céder
❑ vivre

2. <u>détenir</u> est le contraire de
❑ tenir
❑ laisser

3. <u>dépenser</u> est le contraire de
❑ économiser
❑ penser

4. <u>devenir</u> est le contraire de
❑ rester
❑ venir

5. <u>dépasser</u> est le contraire de
❑ passer
❑ rester sur place, rester derrière

6. <u>défaire</u> est le contraire de
❑ échouer
❑ faire

7. <u>démentir</u> est le contraire de
❑ affirmer
❑ mentir

16. Repérez les termes négatifs : soulignez-les et donnez le contraire de ces termes en imitant l'exemple.

Ex. : *insouciante* ≠ *qui se fait du souci*

C'était une personne ***insouciante***, jamais inquiète, jamais angoissée : elle allait droit au but ; elle détestait les gens indécis, les discussions interminables ; sa réussite dans la vie était indubitable.

Elle trouvait amorales ces personnes dont les efforts sont inexistants et qui croient qu'un sourire irrésistible est la clé qui ouvre le monde. Elle évitait les ingrats, les indifférents et les incompétents.

17. Observez ces différents mots.
Est-ce que le préfixe *em-* a le même sens chaque fois ?
Quel est l'antonyme de chacun de ces verbes ?

1. embarquer → ....

2. emménager → ....

3. emmener   → ....

4. emporter   → ....

18. Complétez les phrases par l'antonyme contextuel du mot souligné.

1. En été les feuilles sont <u>vertes</u>, en automne elles sont ....

2. Quand le soleil brille, le ciel est <u>bleu</u> ; quand le ciel est couvert, il est ....

3. Les voitures passent au <u>vert</u> et s'arrêtent au ....

4. En musique, une <u>blanche</u> vaut deux ....

5. La recette du *pain perdu* demande non pas du pain <u>frais</u>, mais du pain ....

6. On dit que le vin <u>rouge</u> accompagne la viande et que le vin .... accompagne le poisson.

19. Donnez le contraire des mots soulignés dans le contexte donné (antonymie partielle).

1. a. Regarde ce dessin, il est si <u>délicat</u>, le mien à côté paraît ....

   b. Dans certains pays le féminisme est un sujet <u>délicat</u> à traiter ; dans d'autres pays, ce sujet est tout à fait ....

   c. Tu peux raconter tous tes secrets à cet homme, il est parfaitement <u>délicat</u>. Par contre, je n'ai pas confiance dans son collègue qui est ....

2. a. Vous avez besoin d'une règle pour tirer des traits bien <u>droits</u>. Si vous n'avez pas de règle, vous risquez de faire des traits complètement ....

   b. Cet homme est l'honnêteté personnifiée, il est sincère et <u>droit</u>, à la différence de nombreux hommes publics qui sont plutôt ....

   c. La tour de Pise est maintenant presque <u>droite</u>, alors qu'il y a encore quelques années elle était bien ....

   d. L'Opéra est situé sur la rive <u>droite</u> de la Seine, la Sorbonne sur la rive ....

3. a. Le comptable a vérifié les comptes, ils sont <u>justes</u>. S'ils avaient été ...., il l'aurait vu tout de suite.

   b. Pour les uns, le monde est <u>juste</u> ; pour d'autres, il est ....

   c. L'accordeur de piano est passé ; aujourd'hui les basses qui étaient toutes .... hier, sont <u>justes.</u>

   d. Mes chaussures sont <u>justes</u> pour moi / <u>juste</u> à ma taille, ni trop ...., ni trop .... ; elles ont la bonne pointure.

   e. Quand on est traducteur, il est souvent difficile de trouver le mot <u>juste</u>, alors on cherche une expression ....

4. a. Mon sac est trop .... ; je vais le vider pour le rendre plus <u>léger</u>.

   b. C'est du café ça ? Il est si <u>léger</u> qu'on dirait de l'eau sale. Moi, j'aime le café bien noir, bien ....

   c. En Afrique, on porte des vêtements <u>légers</u> toute l'année ; en Europe, on porte des vêtements <u>légers</u> en été, mais des vêtements .... en hiver.

   d. Le carambolage sur l'autoroute a fait deux blessés <u>légers</u> et un blessé ...., qui a été transporté d'urgence par hélicoptère dans un hôpital des environs.

   e. Il y a une <u>légère</u> différence entre le bleu ciel et le bleu clair, alors que la différence entre le bleu clair et le bleu marine est plus ....

f. Certaines femmes aiment le naturel et ne se mettent sur le visage qu'une <u>légère</u> couche de poudre, quand d'autres se cachent derrière une couche très ....

g. D'abord, ce n'était qu'un bruit <u>léger</u>, puis c'est devenu un bruit .... qui a réveillé toute la maison. Qu'est-ce que c'était?

h. Je trouve qu'elle se montre un peu <u>légère</u> quand elle raconte sa vie à n'importe qui ; à sa place je serais un peu plus ....

Au plaisir des mots

1. Amusons-nous pour finir. Est-ce que l'antonymie est toujours possible? Quel est le sens des expressions soulignées?

1. Nous avons fait un <u>bon petit</u> repas. → ....

2. Ce livre est en vente dans toutes <u>les bonnes</u> librairies. → ....

3. J'ai fait faire cette robe chez une <u>petite</u> couturière de quartier. → ....

4. Au bout de trente années de travail, elle n'avait que quelques <u>maigres</u> économies. → ....

5. Qui t'a fait ce <u>gros</u> chagrin, mon bébé? → ....

6. Nous allons boire un <u>petit</u> coup et nous nous remettrons au travail ! → ....

7. Il a reçu une <u>bonne</u> paire de claques. → ....

8. Il fait un <u>sale</u> temps ! → ....

9. L'acteur parlait d'une voix <u>blanche.</u> → ....

10. Ils sont sortis par <u>gros</u> temps. → ....

2. Retrouvez approximativement le texte initial en donnant les antonymes dans le texte suivant.

<u>Minuit</u>. <u>Il pleut</u>. Les autobus passent <u>presque vides</u>. <u>Un vieillard</u> qui a un cou trop

....

<u>court</u> et qui <u>ne porte pas</u> de chapeau <u>félicite</u> <u>une dame</u> parce qu'<u>elle</u> lui <u>caresse</u> les

....

<u>mains</u>. Tout à coup, il voit une place <u>occupée</u>. Il se précipite dessus pour <u>se mettre</u>

....

<u>debout</u>.

....

Deux heures plus <u>tôt</u>, <u>derrière</u> la gare de Lyon, <u>ce vieillard</u> <u>n'écoutait pas</u> un

....

<u>étranger</u> qui <u>se taisait</u> et qui <u>ne voulait pas lui dire</u> que son pantalon était <u>fermé</u>.

....

D'après Raymond Queneau, *Exercices de style*, Gallimard.

2 • *3* Les homonymes

1. Réfléchissons. Est-ce qu'il y a dans votre langue des homonymes ? (des mots qui s'écrivent ou qui se prononcent de la même façon mais qui n'ont pas le même sens)

2. En français, l'homonymie et l'homophonie sont des sources de jeux de mots et la publicité les utilise abondamment pour mieux toucher, frapper le consommateur. Essayez d'expliquer les exemples ci-dessous :

1. « Il n'y a que Maille qui m'aille. » (publicité pour une moutarde) ....

2. « Quand on s'aime, on sème. » (publicité pour une banque) ....

3. « Changer d'ère. » (slogan politique) ....

3. Ainsi font, font, font, les sons ! Amusons-nous un peu !
Observez les phrases suivantes et explicitez les situations différentes.

1. a. Allô ! ....

   b. À l'eau ! ....

2. a. Ce qu'a fait Édouard est horrible. ....

   b. Ce café, Édouard, est horrible ! ....

3. a. Je n'aime pas rouler la mie. ....

   b. Je n'aime pas rouler l'amie. ....

4. a. « Elle » a deux « l ». ....

   b. Mais non, « aile » a un « l » ....

5. a. Regarde ces faux cils ! ....

   b. Regarde ces fossiles ! ....

6. a. Le magasin est ouvert. ....

   b. Le magasin est tout vert ! ....

4. Devinez. Répondez à la question posée : donnez le nom de la chose à deviner sans oublier l'article.

1. Le blanc est généralement ma couleur. Je me lève et me gonfle avec le vent, ou je me couche et tombe avec le vent. Je vis entre deux éléments, l'air et l'eau. Je cours au-dessus de l'eau et je joue avec l'air. Que suis-je ? → ....

2. Je suis fait pour cacher, mais je donne envie de découvrir ce que je cache. Je peux être léger ou transparent. Qu'y a-t-il derrière moi, la beauté, la laideur ? Bonne ou mauvaise surprise ? Que suis-je ? → ....

3. Tous les pays du monde en ont, les présidents y vivent, les gouvernements y siègent. New York n'en est pas mais Canberra oui. Qu'est-ce que c'est ? → ....

4. Quand je ne recouvre pas complètement le bras, ou la moitié du bras, ou les trois quarts du bras, je n'existe pas. Qu'est-ce que je suis ? → ....

5. Je suis douce, verte, je pousse au pied des arbres ou bien je suis blanche, légère et je monte jusqu'au bord des verres. Que suis-je ? → ....

6. J'indique la différence entre le bien et le mal, je donne des règles de conduite ; on peut ne pas m'aimer, mais on me connaît. Je plais aux gens d'expérience qui me citent sans cesse et je déplais souvent aux jeunes. Qui suis-je ? → ....

7. On y vient pour envoyer et pour recevoir des colis, des lettres ou des mandats. Qu'est-ce que c'est ? → ....

8. Une main me tient et me serre ; pour couper ou pour frapper. Que suis-je ? → ....

9. Je suis creux, j'ai une forme, ronde, carrée, triangulaire, forme de cœur ou d'animal. Ce qu'on me confie est informe, liquide, sucré ou salé et quand on me sort du four, ce que j'ai précieusement gardé est solide et a une forme. Et c'est parfois tellement bon que je m'y accroche. Que suis-je ? → ....

5. Reliez les homonymes entre eux.

1. air
2. allaitement
3. allée
4. amande
5. ancre
6. balade
7. barre
8. bond

a. bon
b. encre
c. bar
d. ère
e. halètement
f. hâlée
g. amende
h. ballade

6. Choisissez le terme qui convient selon le contexte.

1. *le bout / la boue*

   a. Elle mordille toujours .... de son crayon.

   b. Je n'aime pas me promener dans la campagne quand il pleut. Les pieds s'enfoncent dans ....

2. *le but / la butte*

   a. La maison était construite sur ...., ce qui offrait un joli panorama.

   b. Il poursuivait des .... bien étranges. Que voulait-il faire ? Mystère !

3. *le cahot / le chaos*

   a. Avant la création du monde, on dit que tous les éléments étaient mélangés, l'eau, la terre, le feu…, c'était .... originel, universel.

   b. Tu ne pourrais pas changer d'itinéraire ? Cette route est vraiment mal entretenue et je sens que je vais vomir avec tous ces ....

4. *censé / sensé*

   a. Tu peux lui faire confiance, elle ne fera pas de bêtises, elle est devenue raisonnable ; c'est maintenant une jeune fille très ....

   b. Salut ! Que fais-tu dans ce bar ? Tu n'es pas .... être à ton travail à cette heure ?

7. Replacez les mots qui manquent dans le texte suivant.

cent, champ, chant, chaîne, chêne, chœur, cœur, sans

Le parc était magnifique. Il y poussait de nombreuses variétés d'arbres, en particulier des .... qui avaient au moins .... ans. Leurs fruits, les glands, recouvraient le sol. Certains de ces arbres avaient encore toutes leurs feuilles, d'autres étaient déjà .... feuilles. Au-delà du parc, c'était la campagne, des .... de blé qui pliaient au moindre souffle du vent ; le silence n'était brisé que par le .... des oiseaux. Dans le lointain on pouvait apercevoir la .... des Alpes. Certains sommets tout blancs nous faisaient déjà penser aux descentes à ski, au feu de bois, aux .... d'enfants qui hurlaient de tout leur .... des cantiques de Noël dans l'air glacé de l'hiver.

8. Cochez la bonne réponse.

1. <u>Un col</u> est :   ❏ a. une substance gluante qui permet d'unir deux surfaces.
                  ❏ b. une partie du vêtement autour du cou.
                  ❏ c. un passage entre deux montagnes.

2. <u>Un conte</u> est : ❏ a. un calcul.
                  ❏ b. un récit qui distrait les petits et les grands.
                  ❏ c. un personnage noble.

3. <u>Le cou</u> est :   ❏ a. un mouvement violent qui fait entrer en contact deux corps.
                  ❏ b. une partie du corps située entre la tête et les épaules.
                  ❏ c. le prix des choses.

4. <u>La cour</u> est :   ❏ a. le mouvement de l'eau ou un enseignement que l'on suit.
                  ❏ b. un espace découvert et fermé.
                  ❏ c. un adjectif qui est le contraire de « long ».

Après avoir coché la bonne réponse, vous donnerez le mot qui correspond aux autres définitions proposées.

Ex. : *a. une substance gluante qui permet de coller deux surfaces :* ***la colle***.

9. Mots croisés.

HORIZONTALEMENT :
 1. La valse, le tango, la salsa, le rock sont des…
 3. Le 14 juillet est la … de la prise de la Bastille.
 4. Dans les pays chauds on recommande de bien faire … la viande.
 5. Elle coule du robinet, elle court dans les rivières, elle remplit la mer.
 7. Il est bleu, vert, mauve, rose sur les paupières. Il est rouge sur les joues et sur les lèvres. – Quand elle est bonne, elle aide Cendrillon, quand elle est méchante, elle jette un sort à la Belle au bois dormant.
10. C'est le contraire de « bas ».

VERTICALEMENT :
 I. Elle pousse sur les palmiers, elle nourrit les gens du désert. – Je mange parce que j'ai …
 III. C'est la peau travaillée des bêtes. – Il éclaire les bateaux sur la mer.
 V. Une histoire a un début et une …
 VI. C'est un petit événement qui peut être divers dans les journaux.
 VII. Quand il est synonyme de « épais » on peut le dire d'un brouillard ; quand il est synonyme de « nombreux », on peut le dire d'une foule.

10. Devinettes.

1. Je suis fin, je peux me glisser dans les trous les plus étroits, on me passe, on me tire, on me coupe ; je suis très utile : sans moi, aucun vêtement ne tiendrait. Que suis-je ? → ....

2. Je suis aussi longue que le numéro 1, mais je suis vivante ; on me rencontre à la poste, devant un cinéma ou un théâtre. Que suis-je ? → ....

3. Nous sommes trois mots ; nous contredisons les idées reçues des étudiants.
Le premier est féminin sans « e » final. Quand on l'a, on peut dormir tranquille.
Le deuxième est un mot masculin avec un « e » final. C'est un organe du corps.
Le troisième est un singulier avec « s » final. On le trouve toujours dans les débuts des contes. Qui sommes-nous ? → ....

11. Choisissez.

1. *glaciaire / glacière*

   a. Les fjords norvégiens sont d'anciennes vallées ....

   b. J'ai mis la bouteille d'eau dans la ....

2. *golf / golfe*

   a. Il joue au .... sur un terrain de dix-huit trous qui se trouve au bord de

   b. la mer, au bord d'un petit ....

3. *goûter / goutter*

   a. Elle grossit parce qu'elle .... toujours les plats qu'elle prépare.

   b. Il ne pleuvait plus mais les feuilles des arbres .... encore.

4. *lac / laque*

   a. Je fais de la voile chaque été sur un .... dans les Alpes.

   b. Je déteste mettre de la .... sur mes cheveux.

5. *laid / lait*

   a. Tout le monde était étonné qu'une aussi belle jeune fille ait épousé un garçon aussi .... Ce sont les mystères de l'amour.

   b. Le monde se partage entre ceux qui aiment le .... et ceux qui le détestent.

12. Dites-nous...

1. Quel est le contraire du « bien » ? ....

2. Quelle est cette grande valise qu'on emportait souvent avec soi pour faire de grandes traversées sur la mer ? ....

3. Quel est l'autre élément du couple : « père » et .... ?

4. Qui dirige une commune, un arrondissement, parfois une ville comme Paris ? ....

5. La pièce a cinq .... de long sur quatre de large.

6. Qui instruit les enfants à l'école primaire ? ....

7. « Je » égale ....

8. Quelle est la mesure temporelle de trente ou trente et un jours ? ....

9. Qu'est-ce que « à », « aime », « vie », « beau » ? ....

10. Qu'est-ce que la famine, les tremblements de terre, la guerre ? ....

13. Complétez le texte ci-dessous.

Elle était .... un 1er janvier. Et depuis, on disait à chaque anniversaire, qu'elle était .... avec l'année. Elle avait de grands yeux noirs, un petit .... en trompette et une grande bouche qui disait toujours « oui », qui ne savait pas dire .... Elle portait le beau .... de Victoire. Elle avait passé son enfance à la campagne. Le jardin de ses grands-parents avait été son terrain de jeu favori. Il était entouré et fermé d'un .... qu'elle escaladait et sur lequel elle passait des heures, lisant, écoutant, croquant des fruits verts qu'elle préférait aux fruits ....

14. Complétez les cases en vous appuyant sur les définitions. Attention, toutes les cases ne doivent pas être remplies.

1. a. C'est l'intérieur de la main.

P			E					

b. Homonyme de a, c'est un fruit qui peut tenir dans le a.

P			E					

Y a-t-il une différence autre que la différence orthographique entre les deux mots ? ....

2. a. Il nourrit.

P		N						

b. Homonyme du précédent. Il pousse en Provence et il s'enflamme facilement.

P								

3. a. Une égale deux.

P								

b. Homonyme du précédent, il ne lui manque qu'un « e » pour être le précédent.

P								

4. a. Les animaux en ont généralement quatre.

P								

b. Homonyme du précédent, c'est le plat favori des Italiens et de beaucoup d'autres…

P								

15. « Parti » ou « partie » ? À vous de décider. (Pensez à l'article quand il est nécessaire et faites attention aux contractions possibles.)

1. Il s'est inscrit à .... socialiste.

2. Il fait .... d'une chorale.

3. Si tu veux vraiment tirer .... de ton séjour à Venise, si tu veux profiter de ce voyage, tu devrais lire plusieurs ouvrages sur cette ville avant d'y aller.

4. Quand on vote, on prend forcément .... pour un candidat.

5. Une dissertation comporte généralement trois ....

6. Quand on se moque de lui, au lieu de se fâcher, il prend toujours le .... d'en rire avec les autres.

7. Cette histoire n'est pas tout à fait vraie, elle est vraie en .... seulement.

16. Mots croisés.

HORIZONTALEMENT :
2. On voit les bateaux y entrer ou en sortir.
4. La main fermée.
6. Le contraire de vide au féminin.
8. Elle peut être pâle, bronzée, douce, ridée.
   Elle peut être nue ou couverte de vêtements.

VERTICALEMENT :
I. Il grogne ; certains l'aiment sous forme de jambon, d'autres ne peuvent pas en manger.
II. Récipient : on peut y mettre du lait, de la confiture ; on peut y mettre aussi des fleurs.
III. Étendue de pays plat ; s'oppose à la montagne.
V. Quantité que ma main fermée peut contenir : elle peut être ... de sable, de farine, de sel, et même de mains quand deux personnes se rencontrent.
VIII. C'est la partie entre la main et le bras. On y porte généralement sa montre.

17. Trouvez l'homonyme de chacun des mots suivants. Ensuite, introduisez-le dans une courte phrase.

Ex. : *roue* → **roux** → *Ce n'est pas encore l'automne et pourtant le feuillage de cet arbre est déjà tout <u>roux</u>.*
1. pause – 2. résonner – 3. saine – 4. sale – 5. saut – 6. sûr – 7. tache – 8. tant.

18. Complétez le texte suivant avec les mots qui vous semblent convenir.

pré, près, prêt, sol, sole, sur, sûr, tache, tâche, tant, tante, temps, tente

Il faisait beau, le .... était magnifique.

Les vaches avaient quitté l'étable et étaient dans le .... où elles mangeaient de la bonne herbe, bien grasse, bien verte. Pas loin de là, tout ...., il y avait un étang où nageaient des poissons. Moi, qui ne suis pas de la campagne, je croyais que c'étaient des ...., mais ma ...., la sœur de ma mère, qui me recevait chez elle pour les vacances d'été, se moquait de moi. Elle me disait que je confondais tout et que peut-être c'étaient des baleines.

Par terre, le .... était couvert de mousse ; étendu .... ce matelas confortable, j'écoutais les sonneries d'une cloche. Et moi qui suis musicien, j'étais certain, j'étais .... que ce n'était ni un mi, ni un fa, ni un do, ni un ré, mais un .... qu'on entendait.

Des campeurs sortaient de leur .... pour aller nager et leurs maillots jaunes, rouges, bleus, blancs, faisaient des .... colorées dans le paysage.

Après la promenade, ma .... et moi nous étions .... à reprendre notre travail, notre .... quotidienne ; moi, je continuais à ne rien faire, elle s'activait à la maison et à la ferme. Elle travaillait .... que cela me fatiguait de la regarder.

19. À vous de choisir. (Attention aux articles si nécessaire.)

1. *saint / sein / sain*

   a. Dans l'église on pouvait voir des statues de ....

   b. Elle vivait au bord de la mer ; elle aimait l'air vivifiant, ... qu'on y respirait.

   c. La maman nourrit son bébé au ...., elle l'allaite.

2. *saut / seau*

   a. Il est champion de .... en hauteur.

   b. Les enfants jouaient dans le sable. Ils allaient jusqu'à la mer et remplissaient leur .... pour faire des châteaux de sable.

3. *thon / ton*

   a. Les pêcheurs rapportaient dans leurs filets d'énormes .... qui iraient ensuite garnir de nombreuses boîtes de conserve.

   b. Il parlait d'un .... calme, n'élevait jamais la voix.

4. *vain / vin*

   a. Que préfères-tu, le .... de Bordeaux ou le .... de Bourgogne ?

   b. Il est .... de vouloir changer les gens ; personne ne change jamais.

5. *vaine / veine*

   a. Elle avait une peau si fine, si transparente qu'on voyait ses ....

   b. Je déteste les discussions ...., qui ne mènent à rien.

6. *verni / vernis*

   a. La petite fille avait mis en cachette du .... à ongles.

   b. Elle admirait ses chaussures .... noires.

20. Complétez : *verre, vers, vert, voie, voix* ?

Mes amis, c'est la fête, levons nos ....
À l'amitié, à l'amour, à la santé ! Allons tous ensemble ....
notre avenir qui a la belle couleur de l'espérance, le ....
Dans ces quelques mots, dans ces quelques ....,
unissons nos chants, unissons nos ....
Et montrons à tous le chemin, montrons à tous la ....

21. Et pour finir, amusons-nous.

« — C'est qu'il en faut du pin pour faire les planches ....et le boulot ça se paye !
— Le boulot ! Vous m'aviez dit qu'il n'y en avait pas !
— Il n'y a pas de bouleau, mais il y a du pain sur la planche.
— Bon alors, pour le pin, c'est cuit ! »

Raymond Devos, extrait du sketch « Bric à Brac », Matière à rire, Plon, 1993.

1. Montrez la différence entre « *le pin* » et « *le pain* », entre « *le boulot* » et « *le bouleau* ».
2. Que signifie l'expression : « *il y a du pain sur la planche* » ?
3. Quels sont les différents sens du mot « *cuit* » ? Il y a un sens propre et un sens figuré, familier.
4. Montrez que ce texte joue sur **l'homophonie** (deux mots différents se prononcent de la même façon) et **la polysémie** (un mot peut avoir plusieurs sens différents).

2 • 4 Les paronymes

1. Posez-vous la question de savoir si, dans votre langue, il existe des paronymes, des mots proches par la forme mais éloignés par le sens.

2. Choisissez : *accident* **ou** *incident* **?**

1. La circulation a été détournée en raison d'un .... qui s'était produit sur l'autoroute.

2. Les relations diplomatiques entre les deux pays ont été rompues à la suite d'un .... survenu à la frontière.

3. Ce nouveau projet de loi a été l'occasion de violents .... à l'Assemblée nationale.

4. Cet .... de chemin de fer a été l'un des plus graves de ces dernières années.

3. Choisissez : *adhérence* **ou** *adhésion* **?**

1. Une parfaite .... au sol est la qualité qu'on demande à un bon pneu.

2. Les carreaux que j'ai posés moi-même aux murs de ma salle de bains se détachent les uns après les autres ; il n'y a pas eu d' .... entre les carreaux et le mur.

3. De nombreux artistes ont apporté leur .... à ce mouvement de solidarité pour les sans-abri.

4. Si vous voulez vous inscrire à ce club, il faut remplir la carte d' ....

5. Que faut-il penser de l' .... de nouveaux pays à la C.E.E. ?

4. Choisissez : *affection* **ou** *affectation* **?**

1. Je t'aime beaucoup, j'ai beaucoup d' .... pour toi.

2. Et je t'assure que c'est sincère, ce n'est pas de l' .... !

3. Il y a des familles où on sent un manque évident d' ....

4. Je ne supporte pas cette personne ; elle manque de naturel, elle manque de simplicité ; tout ce qu'elle dit, tout ce qu'elle fait est marqué par une grande ....

5. L'amour, l' .... d'un chien pour son maître est quelque chose de très touchant à voir.

5. Choisissez : *affliger* **ou** *infliger* **?**

1. Les parents ont .... une punition sévère à leur fils qui avait pris la voiture sans leur permission.

2. Elle a reçu une triste nouvelle qui l'a profondément ....

3. Je suis .... de constater le nombre de fautes que font les gens quand ils parlent.

4. On a .... une amende très élevée à un automobiliste imprudent.

5. Leur fils se marie ; mais les parents ne savent pas s'ils doivent s'en réjouir ou s'en .... ; en effet, la future mariée ne leur plaît pas du tout.

6. Choisissez : *allusion* ou *illusion* ?

1. Être jeune, c'est avoir encore toutes ses ....

2. Ne fais pas .... à son travail ; il a été licencié et il en est très malheureux.

3. Parle clairement, je n'aime pas les ...., les sous-entendus.

4. Il se fait des .... ; il croit pouvoir réussir dans la vie sans diplôme.

5. Le cinéma, grâce aux effets spéciaux, crée des .... qui enchantent les spectateurs.

7. Choisissez : *alternance* ou *alternative* ?

1. Cette région se caractérise par une .... d'étangs et de prairies.

2. Un régime démocratique est un régime d'.................. ; un parti politique arrive au pouvoir, puis le parti opposé le remplace.

3. Je suis embarrassé : on m'offre l'.................. suivante ; un emploi bien payé dans une autre ville ou mon emploi actuel, mal rétribué, dans la ville où je vis.

4. Pour arriver à Saint-Raphaël, vous avez cette .... ; ou bien vous suivez le chemin de la côte qui est très beau, ou bien vous prenez l'autoroute qui est plus rapide.

5. Dans certaines régions du nord de l'Europe, les nuits sont si courtes en été qu'on pourrait dire qu'il n'y plus d'.................. des jours et des nuits. Il n'y a qu'une longue journée.

6. L'été a été bizarre cette année ; c'était constamment une .... de journées chaudes et sèches et de journées pluvieuses et froides.

8. Modifiez le préfixe souligné pour trouver un paronyme correspondant au mot proposé. Ensuite, faites une courte phrase dans laquelle vous utiliserez les deux mots ;

Ex. : *al*location → *é*locution → *Quand on fait un discours, quand on prononce une* allocution, *il faut faire attention à la façon dont on prononce les mots, il faut soigner son* élocution *pour que tout le monde vous comprenne.*

1. **a**ménager – 2. **a**mener – 3. **a**moral – 4. **ap**porter

....

....

....

....

....

....

9. Mots croisés.

HORIZONTALEMENT :

1. Pour écrire une thèse sur Camus, il faut d'abord relever la liste des livres écrits sur cet auteur, il faut établir une …

3. Ne soyez pas distraits, écoutez bien, faites …

6. Si vous n'avez pas votre carte d'étudiant, vous ne pourrez pas entrer dans la salle d'examen, vous n'aurez pas … à la salle d'examen.

10. C'est un pilote qui teste les nouveaux modèles d'avions. Il est pilote d'… .

12. Dans la vie on ne peut rester le même ; pour avancer, on doit évoluer, on doit être différent, on doit …

14. Je veux partir, j'ai vraiment l'… de partir.

VERTICALEMENT :

I. J'ai décidé d'écrire un ouvrage sur la vie de Balzac. Je rassemble tous les documents nécessaires à cette …

III. Il a été arrêté parce qu'il roulait trop vite, il a été arrêté pour … de vitesse.

V. On dit que certains hommes politiques croient à l'influence des étoiles sur leur vie, on dit qu'ils croient à l'…

VII. Pendant les vacances, je laisse mon appartement parisien à mes amis américains qui me laissent leur appartement à San Francisco. Pendant les vacances, nous avons l'habitude d'… nos appartements.

IX. L'… est la science des astres, des étoiles.

X. Je fais faire tous mes costumes par un bon tailleur. Je ne vais qu'une fois dans son atelier pour voir si le costume tombe bien. Je n'ai besoin que d'un …

10. En vous aidant d'un dictionnaire, modifiez la partie du mot soulignée pour créer un deuxième mot proche par la forme mais différent par le sens. Utilisez les deux mots dans une courte phrase.

Ex. : <u>a</u>vènement → <u>é</u>vénement

→ **L'arrivée au pouvoir du roi Louis XIV, son <u>avènement</u>, a été l'<u>événement</u> majeur de ce siècle pour la France.**

1. <u>é</u>minent – 2. <u>é</u>migré – 3. <u>é</u>ruption – 4. fract<u>ion</u> – 5. inclin<u>ais</u>on.

11. Supprimez une lettre dans les mots ci-dessous pour obtenir un nouveau mot, proche par la forme. Donnez le sens des deux mots et amusez-vous à en trouver d'autres. (Vous remarquerez que ce sont souvent des mots d'une ou de deux syllabes et que c'est généralement la deuxième lettre qui tombe. Attention à *larme*.)

Ex. : *croupe* → **coupe**

→ **<u>La croupe</u> est la partie postérieure arrondie d'un animal, les fesses d'un animal.**
<u>La coupe</u> : ce mot a deux sens différents : 1°) c'est l'action de couper et le résultat (une coupe de cheveux) – 2°) c'est un récipient.

1. blanc – 2. blond – 3. clou – 4. drame – 5. flou – 6. fracture – 7. gramme – 8. larme – 9. psaume.

12. Choisissez : *(in)compréhensible* **ou** *(in)compréhensif* **?**

1. Notre patron est très .... Il nous permet d'arriver en retard, à condition, bien sûr, que nous ayons une bonne excuse pour cela.

2. Pourquoi Paul a-t-il l'air si triste ? — Il a échoué à son permis de conduire. — Oh alors, là, c'est ....

3. Ce texte n'est pas .... ; il est in.................. ; les idées ne sont pas claires, les phrases sont longues et compliquées et on ne sait pas très bien ce qu'il veut démontrer.

4. J'ai un professeur très ...., bienveillant, tolérant, qui ne crie pas, qui ne punit pas, qui essaie de nous comprendre.

5. Pourquoi s'est-il fâché ? Je ne lui ai rien dit, rien fait. Vraiment, je ne comprends pas, c'est in.................. .

13. Choisissez : *confus* **ou** *confondu* **?**

1. On dit que les enfants connaissent mal l'histoire de leur pays. C'est vrai. J'ai interrogé mon fils et dans sa tête, c'est un vrai méli-mélo ; il mélange tout. Il a .... la Première Guerre mondiale et la Seconde, il a .... tous les rois de France.

2. Ces deux jumeaux sont maintenant différents ; mais quand ils étaient petits, je les prenais toujours l'un pour l'autre. Un jour, je les ai .... et j'ai parlé pendant une heure avec l'un d'eux en croyant que c'était son frère. Lui, habitué sans doute, n'a rien dit.

3. Après cette conversation, moi, j'étais vraiment honteux, vraiment .... Je ne savais plus quoi dire.

4. Quand on a changé de monnaie, quand on est passé des francs aux euros, pendant des mois encore et même plus, beaucoup de gens ont .... les pièces et ont eu de grandes difficultés.

5. J'ai du mal à me rappeler mes rêves : je n'en garde qu'un souvenir vague, ...

14. Devinez et barrez la mauvaise réponse.

1. Quel est le mot qui signifie « absorber des aliments » ? → | *consumer* | *consommer* |

2. Quel est le mot qui signifie « éviter adroitement » ? → | *esquiver* | *esquisser* |

3. Quel est le mot qui signifie « enseigner » ? → | *inculper* | *inculquer* |

15. Complétez le mot à l'aide de la définition donnée en a. et b. (Attention : le mot ne remplit pas toujours toutes les cases.)

1. a. situation qui se produit en raison de certaines circonstances

C	O	N	J						

b. hypothèse

C	O	N	J						

2. a. forme de gouvernement qui donne le pouvoir à des personnes élues

| D | E | M | O | | | | | | |

b. étude de la population

| D | E | M | O | | | | | | |

3. a. remplir d'êtres dangereux

| I | N | F | E | | | | | | |

b. remplir de mauvaises odeurs, contaminer

| I | N | F | E | | | | | | |

4. a. action de protéger un lieu contre la chaleur, le froid, le bruit

| I | S | O | L | | | | | | |

b. état de quelqu'un qui vit seul

| I | S | O | L | | | | | | |

16. Choisissez : *désintérêt, désintéressement, désintéressé, inintéressant* ?

1. Depuis qu'il est à la retraite, lui qui était si curieux, si heureux de connaître, de découvrir des choses nouvelles, montre un .... total pour tout ce qui l'entoure.

2. Cet ouvrage n'offre aucun intérêt, il est parfaitement ....

3. On peut admirer le .... de ces médecins qui abandonnent un poste qui peut leur rapporter beaucoup d'argent, pour s'engager dans des causes humanitaires.

4. Mon ami n'est ni avare, ni égoïste, il agit par pure générosité, il est totalement

....

5. La mère de mon copain ne s'intéresse pas du tout à ce qu'il fait, elle manifeste un .... complet pour son travail.

17. Barrez le mot incorrect.

1. Quand j'entre chez quelqu'un sans y être invité, en brisant sa porte, je commets une infraction | une effraction .

2. Quand je viens vivre dans un autre pays, je suis un émigré | un immigré .

3. Quand je retrouve dans mon esprit, dans ma mémoire des images de mon adolescence, j'invoque | j'évoque mon adolescence.

4- Quand je reviens chez moi, j'entre | je rentre chez moi.

18. Introduisez les mots de la liste dans le texte.
explicite, extrêmement, excessivement, implicite, intégral, intègre

Je suis arrivée sur une plage où les baigneurs pratiquaient un bronzage de tout le corps, un bronzage .... Rien n'échappait au soleil, même pas les petits bouts des seins. Moi, qui suis .... pudique, et même pour certains .... pudique, j'ai manifesté, sans rien dire, d'une manière ...., ma désapprobation. J'ai simplement froncé les sourcils ; on m'a tout de suite remarqué, parce que j'avais gardé mon maillot. Je faisais tache dans le paysage. Alors, on m'a fait comprendre d'une manière aimable, mais très .... que je ferais mieux d'aller mal bronzer ailleurs. Très vexée, je suis partie en affirmant que moi du moins, j'avais de bonnes mœurs.

Tous les baigneurs ont éclaté de rire. Quelqu'un a crié : « Ce n'est pas l'habit qui fait l'homme honnête ; on peut être nu et avoir de bonnes mœurs, on peut être nu et .... ». Puis, ils m'ont aussitôt oubliée en offrant au dieu soleil toutes les parties de leurs corps.

19. Même exercice.

judiciaire, juridique, justesse, justice, légal(e), légitime, loyal(e)

Sherlock Holmes est un détective reconnu pour la .... de ses observations.

Il collabore avec la .... pour découvrir et faire arrêter les criminels.

Il pense qu'il est juste, qu'il est .... de lutter contre le crime. Grâce à lui, la police a pu éviter des erreurs .... Accompagné de son fidèle, de son .... ami, le docteur Watson, il donne aux lecteurs enthousiastes l'image d'un esprit subtil ; il ne respecte pas toujours les règles, il n'a pas fait d'études ...., il sort parfois des voies .... mais il arrive toujours à la vérité.

20. Choisissez : *mensonger/-ère* ou *menteur/-euse, neuf/neuve* ou *nouveau/nouvelle* ?

1. Cet homme ne dit jamais la vérité, c'est un ....

2. Les slogans publicitaires sont souvent .... Ils promettent un corps musclé, une peau sans rides : « Adieu la vieille peau, voilà une peau toute .... » ; ils promettent une autre vie, une .... vie.

3. J'ai quitté mon ancien appartement qui se trouvait dans un immeuble ...., un immeuble qui venait d'être construit, pour emménager dans un .... appartement qui est dans un immeuble ancien, un immeuble qui date du XIXᵉ siècle.

21. Choisissez : *oppresser* ou *opprimer, original(e)* ou *originel(le)* ?

1. L'été 2003 a été très chaud ; pendant plus de dix jours, il a fait près de 40° à l'ombre. Nous ne pouvions plus respirer dans les appartements qui manquaient d'air, nous étions ....

2. Au cours de l'histoire, il y a toujours eu des tyrans, des oppresseurs et des ....

3. Il a une conception très .... de la propriété ! Tout ce qui est à lui est à lui, et tout ce qui est aux autres est à lui.

4. Le sens premier, le sens .... du mot « étonné », c'est « frappé par le tonnerre ». Depuis, ce mot a changé de sens.

22. Mots croisés : tous les mots commencent par la lettre P.

HORIZONTALEMENT :

1. « à », « de », « sur », « avec » sont des …
4. C'est une avenue où beaucoup de gens passent, c'est une avenue très …
6. Rien ne dure, tout est momentané, tout est …
11. Pierre donne toujours une touche très personnelle à l'endroit où il travaille, il le … toujours.

VERTICALEMENT :

I. Une seule lettre, la troisième, fait la différence avec le 1 horizontal.
IV. Dans les contes de fées, la sorcière … la méchanceté.
XI. À l'université, à la fin du premier semestre, on passe une partie des épreuves, on passe un examen …
XIV. Cette journaliste n'est jamais neutre, on voit tout de suite pour qui ou contre qui elle est, on voit tout de suite qu'elle est …

23. Devinez et barrez la mauvaise réponse.

1. Une personne qui mérite le respect est | *respectable* | *respectueuse* | .
2. Quelque chose qui arrive brusquement | *subvient* | *survient* | .
3. Une envie irrésistible est | *une tentation* | *une tentative* | .
4. Une piqûre de serpent est | *vénéneuse* | *venimeuse* | .

BILAN 2

La mode ! Pour certains, ce mot **évoque** un monde de luxe et de beauté !
Pour d'autres, il représente un jeu **inutile** et futile. Qu'est-ce que c'est donc
que la mode ? Que signifie « être à la mode » et qui fait la mode et pour
qui ?

5 Pour beaucoup de **gens des villes**, pour un grand nombre de citadins, la
mode est importante.

Dans les grands centres de la mode, à New-York, à Milan, à Paris et ailleurs,
l'année est rythmée par les collections et par les défilés. Des jeunes filles, des
mannequins au **physique** impressionnant présentent les modèles des grands

10 couturiers. Elles font un petit **tour** sur **un podium**, portant des robes, des
pantalons, des manteaux, des vestes, des chapeaux, des chaussures qui

influenceront le goût des femmes. Pendant quelques secondes, elles gardent la **pose**, une pose pleine d'**affectation** et puis elles disparaissent. Et on retrouvera dans les rues des villes, dans les **magasins**, dans les boutiques, **une étoffe**, une

15 longueur, une couleur, **un col**, **des manches** qu'on aura aperçus sur les estrades des créateurs. Ces modèles, ces tissus deviendront des **tentations** pour un grand nombre de clientes. Elles portent aussi des **fards**, des maquillages qui sont bizarres, et même parfois **laids**. Mais c'est **nouveau** et **original**, donc c'est à la mode.

20 Mais cette mode est faite pour des gens extrêmement **riches**, des gens qui ont de l'argent. Combien de femmes peuvent **acheter** des modèles de grands couturiers ? Combien même peuvent payer les imitations qu'on voit dans les petites boutiques de quartiers ? Celles qui le peuvent ont alors l'**illusion** de **faire partie** d'une société à laquelle elles sont en réalité complète-

25 ment étrangères.

Par ailleurs, beaucoup de gens pensent que la mode est faite par la rue.

En effet, on voit parfois certains **jeunes** porter un vêtement particulier, une casquette, un bonnet et aussitôt tous les jeunes se coiffent de la même casquette, du même bonnet. Cela devient une mode. Ou bien, quelques jeunes

30 filles **s'habilleront** en noir et toutes les jeunes filles passeront comme de tristes ombres. C'est à la mode. Ou bien, on portera des gants d'**autrefois**, des mitaines, et la jeunesse se gèlera le bout des doigts en hiver. Ou bien on montre son nombril, le tee-shirt devient ultra-court, et les cabinets des médecins accueillent des jeunes qui ont mal au ventre. Et tous ces jeunes

35 ont l'impression d'appartenir à un même groupe.

En fait, il y a deux modes, la mode des riches, et la mode des jeunes. Et parfois, la mode des riches inspire la mode des jeunes, mais le plus souvent, elle s'inspire de la mode des jeunes. De toutes les manières, c'est le même conformisme.

Pouvez-vous comprendre maintenant un texte, pouvez-vous comprendre le sens des mots ? Répondez aux questions suivantes. *(1 point par mot)*

• Les synonymes   *(sur 6)*

Trouvez dans le texte un synonyme de :

1. évoque ....

2. gens des villes ....

3. étoffe ....

4. podium ....

5. magasin ....

6. fard ....

7. faire partie de ....

• Les antonymes

Donnez le contraire de :

1. la beauté ....
2. inutile ....
3. les citadins ....
4. les riches ....
5. les jeunes ....
6. acheter ....
7. s'habiller ....
8. autrefois ....

• Les homonymes

Trouvez l'homonyme des mots suivants et donnez leur sens :

1. la mode ....
2. jeu ....
3. le physique ....
4. le tour ....
5. les fards ....
6. laids ....
7. la pose ....

• Les paronymes

Trouvez le paronyme des mots suivants :

1. évoque ....
2. affectation ....
3. illusion ....
4. extrêmement ....
5. nouveau ....
6. original ....
7. tentation ....

LES MOTS
DANS LA VIE

1. LES MOTS ET LEUR USAGE DANS LA VIE

---

1 • 1 Quand les mots ont plusieurs sens...

Notez dans votre langue maternelle quelques expressions issues des verbes les plus fréquents.
Pouvez-vous classer ces expressions en fonction de leur sens (idée de résultat, sensation, durée, ...) ?

• Les mots en contexte

1. Pour chaque phrase a et b, précisez le sens du mot souligné selon le contexte.

Ex. : *La position* (le point de vue / l'attitude ou la posture du corps)
   Quelle est votre position *dans cette affaire ?* → **le point de vue**
   J'ai dû prendre une mauvaise position *en dormant, j'ai très mal au dos.* → **la posture du corps**

1. *L'assistance* (le public / l'aide)

   a. L'assistance aux personnes en danger n'est-elle pas un devoir pour chacun d'entre nous ? → ....

   b. Quel succès ! À la fin du concert de fin d'année, l'assistance s'est levée pour applaudir la merveilleuse prestation des enfants. → ....

2. *La classe* (le lieu du cours / la distinction ou l'élégance)

   a. Qu'il est agréable parfois de faire la classe hors de l'école et de partir en classe de neige en hiver ou en classe verte au printemps ! → ....

   b. Elle admire beaucoup les gens qui ont de la classe. Ils ont une aisance naturelle troublante. → ....

3. *La clé* (la solution / l'objet pour ouvrir une porte)

   a. Pourquoi faut-il toujours que les trousseaux de clés soient enfouis au fin fond du sac à main ? → ....

   b. Ah ! ça y est ! J'ai enfin trouvé la clé du mystère ! → ....

4. *L'étude* (l'analyse / le temps de travail à l'école en dehors des heures de cours)

   a. Avant de vous lancer dans la rédaction de votre devoir, faites l'étude détaillée du texte ! → ....

   b. Profitons de l'étude pour faire nos devoirs ! Nous n'aurons plus rien à faire, en rentrant ! → ....

2. Donnez la définition du mot ou de l'expression souligné(e). Entourez le terme de l'énoncé qui vous a aidé à comprendre son sens.

Ex. :

1. À la |récréation|, Guillaume ne _jouait_ pas avec les autres enfants.
→ jouer = **s'amuser**.

2. Dès qu'il rentrait chez lui, il s'enfermait dans sa chambre pour _jouer_
|de la guitare|. → jouer = **se servir d'un instrument de musique**.

1. « Va me chercher une <u>baguette</u> à la boulangerie, tu seras gentille », dit une mère
à sa fille.

→ ....

2. Arrête donc de taper sur ce tambour, tu vas finir par casser tes <u>baguettes</u>.

→ ....

3. Hier soir, à l'Opéra Berlioz, j'ai été très ému lorsque le chef d'orchestre a levé une
dernière fois sa <u>baguette</u> pour le final du concerto pour violon.

→ ....

3. Même exercice.

1. Depuis un an maintenant, il assume la <u>direction</u> du centre commercial et il faut
reconnaître que c'est un bon gestionnaire ! → ....

2. « Je ne suis pas du tout contente, je vais me plaindre à la <u>direction</u> », s'écrie une
touriste à la réception d'un hôtel. → ....

3. La pauvre, elle n'a aucun sens de l'orientation, à chaque fois qu'elle va se promener, elle se trompe de <u>direction</u> ! → ....

4. Même exercice.

1. « Ma grand-mère <u>a de la peine à</u> marcher maintenant, j'ai vraiment peur qu'elle
tombe dans les escaliers », se désole la petite Marion. → ....

2. « Je suis vraiment désolée, je ne voulais pas te <u>faire de la peine</u>, mais il fallait que
je t'annonce cette mauvaise nouvelle », se lamente-t-elle. → ....

3. L'exercice de math était vraiment difficile. Il s'est <u>donné de la peine</u> pour trouver
la solution et il a réussi, bravo ! → ....

4. Le procès de ce tueur en série fut exemplaire. Le jury a prononcé <u>une peine</u> très
sévère. → ....

5. Les énoncés suivants sont ambigus, ils peuvent avoir deux sens. Afin de les rendre plus clairs, employez le mot souligné dans deux phrases qui montrent bien les deux contextes précis.

Ex. : Les notes sont justes. (les notes données par le professeur, les évaluations / les notes de musique : do ré mi fa…) →
a. **Je suis désolée, dit la maîtresse à Martin, ta moyenne générale est en dessous de 10/20. Les notes marquées sur ton carnet sont justes.**
b. **Quel plaisir d'écouter Marion au piano ! Les notes sont justes, belles, exactes et le rythme est parfait.**

1. La souris est grise. (l'animal / le petit boîtier connecté à l'ordinateur)

a. ....

b. ....

2. C'est délicat. (fin / compliqué)

a. ....

b. ....

3. Il a pris une veste. (le vêtement / *fig. et fam.* pour signifier qu'il a subi un échec)

a. ....

b. ....

• Les glissements de sens

1. Dans le texte ci-dessous, recherchez et soulignez les expressions construites avec le mot *air*. Ensuite, vous classerez les expressions soulignées dans le tableau.

M. et Mme Duchemin se retrouvent à l'aéroport après une semaine d'absence.
1. — Quelle chaleur, aujourd'hui ! Ah ! Heureusement que je vais retrouver l'air conditionné dans la maison !
2. — Euh, écoute, je suis désolée, mais j'ai encore oublié de téléphoner à la société de climatisation ! Excuse-moi, je suis tête en l'air en ce moment ! Je crois que j'ai besoin de vacances !
3. — Tu ne manques pas d'air, quand même ! Je t'ai répété au moins une dizaine de fois au téléphone de t'en occuper ! J'ai entendu à la radio que l'été sera très chaud, caniculaire ! Nous allons étouffer dans cette maison dès les premières chaleurs !
4. — Tu exagères ! La maison est très bien isolée, il suffira juste de faire quelques courants d'air ! Et puis je te dis que j'ai vraiment besoin de changer d'air ! J'en ai assez de cet air pollué, des embouteillages, de la foule, sans oublier les disputes continuelles de Jérémie et Gabriel !
5. — Ne t'inquiète pas ! Je m'occuperai d'eux dès ce soir et crois-moi, il va y avoir de l'orage dans l'air !

SENS PROPRE	SENS FIGURÉ
....	....
....	....
....	....
....	....
....	....

2. Classez les expressions soulignées dans le tableau ci-dessous, selon le sens donné au mot *feu* dans chaque phrase.
1. Oh, zut ! J'ai oublié la casserole ! Mon Dieu, elle est sur le feu depuis une heure !
2. Malgré l'intervention rapide des pompiers, la cuisine est en feu.

3. À deux pas de là, deux hommes armés <u>font feu</u> devant la banque.

4. « <u>Vous avez du feu ?</u> » demande l'homme masqué à un conducteur qui s'était arrêté au feu rouge.

5. « <u>Ne jouez pas avec le feu</u> et rendez l'argent avant que je ne vous arrête » réplique le policier habillé en civil.

6. Depuis sa rencontre avec Henriette le mois dernier, il <u>est tout feu tout flamme</u>.

LES SENS DU MOT *FEU*	AUTRES EXEMPLES
a. Ce qui sert à allumer :	demander du feu ....
b. Explosion lorsqu'une substance s'enflamme :	ouvrir le feu, un coup de feu ....
c. Symbole du danger ou d'une aggravation :	jeter de l'huile sur le feu ....
d. Dégagement de chaleur et de lumière :	prendre feu, mettre le feu à ....
e. Source de chaleur pour les aliments :	au coin du feu, cuire à feu doux, ...
f. Symbole de la passion :	les feux de l'amour ....

3. Associez l'expression soulignée (colonne de gauche) à un tempérament (colonne de droite) en vous aidant du contexte.

1. Il a encore oublié son cartable à l'école ; <u>il est tête en l'air !</u>

2. En classe, il a toujours <u>le nez en l'air !</u>

3. <u>Il est tout feu tout flamme</u> à chaque fois qu'il la voit.

4. Depuis qu'il a trouvé ce qu'il voulait faire plus tard, il <u>fait des étincelles</u> à l'école.

5. Il était tellement dans le feu de l'action qu'il n'a pas entendu le téléphone sonner.

a. Il est plein d'ardeur, de passion.

b. Il était .absorbé par son occupation, totalement occupé.

c. Il est distrait, peu attentif.

d. Il est étourdi.

e. Il est brillant, remarquable.

4. Formulez un autre exemple concret pour illustrer chacune de ces expressions.

Ex. : *Vous êtes tête en l'air :* → **chez le boulanger, j'oublie le pain que je viens de payer.**

1. Vous avez le nez en l'air : → ....

2. Vous êtes tout feu tout flamme : → ....

3. Vous faites des étincelles : → ....

4. Vous êtes dans le feu de l'action : → ....

5. Devinez qui je suis !

1. Je suis un vent très froid et sec. – Selon les régions, au nombre de deux, trois ou quatre, on me pose sur les joues de quelqu'un pour lui témoigner de l'affection.

Qui suis-je ? → ....

2. Je suis un tissu simple et solide. – Les peintres m'aiment bien car je sers de support à leurs tableaux. L'araignée me construit sans relâche. J'ai pour amis les internautes.

Qui suis-je ? → ....

3. Je suis un animal qui vit généralement dans les étangs, les mares, les rivières… et j'adore mettre la tête sous l'eau. – En raison du bruit que je fais, je suis une fausse note qui dérange les amateurs de musique.

Qui-suis-je ? → ....

4. Au sommet d'une tour, d'une église ou d'un bâtiment, j'indique la direction du vent. – Certains disent que l'on ne peut pas compter sur moi, car je change souvent d'avis.

Qui suis-je ? → ....

6. Parcourez des yeux les pages du dictionnaire, sélectionnez quelques noms qui ont plusieurs sens, comme *article, couverture, légende*… et rédigez une ou deux devinettes en vous inspirant de l'exercice précédent.

7. Dans quelle situation allez-vous dire les expressions suivantes ?
1. « Eh bien, toi tu ne manques pas d'air ! » *(fam.)*
   ❑ a. Lorsque quelqu'un exagère.
   ❑ b. Lorsqu'une personne est en train de s'étouffer en mangeant.
   ❑ c. Lorsque vous vous trouvez dans une pièce bien aérée.

2. « Il n'y a pas de fumée sans feu ! »
   ❑ a. En allumant votre barbecue pour vos grillades du dimanche midi.
   ❑ b. En regardant brûler les arbres de la forêt de Saint-Pons.
   ❑ c. Pour exprimer qu'il y a toujours un fond de vérité dans les rumeurs (= les nouvelles qui se répètent).

3. « Il y a de l'orage dans l'air ! »
   ❑ a. Lorsque le fond de l'air est très humide.
   ❑ b. En regardant les prévisions météo pour les prochains jours.
   ❑ c. Lorsque vous pensez qu'il va y avoir une dispute.

4. « Il n'y a pas le feu ! »
   ❑ a. Lorsque vous n'arrivez pas à allumer un feu de cheminée.
   ❑ b. Pour dire à quelqu'un qu'il est inutile de se dépêcher.
   ❑ c. Pour excuser votre excès de vitesse.

8. Inventez des mini-dialogues pour mettre en contexte les différentes expressions. Pour chaque expression, donnez la situation de communication. (Qui parle à qui ?)

Ex. : *Elle n'y voit que du feu.* → **une lycéenne à sa copine**
   — Mon Dieu, j'ai complètement oublié de faire mon problème de maths, je peux copier sur toi ? Le prof n'y voit que du feu, en général !
   — Ça, c'est toi qui le dis ! Tu crois vraiment qu'il ne s'aperçoit de rien ?

1. Eh bien, toi tu ne manques pas d'air ! → ....

2. Il n'y a pas de fumée sans feu ! → ....

3. Il y a de l'orage dans l'air. → ....

4. Il n'y a pas le feu ! → ....

• Quelques verbes polysémiques

1. Complétez le tableau ci-dessous (il existe parfois plusieurs possibilités) avec la liste des noms suivants, de façon à former une expression usuelle.

la consigne, le coup, le couvert, l'innocent, la route, la table, une bêtise, un engagement, une erreur, un examen, un exploit, un film, un journal, une bonne grippe, un marché, une promesse, un rang, un rôle, un vêtement, une vitesse

FAIRE	METTRE	PASSER	TENIR
....	*la table*	....	....
....	....	....	....
....	....	....	....
....	....	....	....
....	....	....	....
....	....	....	....
....	....	....	....
....	....	....	....
....	....	....	....
....	....	....	....

2. Formez 6 phrases contenant chacune une expression usuelle (verbe + nom) **choisie dans le tableau ci-dessus.** (Construction : sujet (une personne) + verbe + article + nom.)

Ex. : *mettre / la table* →

> **C'est l'heure du déjeuner. Les enfants <u>mettent la table</u> dans la salle à manger.**

1. ....
2. ....
3. ....
4. ....
5. ....
6. ....

3. Reliez une expression à l'idée qu'elle évoque.

1. On t'a déjà dit que tu ne <u>faisais pas ton âge</u> !

   a. appréciation

2. Je <u>tiens</u> beaucoup à cette maison, elle me rappelle mon enfance.

   b. durée

3. J'ai mal à la tête. J'espère que ça va <u>passer</u> rapidement.

   c. apparence

4. Tu <u>mettras</u> environ <u>deux heures</u> pour joindre la première station de ski.

   d. sentiment

4. Associez l'expression soulignée de la colonne de gauche à son équivalent dans la colonne de droite.

1. <u>Ne t'en fais pas</u>! Tout se passera bien!
2. <u>Passons</u>, si tu veux bien, je n'ai pas envie que l'on en discute!
3. <u>Passe à autre chose</u>! Ne vois-tu pas que tu endors tout le monde!
4. Il faudra <u>vous tenir bien</u>, les enfants, car nous allons visiter votre nouvelle école!
5. <u>Tiens</u>, c'est bizarre, les volets des voisins sont restés fermés toute la journée!
6. <u>Tiens, tiens</u>! Jeanne a embrassé Thomas!

a. Ne parlons pas de ça!

b. Change de sujet!

c. Cela donne à réfléchir!

d. Ne t'inquiète pas!

e. Ça alors!

f. Comportez-vous bien!

5. Complétez le dialogue par les expressions soulignées de l'exercice précédent.
Victor est un ami de longue date de Sabine et Georges Leclerc. Après plusieurs années d'absence, il vient leur rendre visite et prend des nouvelles de la famille.

1. — Et comment va votre fils Ludovic?

— ...., si tu le veux bien. Je n'ai vraiment pas envie de parler de lui, pour le moment!

2. — Ah, je suis désolé, je ne voulais pas vous faire de la peine.

— ...., nous avons maintenant accepté ce qu'il nous impose. Nous n'avons pas de nouvelles de lui depuis des mois.

3. — ...., veux-tu Georges, nous avions promis de ne plus en parler.
— Tu as raison, ne gâchons pas ces retrouvailles! Au fait, tu ne devineras jamais qui j'ai rencontré la semaine dernière au marché en compagnie d'une belle demoiselle? Maurice!

4. — .... en voilà une nouvelle! Il s'est enfin décidé à vaincre sa timidité!

— En effet. ...., pas plus tard qu'hier, il sortait de la mairie, en costume trois pièces. Je crois bien qu'il s'est enfin laissé mettre la bague au doigt! Ça se fête, non?

5. — Certainement, mais avant j'aimerais bien filmer nos retrouvailles. Qu'en dis-tu, Sabine?

— D'accord, à condition que Georges ne reste pas assis de la sorte sur le canapé. Que va-t-on penser de toi sur la vidéo? ...., voyons! Tu vas être filmé!

6. Complétez les proverbes suivants comme il convient (à l'infinitif ou au présent de l'indicatif) avec les verbes *faire, passer, remettre, tenir*.

1. Comme on .... son lit, on se couche!

2. Paris ne s'est pas .... en un jour!

3. Il faut que jeunesse se ....

4. Il ne faut pas .... au lendemain ce qu'on peut faire le jour même!

5. Amour, amour, quand tu nous ...., on peut dire « Adieu prudence! »

7. Associez un proverbe ci-dessus à chacun des conseils suivants.

a. Faites attention à vos fréquentations ! Restez vigilant ! → ....

b. Ne vous découragez pas et continuez votre tâche ! → ....

c. Soyez indulgent envers les jeunes ! → ....

d. Comportez-vous bien, car un jour ou l'autre vous devrez assumer votre conduite.
→ ....

e. Agissez dans l'instant ! → ....

8. Complétez chaque petite conversation par les verbes *mettre, tenir (de)* et les expressions *faire du bien à quelqu'un, faire drôle à quelqu'un, mettre fin à quelque chose*. **L'expression doit correspondre à la même idée que le mot souligné.**

Ex. : — *Oh là là ! je n'arrive pas à* digérer *ce gâteau à la chantilly ; et toi ?*
— *Moi non plus, il **ne passe pas**. (idée d'**obstacle**)*

1. Exprimer une sensation :
   a. — J'éprouve toujours un grand plaisir à discuter avec Danielle, et toi ?

   — Moi aussi, ça .... de lui parler ! *(fam.)*
   b. — C'est très bizarre de se revoir après tant d'années !

   — Oui, c'est vrai, ça .... de te revoir ! *(fam.)*

2. Exprimer une durée :
   a. — Le trajet pour aller au lycée dure 10 minutes, et pour toi ?

   — Moi, je .... 20 minutes ! *(fam.)*
   b. — Je suis très déçu par cette association. Je crois que je vais arrêter, et toi ?

   — Moi aussi, je vais .... mon contrat.

3. Exprimer une idée de possession :
   a. — J'ai hérité de mon grand-père maternel une malle remplie de costumes d'époque et de correspondances de guerre, et toi ?

   b. — Moi, je .... mon grand-père paternel une centaine de livres reliés à la main par ma grand-mère.

9. Trouvez la bonne signification à votre comportement, précisé par les termes soulignés.

1. Vous êtes invités chez un de vos amis. Dès votre arrivée, vous décidez de mettre la main à la pâte.
   ❑ a. Vous allez dans la cuisine préparer un bon gâteau.
   ❑ b. Vous participez aux préparatifs en mettant la table, en débouchant les bouteilles de vin ou en coupant le gigot.
   ❑ c. Vous marchez à quatre pattes pour animer la soirée.

2. Lors d'un séjour en montagne, vous vous arrêtez dormir dans un gîte, où une autre personne a trouvé refuge. Très rapidement, vous vous apercevez qu'elle a très mauvais caractère. Néanmoins, vous décidez de passer sur ses défauts.
   ❑ a. Vous n'en tenez pas compte et essayez d'entretenir de bons rapports avec elle.
   ❑ b. Vous détaillez tous ses défauts les uns après les autres.
   ❑ c. Vous faites comme si elle n'était pas là.

3. Tous les ans, vous vous retrouvez en montagne avec deux couples et leurs enfants, qui louent un chalet juste à côté du vôtre. Cette année, dès votre arrivée, vous <u>mettez les pieds dans le plat</u>.

❏ a. En sortant les valises du coffre de la voiture, vous renversez la glacière et marchez sur le plat de charcuterie que vous aviez préparé.

❏ b. En voyant un des couples, vous demandez des nouvelles de l'autre et apprenez par la suite que les deux couples se sont fâchés la veille.

❏ c. Lors de la première randonnée, après une montée de plus de 1 km, vous appréciez de poser vos pieds sur un plateau, pour observer le paysage.

4. Vous revenez dans votre village, quinze ans après votre départ. Au bar des Marronniers, vous retrouvez par hasard un ami de votre père. Vous <u>lui tenez la jambe</u> pendant plus d'une heure.

❏ a. Vous ne voulez pas qu'il parte sans vous payer la consommation.

❏ b. Étant donné son grand âge, vous préférez rester à côté de lui, de peur qu 'il tombe.

❏ c. Vous avez tant de choses à lui dire que vous ne le laissez pas partir tant que vous n'avez pas fini de parler.

10. Reformulez les énoncés suivants : remplacez les expressions soulignées par les expressions de la liste.

passer à côté de, passer son temps à, passer sous silence, passer par, passer pour, se passer de + nom

Incroyable mais vrai ! Quatre jeunes surfeurs disparus depuis quatre jours dans les Alpes ont été retrouvés vivants.

1. Malgré un bulletin de météo très défavorable avec des risques d'avalanche, ils sont partis surfer ce matin-là. On les croyait perdus. Au vu de tous, ils (<u>sont considérés comme</u>) .... des miraculés.

2. Étant donné que jusqu'à ce jour, aucun contact n'avait pu être établi, ces jeunes gens âgés de 20 à 23 ans (<u>ont traversé</u>) .... des moments difficiles.

3. Pour survivre, ils (<u>ont employé leur temps</u>) .... construire un igloo pour ramener la température de – 12 °C à 0 °C.

4. Ils (<u>se sont privés de</u>) .... nourriture et n'ont pu boire qu'un verre par jour dans leur abri de fortune.

5. Interrogés par les journalistes quelques jours plus tard, ils <u>n'ont pas voulu évoquer</u> .... les tensions au sein du groupe durant ces quatre jours de désespoir.

6. Conscients de leur chance, ils ont déclaré qu'ils ne voulaient plus désormais <u>manquer</u> .... un instant de bonheur avec leurs familles.

11. Reformulez les énoncés suivants en remplaçant les expressions soulignées par les mots de la liste.

tenir à + substantif, *se mettre à* + infinitif, *tenir lieu de* + substantif, *être tenu de* + infinitif

La semaine du goût

1. Pendant la semaine du goût, généralement mi-octobre, les cantines scolaires (<u>se transforment en</u>) .... grands restaurants. À la place des plats traditionnels sont servis des menus spéciaux, afin d'éduquer le goût des enfants.

2. Conscients de leur mission, certains chefs cuisiniers (<u>sont très attachés à l'idée de</u>) .... venir personnellement dans les écoles, pour donner des « leçons de goût » aux enfants et les inciter à apprécier de nouvelles saveurs.

3. Suite à cette initiative, on a remarqué que certains enfants (<u>commencent à</u>) .... manger des aliments variés ou à faire la cuisine à la maison.

4. Devant le succès de cette opération, les enseignants (<u>sont dans l'obligation de</u>) .... adapter leur programme scolaire et proposent des animations autour du thème de la nourriture.

1 • *2* Quand les mots s'adaptent

Recensez quelques expressions à la mode dans votre langue maternelle. Sont-elles employées par tous ?

• Les registres de langue

1. Lisez l'interview ci-dessous et soulignez les expressions de style plus familier que l'ensemble du texte.

Un jeune représentant d'une association sur la prévention routière répond aux questions (Q.) d'un journaliste à l'occasion d'une journée de sensibilisation des jeunes conducteurs.

Q. :— Que pensez-vous du projet de loi sur l'insécurité routière ?

— C'est le top, et je dirai aussi que ce n'est pas trop tôt, quand on pense que le nombre d'accidents sur les routes de France augmente chaque année. La vitesse tue, on ne le dira jamais assez. Tenez, hier encore, un jeune homme de 23 ans s'est tué sur l'autoroute et a provoqué la mort d'une personne qui se trouvait sur la bande d'arrêt d'urgence. Il roulait à plus de 180 km/heure ! Trois fois en quinze jours ! Je suis désolé, mais ce genre d'injustice, ça ne passe plus !

Q. : — Pourquoi vous êtes-vous engagé personnellement dans ce genre d'association ?

— J'ai un pote de mon âge qui s'est fait renverser par un camion alors qu'il attendait à un arrêt de bus. J'ai vraiment la haine ! C'était un mec bien ! L'alcool, la vitesse, ça craint ! Il faut que les mentalités changent. La loi devrait prendre effet dans quelques mois, avant les grands départs de juillet et d'août; d'ici là, j'espère que les chauffards se tiendront tranquilles ! Sinon, bonjour l'angoisse à la veille des vacances !

2. Proposez une autre façon d'exprimer les expressions relevées dans l'exercice précédent.

1. ....

2. ....

3. ....

4. ....

5. ....

6. ....

7. ....

À votre avis, pourquoi ce jeune représentant a-t-il utilisé des expressions plus familières dans son discours ?

3. Donnez une définition des expressions suivantes en répondant à la question par « *ça sert à* + infinitif » ou par « *c'est quelque chose qui* + phrase au présent de l'indicatif ».

À quoi sert... :   — Ça sert à :

  1. un local poubelle ?   → ....

  2. une fiche cuisine ?   → ....

  3. une pause-café ?   → ....

Qu'est-ce qu'... :   — C'est .... (quelque chose) qui :

  4. un bateau-poubelle ?   → ....

  5. une classe affaires ?   → ....

  6. une démarche qualité ?   → ....

4. Associez chaque expression soulignée à l'idée qu'elle transmet.

1. Eh bien bravo ! tu es contente de toi,   a. étonnement
   tu as raté ton permis pour la quatrième fois !

2. C'est pas évident ! Je ne comprends   b. doute
   rien à cet exercice de maths !

3. Ne vous gênez pas ! Passez devant   c. échec
   tout le monde !

4. Pas possible ! tu es vraiment sûr   d. difficulté
   de ce que tu dis ?

5. Non mais je rêve ! tu ne crois tout   e. indignation
   de même pas que je vais accepter ça !

6. Tu veux rire ! Justine n'aurait jamais   f. impolitesse
   dit une chose pareille !

5. Associez chaque expression familière soulignée à une expression équivalente.
Propos d'adolescents

1. Ça craint ! On m'a volé mon portable   a. Quel ennui !
   à l'école !

2. C'est le top ! J'ai réussi le concours   b. C'est horrible !
   d'entrée à Sciences-Po du premier coup !

3. C'est géant ! Tu devrais essayer   c. C'est ce que je pouvais espérer
   le saut à l'élastique.   de mieux !

4. C'est mortel ! Y'a vraiment rien   d. C'est vraiment contrariant !
   d'intéressant à la télé !

5. C'est l'enfer ! 3 heures de maths   e. C'est extraordinaire !
   le lundi matin !

6. Définissez une situation pour chacune des expressions ci-dessous (qui parle à qui, où quand, …).

Ex. : *Eh bien, bravo !* → *un mari à sa femme, dans la salle à manger, à la fin du repas. – La femme arrive devant la table où tous les invités sont assis, trébuche et fait tomber le gâteau par terre. Son mari lui dit :* « Eh bien, bravo ! »

1. Pas possible ! → ....

2. Non, mais je rêve ! → ....

3. Ne vous gênez pas ! → ....

4. Tu veux rire ! → ....

7. Que dites-vous en fonction des situations ?

1. Aujourd'hui, vous devez passer votre premier entretien d'embauche. Malheureusement, le réveil n'a pas sonné et vous avez plus d'une heure de retard. Que dites-vous, pour constater le fait ?

❑ C'est pas triste !   ❑ C'est pas mal !   ❑ Ça craint !

2. Votre amie Laurence, réputée pour son « caractère de chien » surtout envers les jeunes hommes, vous annonce que son petit copain l'a laissée tomber. Vous n'êtes pas surpris de la réaction du jeune homme. Que dites-vous à votre amie ?

❑ C'est du joli !   ❑ Tu m'étonnes !   ❑ C'est géant !

3. Dans la rue, vous assistez à une scène de ménage un peu particulière : des assiettes qui volent, des verres qui se cassent, des valises que l'on jette, des habits qui s'éparpillent. Vous n'en croyez pas vos yeux ! Que dites-vous à la personne qui vous accompagne ?

❑ C'est pas triste !   ❑ C'est pas évident !   ❑ C'est mortel !

4. Vous apprenez par votre voisine de palier, que l'appartement du dessous vient d'être loué par la fille d'un acteur célèbre. Que dites-vous pour exprimer votre étonnement ?

❑ Ne vous gênez pas !   ❑ Pas possible !   ❑ C'est du propre !

5. C'est le premier jour de l'été. Comme chaque année, vos amis vous invitent à participer à la fête de la musique. Malheureusement, vous avez un examen très important à passer le lendemain et vos parents vous interdisent d'y aller. Que dites-vous pour insister sur cette injustice ?

❑ C'est pas mal !   ❑ C'est top !   ❑ C'est l'enfer !

6. Ça y est ! Vous êtes libre ! Vous venez d'emménager dans votre premier appartement ! Au bout d'une semaine, entre les courses, le ménage (…) et les devoirs à faire, vous vous apercevez que la vie d'étudiante est plus paisible quand on vit chez ses parents. Que dites-vous à une amie qui voudrait aussi « voler de ses propres ailes » ?

❑ Eh bien bravo !   ❑ C'est vraiment pas évident !   ❑ C'est du délire !

8. Complétez chaque phrase ci-dessous par l'une des expressions de la liste.
(Ces expressions reprennent des signes de la langue écrite.)
entre guillemets, point à la ligne, faire une parenthèse, mettre (quelque chose) entre parenthèses, majuscule

1. Depuis qu'elle a trouvé le grand amour, avec un A ...., Laurence a décidé de .... sa vie professionnelle ....

2. Malgré les pressions de son entourage et de son patron, elle ne reviendra pas sur sa décision, la discussion est close, ...

3. Sa mère n'est pas d'accord avec sa relation .... fusionnelle : « De nos jours, quand on a un travail, on le garde ! », affirme t-elle avec force.

4. Le repas est animé. Au beau milieu de son discours au cours duquel Laurence parle avec passion de son futur mariage, elle .... : « Au fait, vous savez qu'on change l'heure, demain ? »

• Les abrègements de mots

1. A. Soulignez les abrègements dans les publicités suivantes et notez les mots auxquels ils correspondent.

1. Chaque génération a son hebdo : plus d'action, plus d'infos ! → ....

2. Ami du petit-déj ou de l'apéro, dégustez-le tartiné ou en solo ! → ....

3. Du nouveau pour les ados : texto ou message perso ? → ....

4. Pour les accros de la déco : choisissez un pro ! → ....

5. Des produits bio et fini les kilos en trop ! → ....

B. Identifiez à quels produits ces slogans pourraient correspondre.

1. ....

2. ....

3. ....

4. ....

5. ....

2. Classez les mots abrégés de la liste selon les trois thèmes proposés dans le tableau ci-dessous. Pour chaque terme, indiquez le mot entier correspondant.
un amphi, le bac, une fac, le foot, la géo, le hand, un hosto, un instit, les maths, la philo, un prof, un restau U, la Sécu, les Télécom

1. ADMINISTRATION	2. MILIEU SCOLAIRE	3. SPORT
....	*un prof →* **le professeur**	....
....	....	....
....	....	....
....	....	....
....	....	....
....	....	....
....	....	....
....	....	....
....	....	....
....	....	....

3. Devinez qui se cache derrière ces abréviations. Aidez-vous des indices pour le trouver!

1. B.P. : .... (On peut la louer au bureau de poste.)

2. R.D.V. : .... (On peut le prendre ou le donner ou tout simplement l'avoir.)

3. S.V.P. : .... (On le dit quand on est poli.)

4. P.-S. : .... (On le met sur une lettre quand on a oublié de dire quelque chose.)

4. À vous de trouver les mots abrégés!

1. Un abri construit à l'endroit des arrêts de bus s'appelle un ....

2. Un bus contenant des livres de la bibliothèque municipale s'appelle un ....

3. Un pantalon qui s'arrête à mi-mollets s'appelle un ....

4. Une association visant à promouvoir le cinéma s'appelle un ....

5. Un message électronique s'appelle aussi un ....

1 • 3 Quand les mots cachent la réalité

Votre langue comporte-t-elle aussi de nombreux sigles? Dans quels domaines sont-ils les plus nombreux (l'économie, la politique, les médias, le monde du travail...)?

• Les sigles et les euphémismes

1. Dans les titres de journaux suivants, soulignez les sigles et encadrez les mots qui vous aident à trouver le sens de ces sigles.

Ex. : *Coupe de France de* football :
Rencontre très attendue de l'O.M. et du P.S.G. au parc des Princes.

1. S.N.C.F. :
La plupart des syndicats, dont F.O. et la C.G.T., ont rejeté le projet du budget 2003 sur les transports publics.

2. Avis aux amateurs de livres et de musique :
Du 18 au 30 janvier, une sélection de B.D. et de C.D. sera proposée au jeune public de 5 à 11 ans.

3. Santé : les C.H.U. sont malades, mauvaise organisation, manque de moyens et de personnel soignant.

4. Les nouveaux T.G.V. Est et Atlantique seront sur les rails en 2005.
De nouvelles constructions de gares T.G.V. sont en cours.

5. Simplifiez-vous la vie : la C.A.F. met en place une démarche qualité qui vise à améliorer les relations entre l'administration et les usagers.

2. Classez les sigles de l'exercice précédent dans les domaines auxquels ils font référence et vérifiez leur signification exacte.

Transports	Syndicats	Associations sportives	Culture	Organismes
....	....	....	....	....
....	....	....	....	....
....	....	....	....	....

3. Retrouvez à quelle réalité se rattachent les expressions suivantes.

1. une personne à mobilité réduite
2. un homme ou une femme de couleur
3. un S.D.F.
4. un non-voyant
5. une personne du troisième âge
6. un demandeur d'emploi
7. un malentendant

a. la différence raciale
b. le handicap
c. la vieillesse
d. la pauvreté
e. le chômage

4. Donnez à chaque définition le sigle qui lui correspond. Ensuite, indiquez quels mots se cachent derrière les initiales.

les ASSEDIC – un C.E.S. – une H.L.M. – un P.V. – le R.M.I. – un V.R.P. – la T.V.A.

1. C'est un compte-rendu écrit établi par un officier de police ou un magistrat. →

....

2. C'est un contrat qui est proposé aux chômeurs de longue durée moyennant un salaire inférieur de moitié au salaire de base. → ....

3. C'est un représentant de commerce qui se déplace afin de prospecter une clientèle. → ....

4. C'est un régime d'assurance qui s'adresse aux chômeurs ayant déjà travaillé, grâce auquel ils reçoivent des allocations. → ....

5. C'est un revenu dont toutes les personnes sans ressources de plus de 25 ans peuvent bénéficier. → ....

6. C'est une taxe qui s'ajoute à tous les produits commercialisés. → ....

7. C'est un logement construit par les pouvoirs publics et destiné à des familles qui ont des revenus modestes. → ....

5. En vous inspirant de l'exercice précédent, rédigez une définition pour chacun des sigles suivants.

1. un S.D.F. → ....
2. un V.T.T. → ....
3. le DELF → ....
4. un C. V. → ....

6. Identifiez parmi les sigles suivants les lieux où vous devrez aller...

R.M.C. – une A.J. – la S.N.C.F. – E.D.F. – les ASSEDIC – le C.H.U. – l'A.N.P.E.

1. pour vous inscrire en tant que demandeur d'emploi et percevoir une allocation :

....

2. pour rechercher un emploi, consulter les annonces, faire appel à un conseiller :
....

3. pour trouver refuge pour la nuit à des prix préférentiels : ....

4. pour enregistrer une émission de radio sur la Côte d'Azur : ....

5. pour discuter d'un problème de chauffage avec un spécialiste : ....

6. pour consulter un médecin ou prévoir une intervention chirurgicale : ....

7. pour réserver votre billet de train : ....

7. Certains sigles ont donné lieu à des dérivations. À vous de trouver les nouveaux mots qui ont été créés !

1. Un amateur de B.D. (bande dessinée) s'appelle un ....

2. Un employé qui touche le S.M.I.C. (salaire minimum interprofessionnel de croissance) s'appelle un ....

3. Une personne qui reçoit le R.M.I. s'appelle un ....

4. Une personne qui se déplace en V.T.T. ou un sportif qui pratique le V.T.T. s'appelle un ....

1 • 4 Quand des mots nouveaux entrent dans la langue

Recensez dans votre langue maternelle les mots et expressions empruntés au français et aux autres langues.

• Les néologismes de formation récente

1. Dans le texte suivant, soulignez les mots nouveaux (qui ont été créés récemment). Et entourez le préfixe ou le suffixe de chacun des mots soulignés.

Les consommateurs en culottes courtes

Désormais, les enfants ont leur mot à dire dans le choix des produits, si bien que les marques mettent tout en œuvre pour fidéliser ces consommateurs en culottes courtes et optimiser leurs rendements.

Dès leur plus jeune âge, les enfants sont habitués aux outils multimédias. À la maison, ils zappent devant le petit écran et jouent aux jeux vidéos. Plus tard, ils fréquentent les cybercafés, s'adonnent aux jeux en réseau et remplissent leurs étagères de ludiciels.

Encouragés par les adultes, ces petits rois oublient presque de se comporter en enfants et d'assouvir des plaisirs simples, comme de jouer au ballon, faire du jardinage ou aller dans une animalerie à la recherche d'un compagnon de jeu.

2. Classez les néologismes de l'exercice précédent dans le tableau ci-dessous, en fonction du préfixe et du suffixe. Puis complétez la liste des mots formés sur les mêmes préfixes ou suffixes. (Vous pouvez vous aider d'un dictionnaire.)

1. PRÉFIXES	2. SUFFIXES
un **cyber**naute →	surf**er**, tagu**er** → ....
un **multi**plexe →	gadgét**iser**, franch**iser** → ....
....	un courr**iel** → ....
....	une bagag**erie** → ....
....	....

3. Les mots suivants sont des mots nouveaux.

1. *monoparental(e)* – 2. *jetable* – 3. *recyclage* – 4. *covoiturage*

A. Soulignez le mot base ou radical. Entourez en bleu les préfixes et encadrez en rouge les suffixes.

B. Proposez ensuite un exemple concret pour illustrer chacun de ces mots.

1. ....

2. ....

3. ....

4. ....

4. Reliez un mot à une expression. Ensuite, répondez aux questions.

1. Flasher sur   a. modifier l'aspect de quelque chose, le moderniser

2. Relooker   b. avoir le coup de foudre pour quelque chose

3. Taguer   c. passer d'une chaîne à une autre

4. Zapper   d. tracer des inscriptions sur les murs

1. Sur quoi peut-on <u>flasher</u> ? → ....

2. Que peut-on <u>relooker</u>, par exemple ? → ....

3. Certains <u>taguent</u> les murs, où particulièrement ? → ....

4. Avec quoi <u>zappe</u>-t-on ? → ....

5. Trouvez dans la liste le lieu adéquat à chacune des situations décrites ci-dessous :

une animalerie, une bagagerie, une biscuiterie, une braderie, une jardinerie, une saladerie, une sweaterie

1. Vous cherchez une valise à roulettes pour votre prochain départ en voyage : vous allez dans ....

2. Vous souhaitez offrir à une amie gourmande les spécialités sucrées de votre région : ....

3. Vous devez vous équiper pour une balade en montagne et vous cherchez des vêtements amples, confortables et chauds : ....

4. Vous recherchez un petit animal de compagnie pour vos soirées d'hiver : ....

5. Vous aimeriez acheter des petits objets sans valeur pour aménager une ancienne cave : ....

6. Vous avez une petite faim et aimeriez manger quelque chose de léger : ....

7. Vous avez l'intention de planter des fleurs et de vous occuper d'un potager : ....

6. Remplacez ces emprunts par d'autres mots français, créés pour rendre leur utilisation moins fréquente.

1. un after-shave : ....

2. une baby-sitter : ....

3. un compact disc : ....

4. un fast-food : ....

5. le télé-shopping : ....

6. un walkman : ....

7. le web : ....

7. Complétez le texte en utilisant les mots suivants.

optimiser, médiatiser, fidéliser, sponsoriser

1. Presque inconnue du grand public à ses débuts, la course du Paris-Dakar est maintenant fortement .... : elle se voit consacrer une émission à l'heure de grande écoute pour retracer les moments forts de la journée.

2. La plupart des manifestations sportives, comme le tournoi de tennis de Roland Garros, sont .... par des marques de produits de consommation.

3. Toujours à la recherche de la perfection, les groupes de téléphonie mobile proposent régulièrement à leurs clients de nouvelles prestations, afin d' .... leur abonnement.

4. Pour .... une clientèle soucieuse de sa forme, certaines marques de produits allégés n'hésitent pas à mentionner sur les paquets un pourcentage de matières grasses moins élevé.

• Les emprunts

1. Soulignez les emprunts dans les titres de journaux suivants.
1. **Mode :**
les vêtements de sport inspirent des looks dynamiques, c'est l'année du jogging
2. **Ameublement :**
la déco des sixties est la tendance du moment
3. **Santé publique :**
devant le risque d'obésité, le secteur agroalimentaire se met au light
4. **Baby-boom en maternelle :**
les écoles des grandes villes connaissent des problèmes d'accueil et de sureffectifs

2. Reformulez les titres de l'exercice précédent en remplaçant les emprunts par des mots ou expressions similaires.
1. .... 2. .... 3. .... 4. ....

3. Un mot n'a pas sa place dans chacune des listes ci-dessous. À vous de le trouver et d'expliquer les raisons de votre choix. (Il peut y avoir plusieurs réponses possibles en fonction de vos critères de sélection.)

1. wagon, charter, jet set, van, ferry, tramway → ....

....

2. bowling, planning, mailing, marketing, manager → ....

....

3. match, record, coach, clip, corner, goal → ....

....

4. cake, grog, chips, cracker, sandwich, hamburger → ....

....

5. loser, manager, eye-liner, dealer, supporter, reporter → ....

....

4. Reliez un emprunt à sa définition.
1. un poster   a. un avertisseur sonore dans les voitures
2. un klaxon   b. un insigne munie d'une inscription
3. un badge   c. une affiche illustrée pour la décoration
4. un planning   d. un objet plus ou moins utile, mais amusant pour sa nouveauté
5. un gadget   e. un plan de travail détaillé

5. Répondez aux questions.
1. Qui s'occupe en général du <u>planning</u> dans votre entreprise ? → ....
2. Quelle sorte de <u>gadgets</u> aimez-vous acheter ? → ....
3. Quel est un de vos <u>posters</u> préférés ? → ....
4. Aimez-vous porter un <u>badge</u> ? Pourquoi ? → ....
5. Quelle sorte de <u>magazines</u> aimez-vous lire ? → ....

6. Reliez les mots de la liste à leur domaine de référence. Ensuite, rédigez un exemple pour illustrer chaque mot.
1. un scoop   a. le sport
2. un clip   b. l'habitat
3. un loft   c. les réceptions
4. un lunch   d. les médias
5. un supporter   e. la chanson

1. ....

....

2. ....

....

3. ....

....

4. ....

....

5. ....

7. Reliez une expression à l'idée qu'elle exprime.

1. avoir le blues   a. la rapidité
2. être cool   b. la morosité
3. avoir du punch   c. la loyauté, la franchise
4. être speed   d. le dynamisme, l'énergie
5. avoir du fair-play e. la détente

8. Trouvez une situation au cours de laquelle vous pouvez avoir ce comportement ou ce sentiment.

1. J'ai le blues quand ....   4. Je suis speed quand ....

2. Je suis cool quand ....   5. Je suis fair-play quand ....

3. J'ai du punch quand ....

9. Reformulez les expressions soulignées.

Ah, le joli mois de mai !

1. Entre les jours fériés et les R.T.T., le mois de mai est devenu un mois de vacances : c'est l'occasion de faire un break et de profiter de la douceur du printemps pour assouvir ses envies. → ....

2. Les plus coquets arpenteront les grands magasins ou feront du shopping dans les petites rues de la ville. → ....

3. Les sportifs préféreront faire du footing ou du roller dans un parc, en ville ou le long de la plage. → ....

4. Les plus courageux défieront les embouteillages ou les grèves de transports pour faire du camping au bord de l'eau. → ....

5. Tous reviendront contents mais complètement groggy par tant d'énergie dépensée. Mais soyez courageux, mesdames et messieurs les travailleurs, les grandes vacances approchent ! → ....

10. Je suis un emprunt très utilisé dans les conversations. Devinez qui je suis !

1. Je suis un homme galant et bien élevé, je suis très apprécié notamment par les femmes. → Je suis un ....

2. On m'utilise à chaque fois qu'on fait les courses, je sers à transporter les légumes, les boîtes de conserves, les bouteilles, on me pousse avec énergie ou lassitude. → Je suis ....

3. Je suis un objet très utile qui sert à entreposer les ordures ménagères, les verres ou le papier. Bleu, jaune ou gris, j'aime la propreté et la discipline. → Je suis ....

4. Je suis un maître d'hôtel à bord des avions et des paquebots, je voyage beaucoup, mon lieu de travail se situe toujours à plus 10 000 mètres d'altitude. → Je suis ....

5. Je suis fixé à toutes les voitures, je fais du bruit quand on me tape, pour avertir d'un danger ou témoigner de la colère ou de l'indignation. → Je suis ....

À vous ! Formulez une devinette pour un emprunt de votre choix.

11. Vrai ou faux ? Cochez la bonne réponse. Si c'est faux, proposez la bonne définition.

1. Un trust désigne une entente soudaine entre deux personnes qui se font mutuellement confiance .   ❏ Vrai ❏ Faux

....

2. Un boom désigne le bruit d'un objet ou d'une personne qui tombe.   ❏ Vrai ❏ Faux

....

3. Un sponsor désigne un organisme ou une personne qui soutient financièrement un
joueur ou une équipe sportive.   ❏ Vrai ❏ Faux

....

4 . Un outsider désigne un cheval de course qui a peu de chances de remporter la
victoire.   ❏ Vrai ❏ Faux

....

.... Au plaisir de lire, de dire ....

1. Jeux sur les sonorités.
■ — Il craint, ce copain !
Il mâchonne, marmonne, ronchonne...
— Tu m'étonnes !
Il est brillant, convaincant, tolérant...
— Hum ! Pas évident !
Il est pénible, terrible, horrible...
— Pas possible !
■ Théo joue du saxo en solo dans un resto, Hugo, accro de photos fait le pro dans une expo et Arnaud, écolo et intello fait le beau chez le proprio.

2. Jeux sur le sens des mots.
« Pour jouer avec les mots, on prend souvent les expressions « au pied de la lettre » : on ne prend pas le sens réel de l'expression figurée, mais le sens propre de chacun des mots. Et on joue sur le mélange des sens propre et figuré avec toutes sortes de situations. »

Les mots, nous l'avons vu, ont souvent plusieurs sens. Cette richesse incite à jouer sur les mots. Pour vous aider, nous avons souligné les mots qui comportent un dou-ble sens sur lequel se fait le « jeu de mots ».

Ex. : *Le comble pour un fleuriste, c'est de « ne pas avoir de pot ».*
   « *Le pot* » peut désigner « le <u>pot</u> de fleurs » (sens propre). Mais « *le pot* », c'est aussi « la chance » : « *avoir du pot* » (familier) = « avoir de la chance ».

À vous ! Quel est le comble pour... ?

Le comble pour :	→ C'est de... :
1. un joueur de football	a. cuisiner des <u>lentilles</u>
2. un juge	b. être tiré à quatre <u>épingles</u>
3. un opticien	c. ne pas avoir de <u>but</u>
4. un couturier	d. ne pas être <u>branché</u>
5. un électricien	e. manger un <u>avocat</u>

3. Devinettes.

1. Je suis une couleur, un vêtement de travail et un fromage d'Auvergne.

→ ....

2. J'accompagne souvent le nom dans une phrase et je peux être lu dans la presse.

→ ....

3. Je suis une couleur qui peut se manger glacée. → ....

4. Histoire pour rire.

Un taureau rencontre un hibou.

Le taureau. — Oh, là là ! Tu ne peux pas t'imaginer comme tu as de la chance !

Le hibou. — Ah bon ! Et pourquoi donc ?

Le taureau. — Ta femme est chouette alors que la mienne est une peau de vache.

Le hibou. — Ah, c'est vrai ! Chez moi, je suis comme un coq en pâte ! Quant à toi, mon pauvre vieux, tu devrais prendre le taureau par les cornes !

5. Humeur du jour !

À partir d'une situation qui vous est proche (par exemple, *un sentiment que vous éprouvez à l'instant, une idée qui vous passe par la tête, une chose à faire, un projet à formuler…*), employez une ou plusieurs expressions que vous avez apprises dans ce chapitre pour exprimer votre humeur du jour.

....

....

BILAN 3

• Quand les mots ont plusieurs sens   *(sur 10)*

1. Donnez trois sens du mot *canard.*

a. ....

b. ....

c. .... *(3 points)*

2. Associez trois verbes au mot *feu* de façon à créer une expression. (sens propre ou sens figuré)

a. .... b. .... c. .... *(3 points)*

3. Observez ces quatre phrases et dites quel est le sens du verbe *tenir.*

a. Le policier <u>tient</u> le coupable. ....

b. La jeune femme <u>tient</u> son chien en laisse. ....

c. Ce monsieur <u>tient</u> un restaurant. ....

d. Leur mariage <u>tient</u> depuis 30 ans. .... *(4 points)*

• Quand les mots s'adaptent   (sur 10)

1. Reformulez en langue standard les expressions familières suivantes.

a. Ça craint ! ....

b. C'est mortel ! ....

c. C'est l'enfer ! ....

d. C'est d'enfer ! .... (4 points)

2. Dites quels sont les abrègements des mots suivants.
a. un hôpital   b. un dictionnaire   c. une occasion

.... (3 points)

3. Trouvez trois nouveaux mots construits à partir du mot abrégé *bus*.

a. .... b. .... c. .... (3 points)

• Quand les mots cachent la réalité   (sur 10)

1. Chassez l'intrus : trouvez le sigle qui n'appartient pas au thème suivant.
a. *Le monde du travail :* l'A.N.P.E., un C.D.I., le F.N., une R.T.T., un P.D.G.
b. *Les transports :* la S.N.C.F., le P.A.F., la R.A.T.P., le T.G.V., le R.E.R.
c. *Les organismes internationaux :* la C.A.F., l'O.M.S., l'O.N.U., l'U.E., une O.N.G.
d. *L'économie :* le P.I.B, la P.N.B, la P.A.C, le P.S G., un O.G.M.

(4 points)

2. Donnez les deux significations des sigles suivants.

a. J.O. : ....

b. T.P. : ....

c. P.C. : .... (6 points)

• Quand des nouveaux mots entrent dans la langue   (sur 10)

1. Trouvez les néologismes qui correspondent aux définitions suivantes.

a. Passer d'une chaîne de télévision à une autre : ....

b. Sur Internet, passer d'un site à l'autre grâce aux liens hypertextes : ....

c. Tracer des inscriptions, des tags sur les murs : ....

d. Avoir le coup de foudre : ....

(4 points)

2. Les néologismes sémantiques. Qui suis-je ?

a. Je suis un petit animal rongeur. Je suis aussi un objet permettant à une personne de déplacer son curseur sur l'écran de son ordinateur. → ....

b. Je suis une grande porte à l'entrée d'un jardin, d'un parc ou d'une propriété. Je désigne aussi sur Internet les pages d'accueil qui donnent accès à d'autres sites.

→ ....

c. Je suis une image sacrée, une peinture religieuse. Je désigne également un symbole graphique affiché sur l'écran d'un ordinateur → ....

(3 points)

3. Donnez trois emprunts relatifs au monde du spectacle :

.... *(3 points)*

.... Au plaisir d'apprendre ....

1. Maintenant je suis capable de :

	un peu	assez bien	correctement
– Reconnaître les différents sens d'un mot dans un contexte (*baguette, direction, peine…*).	❏	❏	❏
– Utiliser quelques verbes fréquents (*faire, passer…*) dans différents contextes d'emploi en maîtrisant leurs structures syntaxiques.	❏	❏	❏
– Classer quelques expressions courantes en fonction de l'idée qu'elles véhiculent (*tu ne fais pas ton âge* = apparence).	❏	❏	❏
– Identifier les termes qui renvoient à un style plus familier, identifier et comprendre quelques abrègements de mots.	❏	❏	❏
– Reconnaître les sigles courants et les réalités auxquelles ils correspondent (S.N.C.F., les transports).	❏	❏	❏
– Repérer et classer les néologismes de formation récente et comprendre le lien entre la forme des mots (préfixe…) et leur sens.	❏	❏	❏
– Identifier les emprunts et les domaines auxquels ils font référence et savoir les reformuler.	❏	❏	❏

2. LA CULTURE DANS LES MOTS

2 • *1* Les onomatopées et les cris d'animaux

1. Réfléchissez. Recensez les onomatopées et les cris d'animaux dans votre langue maternelle. Par la suite, vous les comparerez avec ceux que vous allez trouver dans les exercices.

2. Dans les dialogues, précisez la situation de communication (qui parle à qui, où, quand…). Soulignez les onomatopées puis classez-les en a, b, … ci-contre, en fonction de l'idée qu'elles expriment (« Je veux… »).

1.
— Tu m'aimes ?
— Euh, oui, bien sûr !
— Tu veux m'épouser ?
— Hein ?

Situation : ....
....

2.
— Toc, toc, toc ! Coucou ! C'est l'heure du déjeuner. Mais… qu'est-ce qui t'arrive ?
— Snif, snif ! Monsieur Pradel vient de me mettre à la porte.
— Mais c'est un scandale ! Je vais aller lui parler tout de suite… Vlan !

Situation : ....

3.
(Une heure plus tard…)
— Salut, Guillaume, on se fait une partie de tennis ?
— Bof, je crois que j'ai trop mangé, je me sens un peu lourd !
— Je connais un remède. Tiens, prends ça !
— Pouah ! Mais c'est une horreur, qu'est-ce que c'est ?
— Du bicarbonate. Allez ! finis le verre et glouglou…

Situation : ....

4.
— Dis, tu as pensé à acheter un cahier de brouillon et des stylos bleus ?
— Oh, zut, j'ai complètement oublié ! Je suis désolé !
— Bah ! ce n'est pas grave, de toute façon, je n'avais pas envie d'écrire aujourd'hui !
— Tu plaisantes, j'espère !

Situation : ....

5.

— Dring, Dring !

— Oui, allô ! Ah, bonjour Cathy ! Ça me fait plaisir de t'entendre ! Justement je voulais t'appeler. Figure-toi que Marion est arrivée ce matin avec un retard de plus d'une heure et patati ! et patata !... La directrice a appelé ses parents et blablabla et blablabla.

Situation : ....

Je veux...

a. exprimer la satisfaction, l'envie de manger : ....

b. claquer une porte : ....

c. laisser retentir la sonnerie du téléphone : ....

d. exprimer le dégoût : ....

e. exprimer son indifférence : ....

f. exprimer un bavardage inutile : ....

g. exprimer son hésitation : ....

h. frapper à la porte : ....

i. boire un liquide : ....

j. exprimer sa déception, sa lassitude : ....

3. Associez une onomatopée à une illustration et à une expression.

1. Euh !
2. Mon œil !
3. Chut !
4. Ouf !
5. La vache !

a. Je ne sais pas !
b. J'ai eu chaud !
c. Ça alors !
d. Je ne te crois pas !
e. Taisez-vous !

A. ....

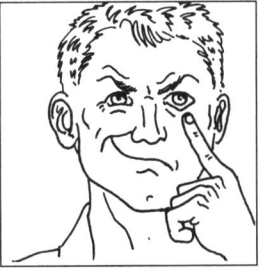

B. ....

C. ....

D. ....

E. ....

4. Associez la chose et le son qu'elle produit.

Pin-pon ! – Couac ! – Crac ! – Bang ! – Ding dong ! – Vroum !

1. ....

2. ....

3. ....

4. ....

5. ....

6. ....

5. Retrouvez la bonne signification : quand dit-on … ?

1. « Bah ! »
   - ❑ a. pour dire qu'on a mal
   - ❑ b. pour exprimer l'indifférence
   - ❑ c. pour accueillir son patron

2. « La vache ! »
   - ❑ a. pour chanter sans paroles
   - ❑ b. pour féliciter un nouveau papa
   - ❑ c. pour exprimer son étonnement

3. « Flûte ! »
   - ❑ a. quand on veut partir
   - ❑ b. pour féliciter un artiste
   - ❑ c. pour marquer une déception

4. « Pardi ! »
   - ❑ a. pour accueillir un invité
   - ❑ b. pour appeler un chien
   - ❑ c. pour confirmer une déclaration

5. « Badaboum ! »
   - ❑ a. quand quelque chose tombe
   - ❑ b. devant une très belle femme
   - ❑ c. pour imiter un bébé qui pleure

6. « Ouille ! »
   - ❑ a. pour marquer son impatience
   - ❑ b. pour exprimer la douleur
   - ❑ c. pour exprimer la colère

6. Complétez les petites histoires ci-dessous par des onomatopées.

1. La sonnette retentit : .... Josiane ouvre la porte et exprime sa surprise en voyant son amie Claire, habillée d'une robe longue très élégante : .... Claire lui demande de ne pas parler trop fort : .... Elle lui chuchote à l'oreille qu'un chauffeur les attend toutes les deux dans une heure au coin de la rue. Josiane exprime un doute ! ....

2. Le téléphone sonne : .... Jean-Louis se repose sur son lit, à l'autre bout de l'appartement. D'un bond, il se lève, accourt jusqu'au téléphone et se cogne brutalement contre la porte-fenêtre : .... Il décroche le téléphone en grimaçant de douleur et s'assoit sur une chaise pour écouter les longs bavardages de sa sœur aînée : .... Lorsque sa sœur s'interrompt pour reprendre son souffle, il confirme ce qu'elle vient dire : .... et elle continue de plus belle !

3. Marc et Christine sont dans les embouteillages aux portes de Marseille. Fenêtres ouvertes, ils grincent des dents en passant devant un groupe de jeunes musiciens qui inondent la rue de fausses notes criardes : .... Ils sont tellement troublés par cette musique qu'ils ne voient pas une voiture arriver sur la droite. C'est l'accident : .... les deux voitures entrent en collision. Quelques minutes plus tard, on entend la sirène des pompiers : .... Tout le monde est soulagé : .... il n'y a aucun blessé !

7. Cochez la bonne réponse !

1. Vous adorez jouer à la pétanque. C'est votre ❏ doudou ❏ dada ❏ dindon.
2. Vous engagez une personne pour garder vos enfants. C'est une ❏ nounou ❏ mémé ❏ mamie.
3. Vous avez un élève préféré. C'est votre ❏ chichi ❏ coco ❏ chouchou.
4. Votre chambre est mal rangée. Quel ❏ clic-clac ❏ bric-à-brac ❏ tic-tac !
5. Votre chien et vous êtes inséparables. C'est un gentil ❏ toutou ❏ joujou ❏ chouchou.

8. Trouvez d'abord qui je suis. Puis complétez le texte en donnant ma façon de crier.

Ex. : *Je suis gris et je vis en Afrique et en Asie. Je suis le plus grand mammifère terrestre. J'ai une longue trompe et deux grandes oreilles. Je suis* **un éléphant** *donc je* **barris**.

1. J'ai une petite crête rouge sur la tête et des cuisses bien dodues. On me mange ainsi que mes œufs. Je suis .... Je .... ou je fais ....

2. Je suis au service de ma reine. Je me nourris de nectar et de pollen de fleurs. Je fabrique du miel. Je suis .... Je .... ou je fais ....

3. Je suis le compagnon le plus fidèle de l'homme. Je l'avertis quand il y a un danger et aime ses soins et ses caresses. Je suis .... J'................... ou je fais ....

4. Je vis dans les lacs et les étangs. Mes pattes sont orange et palmées. Je supporte très bien le froid. Je suis .... Je .... ou je fais ....

5. J'ai un gros nez rond et plat et une queue en tire-bouchon. J'aime me rouler dans la boue et manger très salement. Je suis .... Je .... ou je fais ....

9. Certains cris d'animaux sont entrés dans le vocabulaire familier avec des sens figurés s'appliquant à des personnes. Choisissez la bonne personne pour les comportements suivants, puis expliquez le sens figuré.

1. Elle <u>râle</u> chaque fois que je lui demande quelque chose ! *(comme un faon)*
   ❑ une personne tolérante ❑ une personne mécontente ❑ une personne obéissante

   Que signifie « râler » dans ce cas-là ? ....

2. Ils <u>roucoulent</u> tous les samedis au jardin des Plantes. *(comme des pigeons)*
   ❑ des hommes paresseux ❑ un couple d'amoureux ❑ des enfants capricieux

   Que signifie « roucouler » dans ce cas-là ? : ....

3. Elle s'assoit à la terrasse d'un café avec sa voisine et <u>cancane</u>. *(à la manière des canards)*
   ❑ une bavarde ❑ une trouillarde ❑ une criarde

   Que signifie « cancaner » dans ce cas-là ? : ....

4. Dès qu'un petit copain se trompe, il <u>ricane</u> *(à la manière d'une hyène)*
   ❑ un charmeur ❑ un bagarreur ❑ un moqueur

   Que signifie « ricaner » dans ce cas-là ? : ....

---

2 • *2* Les tournures idiomatiques

Réfléchissez. Cherchez dans votre propre langue quelques expressions imagées comme *avoir la tête dans les nuages* **ou** *mettre les pieds dans le plat*. **Quels sont les domaines (nourriture, animaux, milieu naturel…) qui y sont représentés ? Comparez avec les expressions françaises que vous trouverez dans les exercices ci-dessous.**

• Les expressions comparatives

1. Soulignez les expressions comparatives du dialogue et classez-les dans le tableau qui suit, selon la notion qu'elles expriment.
Adrien se confie à son ami, un lundi matin au bureau.

1. — Voilà, j'ai rencontré quelqu'un samedi à la soirée de Véronique, mais je sais que ça ne va pas marcher.
   — Tu plaisantes ? Et comment le saurais-tu par avance ? Elle est laide, bête… ?
   — Oh, non, elle est jolie comme un cœur, fraîche comme une rose, elle est douce, intelligente, amusante, …

2. — Et alors, où est le problème ?
   — Le problème, c'est moi. Regarde-moi, je suis petit, un peu gros et laid comme un pou. J'aurai honte de me trouver nu comme un ver devant une beauté si parfaite, tu comprends ?

3. — Tu exagères ! Et puis, il n'y a pas que la beauté qui compte. Tu sais, les femmes sont plus sensibles aux qualités morales d'un homme qu'à son physique. Tu as d'énormes qualités : tu es cultivé, tu as le sens de l'humour, tu es à l'écoute des autres…

— Arrête, je vais être rouge comme une tomate !

4. — Mais non, je ne dis que la vérité… Tu es sensible, compréhensif et doux comme un agneau. Tu sais, j'ai un copain qui est certes beau comme un dieu, mais il est irrespectueux et égoïste. En plus, il n'a aucune éducation : il mange comme un cochon, il entre chez les gens comme dans un moulin… Alors, quitte à choisir !

a. Description physique	b. Tempérament/caractère	c. Comportement
…………………………	…………………………	…………………………
…………………………	…………………………	…………………………
…………………………	…………………………	…………………………
…………………………	…………………………	…………………………
…………………………	…………………………	…………………………
…………………………	…………………………	…………………………
…………………………	…………………………	…………………………

2. Pour chaque adjectif, complétez la comparaison en vous aidant du dessin si nécessaire.

1. aimable comme ………

2. haut comme ……………

3. léger comme ……………

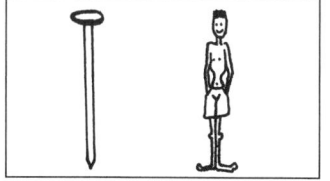

4. maigre comme …………

5. triste comme ……………

6. solide comme ……………

3. Complétez puis reliez un comportement à un trait de caractère.

1. Il est capable de se débrouiller dans toutes les situations.

2. Il n'arrête pas de parler, même quand on aimerait qu'il se taise.

3. Il reste sur ses positions, même quand il sait qu'il a tort.

4. Il réfléchit, élabore un plan pour contourner un obstacle et obtenir ce qu'il veut.

a. Il est <u>têtu</u> comme ………………

b. Il est <u>malin</u> comme ……………

c. Il est <u>rusé</u> comme ………………

d. Il est <u>bavard</u> comme …………

4. Replacez chaque mot de la liste dans la bonne expression. (Aidez-vous de la définition entre parenthèses si nécessaire.)

chanter, dormir, doux, manger, malin, rusé

1. .... comme un rossignol   (un petit oiseau qui a un chant très mélodieux)

2. .... comme un singe   (un mammifère proche de l'homme et doué d'intelligence)

3. .... comme un agneau   (le petit de la brebis à la fourrure d'une grande douceur et réputé pour son caractère inoffensif)

4. .... comme un loir   (un petit rongeur qui hiberne : il ne sort pas de tout l'hiver)

5. .... comme un cochon   (un animal domestique souvent élevé dans des endroits malpropres)

6. .... comme un renard   (un animal sauvage réputé pour son habileté à tromper ses proies)

5. À vous ! En vous aidant des exercices précédents, décrivez une personne que vous aimez ou que vous n'aimez pas.

• Les expressions imagées

1. Soulignez les tournures idiomatiques contenues dans ce texte. Ensuite, classez-les dans le tableau selon le thème qu'elles évoquent.

Que vous soyez mauvaise langue, soupe au lait ou fine mouche, que vous ayez l'esprit terre à terre, la tête dans les nuages ou un poil dans la main, il vous arrivera un jour (à moins que ce ne soit déjà fait !) de perdre la tête pour une femme aux yeux de biche. Qu'on ne vous raconte pas de salades : au début, vous ferez le poireau devant chez elle, attendant que votre petite puce se fasse belle, vous céderez à ses caprices, mettrez de l'eau dans votre vin... à moins que vous ne préfériez prendre les jambes à votre cou tant qu'il est encore temps et lui dire gentiment : « Nous nous reverrons, oui, oui, bien sûr... quand les poules auront des dents. »

1. Le corps humain	2. Le milieu naturel	3. Les animaux	4. Les aliments
....	....	....	....
....	....	....	....
....	....	....	....
....	....	....	....
....	....	....	....
....	....	....	....
....	....	....	....

Connaissez-vous d'autres petits mots doux comme « ma puce » ?
Quelles sont les images utilisées dans votre langue maternelle ?

2. Reformulez toutes les expressions de l'exercice 1 qui servent à décrire un trait de caractère.

Ex. : *Il a un poil dans la main* → ***il est paresseux***.

1. .... 2. .... 3. .... 4. .... 5. ....

3. Associez une expression à sa définition.

Qu'est-ce qu'…	C'est une personne…
1. une mauvaise langue ?	a. qui a peur de tout.
2. un chameau ?	b. qui est désagréable et peu sociable.
3. une girouette ?	c. qui refuse de changer d'avis, d'idées.
4. une poule mouillée ?	d. qui dit du mal des autres.
5. un rayon de soleil ?	e. qui change souvent d'avis.
6. un ours mal léché ?	f. qui est méchante ou d'humeur difficile à supporter.
7. une fine mouche ?	g. qui parle beaucoup.
8. une tête de mule ?	h. qui est très intelligente.
9. un moulin à paroles ?	i. qui est charmante et agréable.

4. Associez chaque expression soulignée à l'idée qu'elle exprime.

1. Quelle journée ! Je <u>suis sur les genoux</u> !   a. complexité
2. Lucie <u>a une dent contre</u> Jean. La dernière fois, il s'est   b. faim
   moqué d'elle devant tout le monde !
3. Il est presque 14 heures et le repas n'est toujours pas prêt !   c. hésitation
   Nous commençons à <u>avoir l'estomac dans les talons</u> !
4. Un jour, il fait attention à moi ; un jour, il m'ignore,   d. fatigue
   je <u>ne sais pas sur quel pied danser</u> avec lui !
5. Rien n'est simple avec lui ! Il faut toujours qu'il <u>coupe   e. ressentiment
   les cheveux en quatre</u> !   envers quelqu'un

5. Retrouvez les expressions idiomatiques en vous aidant des illustrations et des définitions.

1. Il ne faut jamais se fier aux apparences.

2. Oh, la, la ! mes habits sont mouillés !

.......L'habit..ne..fait..pas..ee..moine...

3. Allez, dis-moi ce qui te préoccupe !

4. Il n'ose pas dire clairement les choses.

....

5. Je rêve, je n'écoute pas toujours ce que l'on me dit.

....

6. Je m'en moque !

....

6. Donnez le sens des expressions soulignées. (Aidez-vous des conseils donnés dans le dialogue.)

Au pays du malade imaginaire

— Bonjour Docteur, ça ne va pas du tout ! j'ai un poil dans la main, le cœur gros, le bras long et la grosse tête.

— Eh bien, dites-moi, quelle histoire ! Pour vous soigner, écoutez bien mes conseils :

1. Vous <u>avez un poil dans la main</u> : ....
   — Alors remettez-vous au travail : rester sans rien faire n'est jamais bon pour la santé !

2. Vous <u>avez le cœur gros</u> : ....
   — Alors pensez à des choses agréables : aux bons moments passés avec vos amis, à des histoires qui vous font sourire…

3. Vous <u>avez le bras long</u> : ....
   — Surtout, faites-en profiter vos proches : il est tellement agréable de se rendre utile et de faire plaisir aux autres…

4. Vous <u>avez la grosse tête</u> : ....
   — Alors évitez de vous prendre au sérieux, soyez naturel et ne méprisez pas votre entourage.

7. Les expressions idiomatiques ont été coupées. Réunissez les éléments.

1. mettre la charrue	a. bon œil
2. faire d'une pierre	b. par les cornes
3. prendre le taureau	c. à son cou
4. prendre ses jambes	d. et terre
5. avoir bon pied	e. deux coups
6. remuer ciel	f. avant les bœufs

8. Complétez le dialogue ci-dessous par les expressions de l'exercice précédent.

Conversation entre Marthe et son mari concernant son avenir professionnel.

1. — Je vais être licenciée ! Tu vas voir ! Ils vont .... : ils vont me faire partir et obtenir ainsi le poste réclamé par la jeune diplômée.

2. — Il ne faut pas .... ! On t'a juste fait une remarque sur ta façon de travailler !

3. — Une remarque ! Tu appelles ça une remarque : on m'a dit que j'étais trop vieille. Avec les nouvelles recrues, la société a pris un coup de jeune et moi un coup de vieux !

— Tu rigoles ! Tu ...., comme au jour de tes vingt ans ! Tu ne devrais pas te mettre dans des états pareils : il faut .... et te défendre au lieu de te lamenter.

4. — Je n'en peux plus ! depuis plus d'un an je .... pour avoir ce poste et maintenant on me fait comprendre gentiment que je ne suis plus assez compétente. Je suis sûre qu'ils n'attendent qu'une chose, c'est de me voir .... mais je ne leur ferai pas ce plaisir !

9. Complétez les phrases par l'expression idiomatique correspondant à la situation.

faire la pluie et le beau temps, être mauvaise langue, couper l'herbe sous les pieds de quelqu'un, entrer comme dans un moulin, ne pas avoir froid aux yeux

1. M. et Mme Sans-Gêne n'ont même pas frappé à la porte de leurs voisins : ils

....

2. Depuis leur arrivée, ils font subir leur façon de penser aux autres locataires sans que ces derniers n'osent s'y opposer : ils ....

3. L'appartement du deuxième étage s'est libéré. Ils se sont dépêchés de signer le contrat avant que les voisins d'en face, qui étaient intéressés par cet appartement plus grand, se manifestent : ils ....

4. D'ici deux ans, ils veulent racheter la moitié des appartements et, à long terme, les logements restants pour être propriétaires de l'immeuble : ils ....

5. Depuis qu'ils sont arrivés, ils n'arrêtent pas de dire du mal des uns et des autres : ils ....

10. Trouvez la rime qui manque et vous découvrirez une expression. (Aidez-vous de l'indice entre parenthèses si besoin.)

1. Aujourd'hui, comme par hasard

Il fait un froid de .... (*c'est un oiseau qui nage très bien*)

2. J'ai du travail, faut pas que je flanche

J'ai du pain sur la .... (*c'est un morceau de bois plat et long*)

3. Faut d'abord que j'aille voir le maire

Pour qu'il me donne le feu .... (*on dit que c'est la couleur de l'espoir*)

4. J'attendrai donc jusqu'à demain

D'ici là, je ronge mon .... (*sans lui, la voiture ne pourrait pas s'arrêter*)

5. Je suis anxieux, j'ai un peu peur

Quand il m'annoncera la .... (*le bleu en est une*)

6. Car si je n'ai plus de boulot

C'est la fin des .... ! (*ces légumes peuvent être verts, rouges ou blancs*)

• Les expressions culturelles

1. Les couleurs ont leur langage selon les pays. Que représentent, dans votre culture, le rouge, le bleu, le blanc, le jaune, le vert ? Avez-vous des expressions avec des couleurs ?

2. Tout en nuances ! Les fruits, les fleurs… ont donné leur nom à la couleur qu'ils évoquent : *framboise, pêche, abricot, prune, lilas,* **etc. Associez les deux listes ci-dessous et vous enrichirez votre palette de couleurs.**

Ex. : *bleu marine*

Les couleurs

bleu   gris   jaune
rouge   vert

Les nuances				
perle	pomme	sang	citron	amande
lavande	poussin	pivoine	or	ciel
ardoise	azur	cerise	souris	sapin

Votre palette

....
....
....
....
....

3. Qui se cache derrière les couleurs ? Reliez une expression de chaque colonne.

1. les femmes en <u>blanc</u>
2. un cordon <u>bleu</u>
3. la grande <u>bleue</u>
4. les sangs <u>bleus</u>
5. les <u>Bleus</u>
6. l'éminence <u>grise</u>
7. le maillot <u>jaune</u>
8. les <u>rouges</u>
9. la lanterne <u>rouge</u>
10. les <u>Verts</u>

a. les aristocrates, les nobles
b. un conseiller qui agit dans l'ombre
c. les infirmières
d. les écologistes
e. le vainqueur du Tour de France
f. le dernier arrivant dans une course
g. les joueurs de l'équipe de France
h. un(e) fin(e) cuisinier(-ère)
i. la mer Méditerranée
j. les communistes, l'extrême gauche

4. Associez une couleur à un ou plusieurs sentiments. Justifiez votre choix en donnant l'expression correspondante.

EXPRESSIONS

	a. la colère	....
1. le blanc	b. la gaieté	....
2. le bleu	c. la jalousie	....
3. le noir	d. la morosité	....
4. le rose	e. la pureté, l'innocence	....
5. le rouge	f. la honte	....
6. le vert	g. la peur	....
	h. le romantisme	....

5. Associez les mots suivants à l'une des couleurs du tableau pour obtenir une expression courante. Vous noterez l'expression complète dans le tableau. (Certains mots peuvent s'associer à plusieurs couleurs.)

billet, drapeau, liste, classe, nuit, examen, lanterne, carte, feu, main, mariage, langue, numéro

Blanc	Rouge	Vert
1.	6.	10. ....
2.	7.	11. ....
3.	8.	12. ....
4.	9.	13. ....
5.		14. ....
		15. ....
		16. ....

6. Quelle est la réalité culturelle de chacune des expressions ci-dessus ?

1. *le drapeau blanc* → **symbole de paix**

2. ....
3. ....
4. ....
5. ....
6. ....
7. ....
8. ....
9. ....

10. ....
11. ....
12. ....
13. ....
14. ....
15. ....
16. ....

7. Soulignez les expressions qui se rapportent au milieu rural et à la vie mondaine. Classez-les dans le tableau de la page suivante.

Un couple s'inquiète de sa situation financière

— Oh, la, la, à la fin du mois, entre la taxe d'habitation, l'assurance maladie, le réfrigérateur à changer et notre voyage prévu en Espagne, notre situation est plus que critique. Ce n'est pas la peine de faire des économies de bouts de chandelle, nous n'arriverons pas à payer en plus l'école d'ingénieur de Cyril en septembre. Je crois que nous avons joué notre dernière carte.

— Ne sois pas si pessimiste, Charles. Tu oublies l'argent de notre compte épargne. Et puis, tu sais, ce n'est pas la fin des haricots, si, pour une fois nous ne partons pas en vacances…

— Tu as raison, il ne faut pas mettre la charrue avant les bœufs. Nous verrons….

— Oui, nous verrons, pour l'école d'ingénieur, réplique Cyril. Vous savez, moi et les études… !

— Tu plaisantes, j'espère ! Tu ne crois pas que ta mère et moi avons fait des heures supplémentaires pour des prunes, non ?

— Oh, ne monte pas sur tes grands chevaux, papa ! Je voulais juste arranger les choses !

Milieu rural	Vie mondaine
....	....
....	....
....	....
....	....

8. Dans quelle situation pouvez-vous dire .... ?

1. « Je vous dois une fière chandelle ! »
   - ❑ a. à un électricien qui vient relever votre compteur électrique
   - ❑ b. à un homme qui vous a sorti d'embarras
   - ❑ c. à une femme orgueilleuse venue acheter des bougies pour son cinquantième anniversaire

2. « Ça me fait une belle jambe ! » *(fam.)*
   - ❑ a. à vous-même, en vous regardant dans la glace pour constater qu'un pantalon vous va très bien
   - ❑ b. à votre prof de gym qui vous propose un exercice pour raffermir vos cuisses
   - ❑ c. à un ami qui vous raconte que votre voisin a passé son dimanche à pêcher la truite

3. « C'est la fin des haricots ! » *(fam.)*
   - ❑ a. à une copine qui vous annonce que vous avez échoué pour la troisième fois à un examen
   - ❑ b. à votre mère, lorsque vous avez fini d'écosser les haricots pour le repas de midi
   - ❑ c. à votre mari, en constatant qu'il ne reste plus de boîtes de haricots dans le placard

9. Certaines expressions reflètent les expériences, les coutumes des hommes à travers le temps. Retrouvez l'origine des expressions suivantes en répondant aux affirmations.

1. ne pas être dans son assiette (ne pas être en forme)
L'assiette désignait la façon de se tenir à cheval. On disait aussi qu'on avait une bonne assise, lorsque la position était bonne.   ❑ Vrai   ❑ Faux

2. mettre le couvert (mettre la table)
Autrefois, on servait « à couvert », c'est-à-dire qu'on couvrait les assiettes, pour éviter les empoisonnements.   ❑ Vrai   ❑ Faux

3. être trempé comme une soupe (être complètement mouillé). Par temps de pluie, les familles mangeaient toujours de la soupe pour se réchauffer.   ❑ Vrai   ❑ Faux

4. sauter du coq à l'âne (passer d'un sujet à un autre sans transition)
Pour se distraire, nombreux étaient ceux qui jouaient avec les animaux de ferme : les coqs, les poules, les dindons, les ânes.   ❑ Vrai   ❑ Faux

5. reprendre du poil de la bête (reprendre des forces après un état de fatigue)
Selon une ancienne croyance, il fallait poser sur la plaie, le poil de la bête qui avait mordu.   ❑ Vrai   ❑ Faux

10. Mettez en contexte les expressions : définissez la situation de communication (qui parle à qui). Puis rédigez une phrase qui fera comprendre le contexte.

Ex. : *Ne pas être dans son assiette* → *par exemple, une femme à son mari*
→ *Tu n'es pas dans ton assiette, aujourd'hui ; tu es contrarié, tu as eu des soucis au bureau ?*

1. mettre le couvert → ....

→ ....

2. être trempé comme une soupe → ....

→ ....

3. sauter du coq à l'âne → ....

→ ....

4. reprendre du poil de la bête → ....

→ ....

11. Complétez les proverbes par des mots de la liste (issus du milieu naturel).
le vent, l'arbre, la rivière, la nature, la tempête, les fruits

1. L'eau va à ....

2. Tous les goûts sont dans ....

3. Qui sème ...., récolte ....

4. On reconnaît .... à ses ....!

12. Complétez les dialogues en répondant par un proverbe de l'exercice précédent.

1. — J'ai eu un avertissement au lycée, parce qu'on m'a vu me disputer avec Guillaume.

   — Je te l'avais dit ! ....

2. — Je suis allé à la banque ce matin et je n'ai pas obtenu le prêt que je voulais !

   — Eh oui, ...

3. — J'aimerais te présenter mon patron, c'est vraiment quelqu'un de bien.

   — Sans aucun doute. Je sais qu'il s'est fortement engagé dans les Restos du cœur. D'ailleurs son fils est dans la même classe que mon neveu et il paraît qu'il se conduit de façon exemplaire : ....!

4. — Mon Dieu, quelle horreur cette robe !

   — Écoute, ...

13. Haut en couleurs ! Complétez ces petits dialogues par des couleurs.

1. Recherche amie expressément

   — J'aimerais bien appeler Suzon ! Tu as les pages ....?

   — Oui, mais ça ne te servirait à rien, ses parents sont sur liste ....

   — Ah oui, c'est vrai ! Comment on peut faire ?

   — Attends, je crois bien que son père tient une brasserie sur la place de l'Europe. On n'a qu'à regarder dans les pages ....!

2. Échanges de bons conseils

— Tu t'y connais toi, en plantes ?

— Oh, non, je n'ai pas du tout la main .... ! Mais fais marcher ta matière .... : commence par les arroser et les exposer à la lumière et puis tu verras bien !

— Oui, en effet ! Merci pour le conseil !

— Dis donc, tu pourrais m'avancer de l'argent pour les places de concert ?

— Ah, désolé, je suis dans le .... en ce moment ! Mais réfléchis : le meilleur moyen d'avoir de l'argent, c'est de ne pas le dépenser !

3. Réveil en douceur après une nuit agitée

— Tu as bien dormi ?

— Oh, non, c'est l'horreur ! j'ai passé une nuit .... ! Tu n'aurais pas un petit .... pour me réveiller ?

— Oui, bien sûr ! mais dis donc, comment ça se fait, tu as des .... partout ?

— Ah, ça ne m'étonne pas, je suis tombée du lit plusieurs fois cette nuit !

4. Panne informatique et déception téléphonique

— Mon ordinateur est encore en panne. Je vais encore être obligé de l'amener chez un réparateur.

— Tu devrais appeler le numéro .... de SOS ordinateur, ils te font un devis gratuit par téléphone.

— C'est peut-être pratique, mais je me méfie des renseignements par téléphone. La dernière fois, on m'a induit en erreur et crois-moi, j'étais .... de colère, d'autant plus que mes collègues étaient à côté et qu'ils se sont moqués de moi.

— Oh, ce n'est pas bien grave ! N'as-tu pas le sens de l'humour ?

— Pas vraiment, vois-tu dans ce genre de situation, je ris .... !

2 • *3* Les expressions liées aux pays et aux régions

1. Réfléchissez. Dans votre langue maternelle, existe-t-il des expressions avec des noms de pays ou de régions ? Que signifient-elles ?

2. Tous les chemins mènent à Rome ! Soulignez les expressions liées aux villes et aux régions.

Une mère, perdue dans ses pensées, boit en Suisse à la terrasse du café Bastide.

1. C'est une catastrophe ! Julien, mon doux et tendre rêveur, est en train de bâtir des châteaux en Espagne ! Figurez-vous qu'il s'est mis dans la tête d'épouser une descendante d'une famille noble de Russie.

2. J'ai beau lui expliquer qu'elle va filer à l'anglaise en apprenant la nouvelle, il ne veut rien entendre. Pauvre enfant, il va recevoir une douche écossaise, après la joie d'avoir été admis à l'école des Beaux-Arts.

3. Je crois savoir que l'heureuse élue n'est jamais venue en France et parle français comme une vache espagnole. Comment vont-ils faire pour se comprendre ? Ça va être du chinois pour elle, quand il va la demander en mariage !

4. Julien devra aller voir son parrain en Belgique. Il nous aidera sûrement pour les noces car ce n'est pas le Pérou, en ce moment !

3. Proposez une phrase pour expliquer les expressions relevées ci-dessus.

Ex. : *Une mère, perdue dans ses pensées, <u>boit en Suisse</u> à la terrasse du café Bastide.*
→ **Elle boit seule, à l'abri des regards indiscrets, derrière la grande pancarte du café**

1. .... 2. .... 3. ....

4. .... 5. .... 6. ....

4. Sur la carte de la France dessinée, replacez les particularismes régionaux dans les régions appropriées.

1. Il pleut <u>à bouteilles</u> !
2. Il pleut <u>des rabanelles</u> !
3. Il pleut <u>des têtes de chats</u> !
4. <u>Peuchère</u>, elle <u>me fait peine</u> !
5. Il fait <u>grand</u> beau ! (= *très*)

6. J'<u>embauche</u> à 10 heures.
7. Arrêtez de <u>chouiner</u>, les enfants ! (= *pleurer*)
8. Il <u>me cherche misère</u>. (= *chercher querelle*)
9. Elle vient <u>ce midi</u> !

5. Cochez les sens que peuvent prendre les mots suivants, selon les régions.

1. un pochon
   - ❑ une fourchette
   - ❑ une louche
   - ❑ un sac en papier ou en plastique
   - ❑ une casserole

2. brave
   - ❑ courageux
   - ❑ peureux
   - ❑ gentil mais pas très futé
   - ❑ bon et honnête
   - ❑ grand

3. franc
   - ❑ ambitieux
   - ❑ courageux
   - ❑ loyal, sincère
   - ❑ compréhensif

4. embaucher
   - ❑ emménager
   - ❑ engager un salarié
   - ❑ licencier quelqu'un
   - ❑ commencer sa journée travail

6. Les mots changent parfois de sens dans les pays francophones. Donnez la définition de chacun de ces mots dans leur sens habituel.

1. En Afrique, un <u>gros mot</u> est un mot savant.

Et en France ? ....

2. En Belgique, un <u>pistolet</u> est un petit pain rond.

Et en France ? ....

3. En Suisse, un <u>automate</u> est un distributeur automatique.

Et en France ? ....

---

2 • 4 Les expressions liées à l'air du temps

---

1. Réfléchissez. Dans votre langue maternelle, identifiez les domaines (sport, art, science…) qui inspirent actuellement la façon de s'exprimer. Notez une ou deux expressions s'y rapportant.

2. Observez les titres de journaux ci-dessous : soulignez les mots ou expressions qui sont liés à l'air du temps. Classez-les dans le tableau, puis complétez avec d'autres expressions que vous connaissez déjà.

1. **Finale des « Dicos d'or » 2004**
Les téléspectateurs sont d'attaque pour la dictée de Bernard Pivot.

2. **Haute couture printemps-été 2004**
Les créateurs accordent leurs violons et font des couleurs vives le point fort du défilé.

3. **Union européenne**
Le projet de constitution européenne sert de toile de fond à la rencontre des vingt-cinq chefs d'États de l'Union à Bruxelles.

4. | **Réforme sur les retraites**
La balle est dans le camp du gouvernement.

5. | **Dossier sur l'insécurité**
Le Premier ministre marque des points.

6. | **Mode**
En cinq ans, le magazine Modem est devenu la bible des défilés.

7. | **Société**
L'épidémie des faux permis accroît le danger sur les routes.

L'art	La médecine	Le sacré	Le sport
....	....	....	....
....	....	....	....
....	....	....	....
....	....	....	....
....	....	....	....

3. Précisez maintenant le sens des expressions ci-dessus :

1. Les téléspectateurs sont d'attaque pour la dictée de Bernard Pivot.
   ❑ a. Ils vont se battre pour participer à la dictée de Bernard Pivot.
   ❑ b. Ils se sentent prêts à affronter les difficultés de la langue française.
   ❑ c. Ils critiquent fortement l'émission de Bernard Pivot.

2. Les créateurs accordent leurs violons et font des couleurs vives le point fort du défilé.
   ❑ a. Ils se mettent d'accord pour proposer des vêtements de couleurs vives.
   ❑ b. Ils s'accordent pour mettre en musique le défilé haut en couleurs.
   ❑ c. Ils s'entendent pour que le défilé soit suivi d'un concerto pour violon.

3. Le projet de constitution européenne sert de toile de fond à la rencontre des vingt-cinq chefs d'États de l'Union à Bruxelles.
   ❑ a. La constitution européenne a déjà été acceptée par les États membres de l'U.E.
   ❑ b. Le projet de constitution ne sera pas abordé lors de cette rencontre.
   ❑ c. Les 25 chefs d'États utilisent le projet de constitution européenne comme arrière-plan, comme contexte.

4. Réforme des retraites : la balle est dans le camp du gouvernement.
   ❑ a. Le gouvernement garde l'avantage dans l'affaire des retraites.
   ❑ b. La réforme des retraites est un jeu pour le gouvernement.
   ❑ c. C'est au tour du gouvernement d'agir et de faire une proposition concrète.

5. Dossier sur l'insécurité : le Premier ministre marque des points.
   ❑ a. Le Premier ministre note tous les cas d'insécurité dans un dossier.
   ❑ b. Le Premier ministre remonte dans l'estime des Français par son action sur l'insécurité.
   ❑ c. Le dossier sur l'insécurité donne des points au Premier ministre.

6. Mode : en cinq ans, le magazine Modem est devenu la bible des défilés.
   ❑ a. Le magazine devient l'ouvrage de référence dans le domaine de la mode.
   ❑ b. Les acheteurs du prêt-à-porter sont obligés d'acheter ce magazine.
   ❑ c. Le magazine Modem a la même couverture que la Bible.

7. Société : l'épidémie des faux permis accroît l'insécurité sur les routes.

❑ a. Plusieurs automobilistes ont été victimes d'une épidémie : devant le danger qu'ils pourraient occasionner, on leur a donné des faux permis.

❑ b. Le danger sur les routes a été accru par de nombreux cas d'automobilistes malades au volant et qui détenaient de faux permis de conduire.

❑ c. De nombreux cas de faux permis ont été repérés, ce qui augmente le danger sur les routes.

4. À l'aide des illustrations suivantes, retrouvez l'expression qui convient et expliquez-la avec une définition.

1. La .... désigne   2. Le .... désigne

....

3. Elle .... signifie qu'elle

....

4. Il .... signifie qu'il   5. Il .... signifie qu'il

....

5. Expliquez le sens des expressions soulignées dans les phrases suivantes : réécrivez une petite phrase pour reformuler chaque expression.

Ex. : *Après un long séjour à l'hôpital, Grégoire tente de _tourner la page_.* → ***Il essaye d'oublier et de penser à l'avenir.***

1. Désormais, il fait _passer_ sa vie professionnelle _au premier plan_, pour retrouver la compétence et la crédibilité qu'il avait avant son opération.

→ ....

2. Dès son retour dans son entreprise, il <u>se met au diapason</u> et prend en charge les dossiers en cours. → ....

3. Petit à petit, il reprend sa place au sein de la société et obtient <u>par piston</u> la place de directeur commercial. → ....

4. Évidemment, du jour au lendemain, l'ambiance se refroidit dans l'équipe. On lui reproche cette promotion trop rapide. À partir de ce moment-là, Grégoire <u>est sur la défensive</u> vis-à-vis de ses collègues. → ....

5. Puis, il change sa conduite et décide <u>d'aller droit au but</u> : il demande à son patron de réunir toute l'équipe et expose sa décision devant tout le monde : il n'acceptera le poste de directeur commercial que si on juge qu'il en est capable. → ....

6. Ses collègues sont surpris et touchés par une telle attitude, Grégoire <u>marque des points</u> et retrouve sa place au sein de son équipe. → ....

6. Trouvez la bonne signification à votre comportement.

1. Vous êtes réglé(e) comme du papier à musique :
   ❏ a. vous êtes un grand musicien.
   ❏ b. vous chantez à longueur de journée.
   ❏ c. vous avez une vie régulière.

2. Vous faites votre cinéma :
   ❏ a. vous exagérez votre attitude pour impressionner votre entourage.
   ❏ b. vous jouez un rôle dans un film et vous répétez à la maison.
   ❏ c. vous racontez des mensonges dans le but de tromper votre interlocuteur.

3. Vous êtes à la page :
   ❏ a. vous vous promenez toujours un livre à la main.
   ❏ b. vous tentez d'oublier ce qui vous est arrivé et préférez regarder devant vous.
   ❏ c. vous êtes à la mode.

4. Vous faites une scène à votre petit(e) ami(e) :
   ❏ a. vous n'êtes pas d'accord avec lui (elle) et exprimez votre mécontentement avec violence.
   ❏ b. vous lui récitez une pièce de théâtre en tête en tête.
   ❏ c. vous cédez à un de ces caprices.

7. Les proverbes ont été coupés en deux. Reconstituez les proverbes entiers. Ensuite, associez chaque proverbe à la bonne définition de la liste (A, B, C, D).

1. Tout nouveau   a. il faut partir à point.
2. Ce que femme veut   b. les grands remèdes.
3. Aux grands maux   c. Dieu le veut.
4. Rien ne sert de courir   d. tout beau.

A. Face à une épreuve, il faut savoir prendre de grandes décisions et agir courageusement. ....

B. La nouveauté a toujours un certain charme. ....

C. Il ne faut pas attendre le dernier moment pour entreprendre quelque chose. ....

D. La volonté d'une femme finit toujours par se réaliser, d'une façon ou d'une autre. ....

8. Imaginez une petite histoire illustrant les proverbes ci-dessus !

Au plaisir de lire, de dire

1. Jeux sur les sonorités.

■ La vache lâche se fâche et se cache sous la bâche.

Raymond Queneau, extrait de « Forme de la forme », *Battre la campagne*, Gallimard.

■ Sacha n'attacha pas son chat, Pacha, qui s'échappa
Cela fâcha Sacha qui chassa Natacha.

2. Jeux sur le sens des mots.

Pour jouer avec les mots, on prend souvent les expressions « au pied de la lettre » : on ne prend pas le sens réel de l'expression figurée, mais le sens propre de chacun des mots. Et on joue sur le mélange des sens propre et figuré avec toutes sortes de situations.

Ex. : *avoir un chat dans la gorge = être enroué (sens figuré de l'expression)*
Imaginons donc l'animal (le chat) dans une gorge !
On peut alors dire qu'« *avoir un chat dans la gorge* » est la pire chose qui puisse arriver à *une souris* = c'est « **le comble** pour une souris ».

À vous de jouer !

Quel est le comble pour…   C'est de…

1. *une petite souris*   •   • a. avoir la chair de poule
2. un taureau   •   • b. avoir une faim de loup
3. un coq   •   • c. être une peau de vache
4. une vipère   •   • d. *avoir un chat dans la gorge*
5. un mouton   •   • e. poser un lapin à son maître
6. un chien de chasse   •   • f. pouvoir tenir sa langue

3. Devinettes.

1. Que va dire un chat au moment de photographier un autre chat ? → ....
2. Quel est le fruit qui croit tout ce qu'on lui dit ? → ....
3. Quel est l'animal qui a le plus mauvais caractère ? → ....

4. Histoire pour rire.

— Bonjour Docteur, je ne sais pas ce qui se passe,
mais j'ai toujours l'estomac dans les talons.
— Bien, déchaussez-vous, nous allons voir ça !

Béatrice Solleau, *300 histoires pour rire*, Lito 1992.

5. Humeur du jour !

À partir d'une situation qui vous est proche *(un sentiment que vous éprouvez à l'instant, une idée qui vous passe par la tête, une chose à faire, un projet à formuler)*, employez une ou plusieurs expressions que vous avez apprises dans ce chapitre pour exprimer votre humeur du jour.

....

....

....

BILAN 4

• **Les onomatopées et les cris d'animaux** *(sur 10)*

1. Associez une onomatopée ou interjection à un sentiment.

a. Zut !   indécision
b. Hélas !   surprise
c. Oh !   indifférence
d. Mon œil !   déception
e. Bof !   regret
f. Bah !   doute   *(6 points)*

2. Trouvez deux mots formés à partir des onomatopées suivantes.

a. Chut ! : ....   b. Crac ! : .... *(4 points)*

• **Les tournures idiomatiques** *(sur 10)*

1. Citez trois expressions avec un nom d'animal, servant à décrire une personne.

a. .... b. .... c. .... *(3 points)*

2. Recomposez les expressions imagées servant à décrire physiquement une personne.

	les cheveux		trompette
	des yeux	en	guêpe
Elle a	les oreilles	de	bataille
	le nez		chou-fleur
	une taille		biche	*(4 points)*

3. Êtes-vous d'accord avec les affirmations suivantes sur les couleurs ?

a. Le noir peut être le symbole de l'illégalité.   ❏ oui   ❏ non

Si oui, donnez une expression : ....

b. Le vert est la couleur de l'environnement.   ❏ oui   ❏ non

Si oui, donnez une expression : ....

c. Le rouge est la couleur de l'ivresse.   ❏ oui   ❏ non

Si oui, donnez une expression : .... *(3 points)*

• **Les expressions liées aux pays et aux régions** *(sur 10)*

1. Dites si ces affirmations sont vraies ou fausses. *(6 points)*

a. *Oc* signifie *oui* en occitan.   ❏ vrai   ❏ faux
b. Les *tomates* sont aussi appelés des *pommes d'amour*. ❏ vrai   ❏ faux
c. Le *dîner* est également appelé le *souper*.   ❏ vrai   ❏ faux
d. Une *histoire marseillaise* est une histoire qui finit toujours mal. ❏ vrai   ❏ faux
e. Le *pochon* est une petite pochette.   ❏ vrai   ❏ faux
f. *Il pleut des têtes de chat* signifie qu'il pleut très fort. ❏ vrai   ❏ faux

2. Reformulez les phrases soulignées par une expression imagée avec un pays.

a. Pourquoi <u>est-elle</u> <u>partie sans dire au revoir</u> ? Pour quelles raisons a t-elle ....

....

b. On ne pourra pas vous accompagner pour ce voyage, car <u>on a quelques soucis</u>
<u>financiers en ce moment.</u> « Eh, oui ! ce n'est pas... ! »

c. Que voulez-vous, on ne peut pas s'empêcher de <u>faire des projets irréalisab</u>les, de

.... !

d. Ne compte pas sur moi pour t'aider à installer ce programme. <u>Je ne comprends</u>
<u>rien à ce formulaire !</u> C'est du .... *(4 points)*

• Les expressions liées à l'air du temps   *(sur 10)*

1. Citez trois expressions inspirées par le langage médical.

a. .... b. .... c. .... *(3 points)*

2. Associez un verbe à un substantif de façon à former une expression imagée.

	tournez	le jeu
	jetez	la chanson
Vous	avez	l'éponge
	connaissez	le beau rôle
	menez	la page *(5 points)*

2. Que signifient les deux expressions suivantes ?

a. assurer ses arrières : ....

b. être sur la touche : .... *(2 points)*

···················· Au plaisir d'apprendre ····················

Maintenant je suis capable de :

	un peu	assez bien	correctement
– Reconnaître, comprendre quelques onomatopées et les utiliser lors d'une conversation (*Ouf ! Bof ! …*).	❑	❑	❑
– Repérer le langage figuré, reconnaître, classer et mettre en contexte quelques tournures idiomatiques (*avoir les pieds sur terre…*).	❑	❑	❑
– Mettre en relation les mots et la culture qu'ils véhiculent (*les expressions culturelles : ne pas être dans son assiette*).	❑	❑	❑
– Rattacher les expressions de couleurs à la réalité de l'environnement culturel (*numéro vert, drapeau blanc*).	❑	❑	❑
– Repérer quelques particularismes régionaux et francophones.	❑	❑	❑
– Comprendre l'influence des mentalités dans le langage quotidien et utiliser quelques expressions imagées liées à l'air du temps.	❑	❑	❑

LES MOTS ET VOUS

1. SOYONS PRÉCIS DANS CERTAINES SITUATIONS

1 • 1 Localiser, décrire

Réfléchissez. Imaginez un lieu que vous connaissez bien, une personne que vous aimez, comment les décririez-vous dans votre langue ? Quelles informations allez-vous privilégier ?

• Localiser dans l'espace, décrire un lieu

1. A. Recherchez dans le texte ci-dessous les informations demandées.

En route vers Rocamadour !

Rocamadour est un petit village pittoresque du Quercy* situé au cœur des Causses**, à quelques kilomètres de Sarlat, capitale du Périgord noir. En venant de Sarlat, vous emprunterez une route entourée de forêts de chênes, de noyers et de châtaigniers. Vous découvrirez quelques kilomètres plus loin le village de Rocamadour, qui s'élève doucement sur une colline.

La cité religieuse se dresse sur la paroi d'une falaise de l'Alzou***. Le château, bordé de remparts, surplombe le village et domine le plateau pierreux des Causses.

* Région du bassin d'Aquitaine en bordure du Massif central.
** Plateaux calcaires de la région : domaine des forêts de chênes et de genévriers *(petits arbustes)* et de champs où paissent *(paître* : manger en broutant)* d'innombrables moutons.
*** Rivière.

1. Situation géographique de Rocamadour : ....

Ville proche : ...., capitale du ....

2. Caractéristiques de la région de Rocamadour : ....

3. Caractéristiques du village de Rocamadour :

En haut : .... se trouvant sur la falaise de ....

Plus bas : .... composé de vielles demeures.

B. Soulignez dans le texte les verbes qui servent à décrire. Puis notez-les à l'infinitif : pensez à la préposition lorsqu'elle est nécessaire.

....

....

2. Précisez le sens du verbe souligné dans les phrases suivantes : vous utiliserez le verbe *se trouver*, complété si nécessaire par l'une des prépositions de la liste.
sur, autour, au-dessus de, sur les bords de, tout droit, dans un certain espace limité

Ex. : *Le Massif de la Vanoise s'étend entre les vallées de l'Arc et de l'Isère.*
s'étendre → **se trouver, occuper un certain espace**

1. Le glacier de la Grande Motte (3 656 m) domine le lac de Tignes.

dominer → ....

2. Le château des Baux-de-Provence se dresse au sommet d'un pic rocheux.

se dresser → ....

3. Le jardin du château de Villandry est bordé d'une allée de tilleul sur 7 hectares.

être bordé de → ....

4. Les remparts d'Aigues-Mortes entourent la vieille ville depuis le XIIIe siècle.
entourer → ....

3. Associez chaque phrase (1,2...) à la description correspondante (a, b...).
(Aidez-vous du verbe souligné.)
    a. Il a lieu dans une pièce chaleureuse et familiale.
    b. Il est possible de fournir, si besoin est, d'autres couchages pour les bébés.
    c. Il a à sa disposition un lieu équipé en ustensiles de cuisine, plaque de cuisson, mini-four…
    d. Il contient à l'intérieur deux pièces avec deux lits une place et sanitaires.
    e. Il est composé de différents logements indépendants.

1. Le centre d'accueil comporte six chambres d'hôtes et deux gîtes ruraux. ....

2. Le logement comprend deux chambres avec douche et W.-C. ....

3. Il dispose de lits supplémentaires pour enfants en bas âge. ....

4. Le petit-déjeuner se tient dans la salle commune. ....

5. Chaque logement possède une kitchenette équipée. ....

4. Reformulez les phrases avec un verbe plus précis choisi dans la liste.
(Plusieurs réponses sont possibles.)
comprendre, se tenir, être équipé de, disposer de, avoir lieu, posséder

1. À Pérouges, il y a 851 habitants.

→ Pérouges ....

2. Dans ce village, <u>il y a</u> un marché tous les dimanches.

→ Un marché ....

3. Le marché <u>est</u> sur la place du village.

→ Le marché ....

4. <u>Il y a</u> une salle des fêtes, un musée et une petite bibliothèque.

→ Le village ....

5. <u>Il y a</u> un espace multimédia dans la bibliothèque.

→ La bibliothèque ....

6. Dans le musée, <u>il y a</u> des tableaux de peintres connus de la région.

→ Le musée ....

5. Récrivez ce texte après l'avoir lu attentivement, en remplaçant tous les *il y a* par un verbe plus précis. Imaginez et décrivez les actions, si nécessaire.
(Pour cela, posez-vous pour chaque phrase la question suivante : que peuvent faire les nounous dans les squares ? s'occuper des enfants ? discuter ? préparer le goûter ? etc.)

> <u>Il y a</u> des nounous dans les squares, des bouquinistes le long des quais, <u>il y a</u> la queue devant la boulangerie, <u>il y a</u> un monsieur qui promène son chien, un autre qui lit son journal assis sur un banc, un autre qui regarde des ouvriers qui démolissent un pâté de maisons. <u>Il y a</u> un agent de la circulation. <u>Il y a</u> des oiseaux dans les arbres... »
>
> Georges Perec, *Espèces d'espaces*, Galilée, 1992.

Les nounous .... dans les squares, les bouquinistes .... le long des quais la venue des touristes ; une dizaine de personnes .... devant la boulangerie, un monsieur promène son chien, un autre lit son journal, un autre regarde des ouvriers qui démolissent un pâté de maisons. Un agent de la circulation .... les enfants de l'école voisine. Les oiseaux .... dans les arbres.

6. Complétez les phrases en utilisant les verbes de la liste. (Plusieurs réponses sont possibles.)
comporter, comprendre, se tenir, avoir lieu, disposer de, posséder

1. Le Salon des métiers et des formations .... à Marseille au Parc Chanot.

2. Il .... du 7 au 9 mars de 9 heures à 17 heures.

3. Le salon .... deux grandes parties : l'espace des Métiers et des Formations professionnelles et l'espace de l'Étudiant.

4. Le premier espace .... plus de 400 exposants régionaux et nationaux des formations les plus variées (le bâtiment, les travaux publics, les métiers de la bouche).

5. Le second espace .... de quatre grandes allées regroupant les universités, les grandes écoles, les écoles commerciales et les écoles d'ingénieurs.

6. Entre les deux, le salon .... un espace pratique animé par les conseillers et les psychologues des centres d'information et d'orientation (C.I.O.) de la région P.A.C.A. (Provence-Alpes-Côte d'Azur).

7. À vous ! Présentez un lieu que vous aimez.

1. **Localisez ce lieu dans l'espace.** Vous choisirez parmi les verbes descriptifs suivants (pour vous aider, reportez-vous à l'exercice n° 1) :

dominer, border, s'élever, entourer, s'étendre sur, reposer sur

....

....

....

2. **Décrivez ce lieu.** Vous choisirez parmi les verbes descriptifs suivants (pour vous aider, reportez-vous à l'exercice n° 6) :

avoir lieu, comporter, comprendre, disposer de, être équipé de, posséder, se tenir

....

....

....

8. Un peu de géographie ! Cochez les bonnes réponses.

1. Les pays qui <u>se situent</u> à côté de la France *(frontières terrestres)* :

- ☑ a. la Belgique
- ❏ b. l'Autriche
- ☑ c. l'Allemagne
- ☑ d. le Luxembourg
- ❏ e. le Royaume-Uni
- ☑ f. l'Espagne
- ☑ g. l'Italie
- ☑ h. la Suisse

2. Les mers qui <u>entourent</u> la France :

- ☑ a. la Manche
- ☑ b. la mer Méditerranée
- ❏ c. l'océan Indien
- ❏ d. l'océan Pacifique
- ☑ e. l'océan Atlantique
- ❏ f. la mer Noire

3. Quelques régions qui <u>bordent</u> les mers :

- ❏ a. le Massif central
- ☑ b. la Bretagne
- ❏ c. le Midi-Pyrénées
- ❏ d. la Normandie
- ❏ e. l'Aquitaine
- ❏ f. la Franche-Comté

4. Le massif montagneux qui <u>surplombe</u> tous les autres :

- ❏ a. le Puy de Sancy
- ❏ b. le Mont-Blanc
- ❏ c. le Pic de Vignemale

• Localiser une chose, un objet (abstrait/concret)

1. Soulignez les verbes qui servent à localiser et à décrire un objet.

Imaginons l'histoire d'une poupée de collection lors d'un déménagement.

1. Au début, elle repose paisiblement sur le lit de la chambre à coucher.

2. On la range dans des cartons qui renferment mille autres objets inutiles.

3. On la laisse quelques jours dans le garage avant de la transporter maladroitement dans un camion qui contient déjà une vingtaine de gros cartons soigneusement emballés.

4. Après un trajet mouvementé, la poupée est d'abord disposée dans un coin, posée sur les escaliers de la nouvelle maison, puis rangée à côté des autres cartons contenant d'autres jouets.

5. Puis on la présente quelque jours dans sa boîte dorée, pour ne pas l'abîmer ; on l'expose dans la salle à manger, pour l'admirer. Et la voilà qui repose à nouveau sur le lit de la nouvelle chambre à coucher…

2. Complétez chaque phrase (1, 2...) par la bonne description (a, b...).

   a. Il met ses jouets de façon à ce qu'ils soient vus et admirés par tous.

   b. Il les met d'une certaine façon pour les montrer.

   c. Il met les puzzles avec les puzzles, les jeux de société avec les jeux de société, etc.

   d. Il met le lit en face de la porte, la commode à droite du lit et son bureau contre la fenêtre.

1. L'enfant <u>range</u> sa chambre : ....

2. Il <u>dispose</u> ses meubles à sa façon : ....

3. Il <u>expose</u> sa collection de voitures de courses : ....

4. Il <u>présente</u> ses photos dans un album qu'il a confectionné lui-même : ....

3. Reformulez chacune des phrases selon les trois modèles de l'exemple : remplacez _avoir_ ou _il y a_ par les verbes plus précis de la liste et remettez les choses à leur place si nécessaire.

ranger, reposer, placer disposer

Ex. : _Il y a un plat de crudités dans la salle de bains !_ →

   a. _Le plat de crudités **est posé sur la table de la salle à manger.**_

   b. _La maîtresse de maison **pose** le plat de crudités **sur la table de la salle à manger.**_

   c. _Le plat de crudités **préparé avec goût et harmonie <u>invite les gourmands à se réunir</u> autour de la table de la salle à manger.**_ (Dans ce cas, imaginez que l'objet est une personne.)

Quel bric-à-brac dans votre appartement !

1. Il y a le fauteuil en cuir dans le hall d'entrée.

   a. Le fauteuil en cuir ....

   b. Jean ....

   c. Le fauteuil en cuir, ferme mais confortable ....

2. Il y a les courses (yaourts, fruits, légumes, boîtes de conserves, surgelés...) dans le couloir.

   a. Les courses ....

   b. Francine ....

   c. Les fruits et les légumes frais et savoureux ....

3. Il y a beaucoup de livres sur les lits superposés.

   a. Tous les livres ....

   b. Les enfants ....

   c. Les huit tomes de l'encyclopédie junior ....

4. Il y a quelques tableaux de peinture dans la salle de bains.

   a. Quelques tableaux ....

   b. Denis expose ....

   c. La superbe collection de tableaux ....

4. Et si on jouait? Répondez aux devinettes.

1. Je peux <u>être posé</u> un peu partout dans la maison, mais je <u>repose</u> principalement sur le nez de mon propriétaire. Qui suis-je? ....

2. Je <u>renferme</u> des petits trésors qui <u>sont</u> souvent <u>présentés</u> dans des écrins et qui se portent à merveille autour du cou, des poignets… Qui suis-je? ....

3. Ronde ou carrée, en or ou en argent, je <u>suis exposée</u> dans la vitrine d'un magasin spécialisé. On peut difficilement se passer de moi, car sans moi, on n'a plus la notion du temps. Qui suis-je? ....

Formulez à votre tour deux devinettes en utilisant des verbes de la liste.
renfermer, poser, reposer, disposer, ranger

4. ....

....

5. ....

....

5. Complétez les phrases avec les verbes de la liste. Attention aux accords.
contenir, renfermer, présenter, exposer, disposer, reposer

Une ou deux fois par an, certaines villes organisent ce que l'on appelle « un vide-grenier ». Comme son nom l'indique, c'est l'occasion pour les familles de se débarrasser d'objets qu'ils jugent inutiles et de les brader *(vendre à bas prix)*.

1. La grande salle de la mairie .... des objets de toutes sortes.

2. Ils sont .... sur des tables en bois .... en arc de cercle.

3. Le coffret à bijoux est .... à côté des cadres et des cartes postales en noir et blanc. Il .... des petites broches et un collier en perles.

4. Des paniers en osier, des vases et des bougies de couleur .... sur une table recouverte d'une nappe dorée.

6. En vous inspirant de l'exercice n° 1, imaginez l'histoire insolite d'un objet que vous transportez au cours de l'un de vos déplacements.

1. **Choisissez l'objet dont vous voulez parler :**

....

2. **Localisez l'objet dans ses différents déplacements.** Vous choisirez parmi les verbes : *renfermer, ranger, contenir, présenter, exposer, reposer, être disposé, rangé, posé.*

Ex. : *Mon beau carnet d'adresses en cuir **est rangé** dans le tiroir de mon bureau. À l'occasion d'une réunion de travail, je le mets dans mon sac qui **contient** déjà un certain nombre de choses inutiles…*

....

....

• Caractériser une personne

1. Que mettre à la place du verbe *avoir*? Associez un nom de la liste au verbe qui convient, pour former des expressions courantes selon la construction « sujet (une personne) + verbe + substantif ».

VERBES

1. éprouver
2. exercer
3. obtenir
4. occuper
5. présenter
6. remporter
7. rencontrer
8. recevoir
9. saisir

NOMS

a. un symptôme
b. une difficulté
c. une récompense
d. une opportunité
e. un poste
f. un diplôme
g. une médaille
h. un malaise
i. un métier

2. Classez dans le tableau les expressions obtenues ci-dessus, en fonction de l'idée qu'elles expriment.

A. Sentiment, sensation	B. Possession	C. Description/caractérisation
....	....	....
....	....	....
....	....	....
....	....	....

3. Associez un tempérament à la réaction physique qui lui correspond.

1. vous avez trop chaud
2. vous avez honte
3. vous avez très froid
4. vous avez peur

a. vous frissonnez
b. vous transpirez, étouffez
c. vous rougissez
d. vous grelottez, claquez des dents

4. Trouvez le tempérament d'une personne, en fonction de son comportement physique.

1. Elle lève les bras au ciel.
2. Elle fait les cent pas.
3. Elle rougit, balbutie.
4. Elle hausse les épaules.

a. l'impatience
b. la timidité
c. l'indifférence
d. la surprise

5. Mettez en contexte ces expressions. Dans quelle situation, à quelle occasion... :

Ex. : À *quelle occasion avez-vous fui quelqu'un du regard ?*
    → *J'ai fui mon patron du regard, **quand je lui ai demandé un congé non justifié.***

1. ... avez-vous levé les bras au ciel ? → ....

....

....

2. ... avez-vous fait les cent pas ? → ....

....

....

3. … avez-vous rougi ? → ....

....

....

4. … avez-vous haussé les épaules ? → ....

....

....

6. Mise en scène. Attention, on tourne !

Associez chaque fois au moins trois expressions d'une série différente (dans l'ordre que vous souhaitez)**, afin de construire un scénario de la vie quotidienne.** (Vous éviterez les répétitions des verbes *être* et *avoir*.)

Ex. : → *occuper un poste / nourrir un espoir / obtenir une promotion (séries 1, 2, 4)*
     → *obtenir une promotion / manifester de la bonne humeur / se frotter les mains (séries 4, 3, 5)*

■ **La série 1** permet de <u>caractériser une situation</u> :
     occuper un poste de (fonctionnaire…) *(= avoir)*
     exercer le métier de (boulanger…) *(= avoir)*
     perdre sa situation *(= ne plus avoir)*

■ **La série 2** permet d'<u>exprimer une sensation</u> :
     éprouver un malaise *(= avoir)*
     rencontrer une difficulté *(= avoir)*
     nourrir un espoir *(= avoir)*
     se sentir en difficulté *(= être)*
     souffrir de la solitude *(= être seul)*

■ **La série 3** permet d'<u>exprimer un tempérament</u> :
     se montrer courageux *(= être)*
     manifester de la bonne humeur *(= être de bonne humeur)*
     faire preuve de patience *(= avoir de la patience)*

■ **La série 4** permet d'<u>exprimer une idée de possession</u> :
     obtenir une promotion *(= avoir)*
     recevoir une récompense *(= avoir)*
     remporter une victoire *(= avoir)*
     saisir une opportunité *(= avoir)*

■ **La série 5** vous permet d'<u>exprimer une réaction ou une manière de se comporter</u> (et d'éviter ainsi la répétition du verbe *être*) :
     se frotter les mains
     lever les bras au ciel
     hausser les épaules
     faire les cent pas

1. ....

....

2. ....

....

3. ....

....

4. ....

....

1 • *2* Raconter, rapporter un discours

1. Réfléchissez. Notez, dans votre langue maternelle, quelques verbes servant à rapporter les paroles de quelqu'un. Connaissez-vous leur équivalent en français ?

2. Donnez à chaque phrase (1, 2…) sa bonne explication (a, b…).

1. « J'arrive demain à 10 h 38 à la gare du Nord. »

2. « Je ne suis pas encore sûr de la décision que je vais prendre ! »

3. « C'est vraiment incroyable, quelle allure ! »

4. « J'ai commencé à travailler à l'agence le 01 / 01 / 01 puis je suis parti en formation… »

a. Il exprime son étonnement.

b. Il retrace son parcours professionnel.

c. Il émet un doute.

d. Il communique un horaire à quelqu'un.

3. Imaginez le contexte pour chaque expression.

Ex. : *communiquer un horaire à quelqu'un* →
   a. **Véronique communique son horaire d'arrivée à son père.**
   b. **« J'arrive demain à 10 h 38 à la gare du Nord. »**

1. communiquer une information à quelqu'un →

   a. .... b. ....

2. émettre un vœu →

   a. .... b. ....

3. exprimer sa joie →

   a. .... b. ....

4. retracer un parcours professionnel →

   a. .... b. ....

• Organiser son discours selon une chronologie

1. Soulignez les verbes qui situent le discours dans une chronologie. Puis remettez les phrases dans le bon ordre.

1. J'allais continuer, mais il m'a interrompu et m'a demandé d'une façon assez directe si j'avais l'intention d'avoir des enfants.

2. Quand je lui ai fait part de l'intérêt que je portais à ce poste, il m'a répondu que les principaux critères de sélection étaient la disponibilité et la mobilité.

3. Et j'ai fini par retracer brièvement mon parcours professionnel en insistant à chaque fois sur mes points forts. Je crois qu'il avait l'air satisfait de l'entretien.

4. Je lui ai répliqué que j'en avais certes l'intention, mais pas avant deux à trois ans. Et pour en terminer avec ce sujet, j'ai exposé clairement mes motivations.

5. J'ai commencé par m'asseoir et par me présenter le plus simplement possible.

2. Relevez les différentes façons dont se construit le verbe répondre.

Dans une entreprise, entre collègues

— Toc, toc, toc! Dis, tu as répondu à mon questionnaire sur les formations internes?

— Oui, il fallait juste répondre oui ou non, c'est ça?

— En effet! Au fait, tu as demandé à Josiane si elle pouvait intervenir lors d'une formation?

— Euh, oui, oui! Elle m'a répondu qu'elle en avait parlé à son patron.

— Ah bon et alors, elle peut participer?

— Eh bien, je n'en sais pas plus. Son patron lui a répondu de ne pas le déranger pendant sa sieste!

3. Terminez les phrases en vous aidant des indications données entre parenthèses.

1. (un journaliste à un acteur de cinéma au festival de Cannes)

Pourriez-vous répondre ....?

2. (une mère à son fils à propos d'une sortie)

Ton père a répondu que ....

3. (entre collègues, après les vacances d'été)

Le patron a répondu de ....

4. (un employé à son patron au sujet d'une affaire en cours)

Après plusieurs heures de discussion, le client a conclu que ....

....

5. (un journaliste aux téléspectateurs, au sujet de la remise des Victoires de la musique)

Le gagnant a conclu son discours par ....

• Caractériser le discours

1. Quel verbe convient le mieux à chaque expression avec *dire*?

crier, souffler, hurler, réciter, s'exclamer, chuchoter, soupirer

1. dire à haute voix un texte que l'on a appris → ....

2. dire en criant très fort → ....

3. dire d'une voix forte en exprimant sa joie, son étonnement ou sa colère → ....

4. dire à voix basse en remuant à peine les lèvres → ....

5. dire discrètement à quelqu'un, rappeler quelque chose tout bas → ....

6. dire quelque chose dans un soupir → ....

7. dire d'une voix forte → ....

2. Parmi ces listes de verbes, entourez l'intrus ; justifiez votre réponse.

1. affirmer, assurer, hésiter, répéter, soutenir → ....

2. annoncer, déclarer, révéler, soupirer, confier → ....

3. bafouiller, bredouiller, hésiter, s'interroger sur, faire part de quelque chose à quelqu'un → ....

3. Précisez le sens de chacun de ces verbes.

1. annoncer une nouvelle   a. dire ce qui était inconnu ou caché
2. confier un secret   b. dire pour faire connaître ses intentions
3. révéler une information   c. dire en confidence
4. déclarer sa volonté   d. dire avec force que quelque chose est vrai
5. soutenir une opinion   e. dire à quelqu'un pour lui faire savoir
                                       quelque chose

4. Reformulez les énoncés suivants selon les trois modèles a, b, c, d'abord au présent puis au passé composé. Attention à la concordance des temps.

Ex. : « À propos, mon patron me propose un poste en Allemagne. Nous partirons en septembre, Adeline et moi » annonce Mathieu à ses parents. →

     a. *Il annonce la nouvelle à ses parents.* (présent)
        Il *a annoncé* la nouvelle *à ses parents.* (passé composé)
     b. *Il leur annonce que son patron lui propose* un poste en Allemagne. (présent)
        Il *leur a annoncé que* son patron *lui proposait* un poste en Allemagne. (passé composé)
     c. *Il leur annonce qu'ils partiront* en septembre en Allemagne. (présent)
        Il *leur a annoncé qu'ils partiraient* en septembre en Allemagne. (passé composé)

1. « Adeline attend un enfant, elle accouchera au printemps. » leur confie-t-il.

     a. ....
        ....
     b. ....
        ....
     c. ....
        ....

2. « En fait, la société est endettée. Elle licenciera son personnel à la fin de l'année » leur révèle t-il.

     a. ....
        ....
     b. ....
        ....
     c. ....
        ....

3. « Je ne suis pas d'accord avec cette décision, avant de partir, je soutiendrai mes collègues » leur déclare t-il.

     a. ....
        ....
     b. ....
        ....
     c. ....
        ....

5. Complétez les phrases. Vous devez préciser la situation à partir d'un verbe choisi dans la liste.

chuchoter, soupirer, s'exclamer, réciter, crier

Ex. : « *J'en ai vraiment assez !* » __crie__ *la jeune fille à son petit frère qui vient de lui arracher les pages de son journal intime.*

1. « Ce n'est pas possible ! Tu le fais exprès ! » ....
....

2. « Je ne tolèrerai plus cette attitude ! » ....
....

3. « Je suis vraiment désolée pour hier, je t'aime. » ....
....

4. « Ce tableau est magnifique ! » ....
....

5. « La Cigale et la Fourmi. La cigale, ayant chanté tout l'été, se trouva fort dépourvue quand la bise fut venue… » ....

6. Que veulent-ils dire ? Cochez l'intention exacte exprimée par les expressions soulignés.

1. « Mais si, c'est vrai ! L'école est fermée demain pour cause de grève ! »
   ❏ assurer un propos   ❏ révéler une information   ❏ confier un secret

2. « Euh ! il faut que je réfléchisse ! »
   ❏ soutenir une opinion   ❏ déclarer sa détermination   ❏ marquer une hésitation

3. « Figure-toi que Julien et Caroline vont se marier ! »
   ❏ exprimer son mécontentement   ❏ annoncer une nouvelle   ❏ crier un ordre

4. « Si je comprends bien, ils vont déménager ! »
   ❏ affirmer son innocence   ❏ reformuler un propos   ❏ déclarer la vérité

5. « Au fait, tu sais que l'année prochaine, le 1er mai tombe un samedi ? »
   ❏ déclarer sa volonté   ❏ annoncer une nouvelle   ❏ confier un secret

6. Tu es en train de me dire que l'on n'aura pas un jour de congé en pleine semaine !
   ❏ reformuler un propos   ❏ révéler une information   ❏ faire part d'une décision

7. Complétez le dialogue aux endroits indiqués, avec des verbes comme ceux de la liste : vous mettrez l'accent sur l'humeur de la personne qui parle et sur l'intensité de sa voix.

chuchoter, murmurer, s'exclamer, s'écrier, souffler, soupirer

1. Deux lycéens, Marc et Martin, pendant une épreuve d'examen :

— « Hé ! Marc, tu sais répondre à la question n° 4 ? » ....

— « Oui, je crois que c'est la réponse b » ....

2. Le surveillant les regarde.

— « Vous deux, là-bas ! Que faites-vous, cachés derrière vos sacs ? » ....

— « Oh, rien, Monsieur, on cherchait une bouteille d'eau. » ....

3. À la sortie de la classe :

— « Ouf ! un peu plus, à cause de toi on se faisait punir ! » ....

8. Redonnez les informations contenues dans le texte : vous devez les introduire par l'un des verbes *affirmer, assurer, répéter, soutenir.*

> Les enseignants continueront leur mouvement de grève pendant le mois de juin. Certaines organisations syndicales envisagent même d'empêcher les épreuves du baccalauréat si le gouvernement ne retire pas sa réforme sur l'éducation. « Je ne tolérerai pas une telle attitude » a dit le ministre de l'Éducation à plusieurs reprises. « On fera appel si nécessaire aux forces de l'ordre »....
>
> D'après *Le Monde*, 31 mai 2003.

....

....

....

....

9. Redonnez les résultats de ce sondage en formant des phrases. Vous utiliserez les verbes *confier, déclarer, révéler.*

> Selon un sondage CSA* pour *Le Monde* et *La Vie* du 14 avril 2003 :
> — pour 58 %, l'existence de Dieu est certaine ou probable ;
> — 62 % disent qu'ils sont catholiques ;
> — 12 % des personnes interrogées vont à la messe ou à un office religieux une ou plusieurs fois par semaine,
> — 10 % n'y vont jamais.
>
> * Institut de sondage.

....

....

....

10. Rédigez un petit dialogue correspondant au canevas ci-dessous. Précisez d'abord la situation (qui parle, à qui, dans quelles circonstances).

Situation → ....

1. X annonce une nouvelle à Y.   — ....

....

2. Y reformule ce qui vient d'être dit.   — ....

....

3. X dit que c'est exact.   — ....

....

4. Y exprime son étonnement.   — ....

....

5. X assure que c'est vrai.   — ....

....

11. Même exercice.

Situation → ....

1. Y confie un secret à X et lui chuchote quelque chose à l'oreille.

— ....

2. X déplore la situation.

— ....

3. Y murmure une excuse à l'oreille de X et lui demande quelque chose.

— ....

4. X marque son indécision et bafouille.

— ....

1 • *3* Exprimer une intention avec précision

1. Dans les dialogues ci-dessous, soulignez les termes montrant l'intention de la personne qui parle. Dites ensuite quels verbes de la liste correspondent à ces intentions.

protester, réclamer des excuses, refuser, informer, approuver, ordonner, accepter, demander, regretter, recommander, conseiller, proposer

Ex. : *Un adolescent à un copain de classe, la veille d'un examen :*
> — **<u>Ça te dit de</u>** *faire les révisions ensemble, ce soir ?*
> — **<u>Tu plaisantes !</u>** *Tu n'as rien fait jusqu'à maintenant, tu ne veux tout de même pas que je fasse le travail à ta place, non ?*
> → **Proposer** *(ça te dit de + infinitif)/* **refuser de façon ironique** *(Tu plaisantes !)*

1. Le réceptionniste de l'hôtel à des clients qui viennent d'arriver :
— (…) La visite de la ville se déroulera demain à partir de 9 heures. Vous feriez bien de vous inscrire dès maintenant, car le nombre de places est limité.
— Vous avez raison, réservez-nous quatre places au nom de Bourgeois, s'il vous plaît !
→ ....

2. Un instituteur à deux enfants qui viennent de se disputer :
— Bon, maintenant Guillaume, fais des excuses à Camille.
— Ah, ben non alors, c'est elle qui a commencé !
— Excuse-toi immédiatement ou tu es puni !
→ ....

3. Un couple à un couple d'amis pour des projets de vacances :
— Et si nous passions ensemble une semaine au bord de la mer ?
— Oh, nous sommes désolés, nous avons déjà réservé en montagne. C'est vraiment dommage !
— Et ça vous dirait de venir manger à la maison, avant votre départ ?
— Avec grand plaisir !
→ ....

4. Un père de famille à ses deux filles qui veulent sortir en boîte :

— Vous devez rentrer à minuit.

— À minuit ? mais tu ne te rends pas compte, c'est à cette heure-ci qu'on commence à s'amuser, ce n'est pas juste !

— À votre place, je réfléchirai : soit vous rentrez à minuit, soit vous restez à la maison.

— Bon, d'accord ! On rentrera à minuit.

→ ....

2. Associez une expression à une intention de communication et précisez si les expressions sont conventionnelles, familières et/ou ironiques ou plutôt formelles.

expression familière et ironique

....

....

....

....

....

....

....

....

....

....

1. Et quoi encore !

2. C'est lamentable !

3. Pourquoi pas ?

4. Jamais de la vie !

5. Incontestablement !

6. Vous voulez rire ?

7. Vous plaisantez ?

8. Oh, il ne fallait pas !

9. Tout à fait !

10. C'est nul !

a. accepter

b. refuser

c. approuver

d. remercier

e. déplorer

3. Redonnez à chaque phrase le commentaire qui convient.

a. Il approuve notre décision.

b. Il regrette notre départ.

c. Il déplore leur attitude.

d. Il proteste contre une injustice.

e. Il me félicite.

f. Il désapprouve son attitude.

1. « Vous n'avez pas le droit d'imposer votre volonté aux autres ! » → ....

2. « Tu as vraiment accompli un travail formidable ! » → ....

3. « Il n'aurait pas dû la gronder. » → ....

4. « Vous avez bien fait de refuser cette offre. » → ....

5. « C'est vraiment dommage que vous soyez obligés de partir. » → ....

6. « C'est lamentable. Ils ont profité de son malaise pour faire du chahut. » → ....

4. Rapportez les énoncés suivants selon les modèles a, b, c : utilisez les verbes *accepter, refuser, regretter, se plaindre.*

Ex. : « *Oui, je veux bien* aller au cinéma. *C'est gentil de* venir me chercher » dit-il à son ami.

a. **Il accepte son invitation**. (+ nom)

b. **Il accepte d'**aller au cinéma. (+ infinitif)

c. **Il accepte que son ami vienne le** chercher. (+ subjonctif)

1. « Non, je ne veux pas participer au carnaval et il est hors de question que ma sœur prenne mon déguisement de clown » dit Romain à ses parents.

a. .... b. .... c. ....

2. « <u>Je suis vraiment désolée</u>, je ne peux pas assister à la réunion de vendredi. <u>C'est dommage que</u> vous ne la reportiez pas au vendredi suivant ! » dit Brigitte à ses collègues.

a. .... b. .... c. ....

3. « <u>C'est une très</u> <u>bonne idée de</u> partir en montagne cet été. <u>C'est gentil de</u> t'occuper des réservations » dit Fabienne à sa sœur.

a. .... b. .... c. ....

4. « J'ai des ampoules aux pieds et puis <u>j'en ai assez de</u> ces longues randonnées : je suis toujours à la traîne, <u>vous ne m'attendez</u> jamais… » dit Laurence à ses copains.

a. .... b. .... c. ....

5. Imaginez la situation de communication pour chaque phrase (qui parle à qui, dans quel contexte…). Puis rapportez les propos selon les modèles a et b en utilisant les verbes *approuver, désapprouver, féliciter, remercier*.

Ex. : *« Tu as raison de ne pas te laisser faire ! »*

→ *une jeune femme à une amie, qui rencontre quelques difficultés avec ses collègues*

a. ***Elle approuve*** *l'attitude de son amie* (+ nom)

b. ***Elle approuve son amie*** *d'avoir réagi aux attaques de ses collègues.*
(approuver quelqu'un de + infinitif)

1. « Merci mille fois, Monsieur » *(attention, on dira « remercier quelqu'un de/pour » + nom)*

→ .... a. .... b. ....

2. « Félicitations, Nathalie ! » *(attention on dira « féliciter quelqu'un pour » + nom)*

→ .... a. .... b. ....

3. « Tu as tort de te mettre dans des états pareils ! Tu es ridicule ! »

→ .... a. .... b. ....

4. « Je suis entièrement d'accord avec vous ! »

→ .... a. .... b. ....

6. Quel conseil (a, b, c…) donnez-vous en réponse à la plainte (1, 2…) ?

1. J'ai mal à la tête !
2. Je ne supporte plus les embouteillages !
3. Je n'arrive pas à dormir !
4. Quelle odeur ! C'est insupportable !
5. Il y a trop de bruit dans cet immeuble !

a. Mange léger et couche-toi plus tôt !
b. Tu devrais laisser les fenêtres ouvertes toute la nuit.
c. À votre place, je chercherais un autre logement.
d. Faites comme moi, roulez à vélo !
e. Prends un cachet d'aspirine et repose-toi !

Pour chacune des plaintes ci-dessus, imaginez qui parle, à qui et quelle est la raison de la plainte.

....

....

....

....

....

7. Transformez les phrases suivantes en discours rapporté. Vous remplacerez le verbe dire par un verbe de la liste.

Ex. : « *Et si nous passions au salon pour prendre le café ?* » a dit la maîtresse de maison aux invités. → ***La maîtresse de maison a proposé aux invités de passer au salon.***

1. « Surtout, fais attention à ton petit frère ! » a dit une mère à l'aîné de ses enfants.
→ ....

2. « Ça te dirait de jouer aux échecs » a dit Paul à son ami Thibaut.
→ ....

3. « Arrête de fumer. Ce n'est vraiment pas bon pour la santé » a dit une jeune fille à son ami.
→ ....

4. « Tais-toi et mange proprement ! » a dit une mère excédée à sa fille.
→ ....

5. « Vous ne devez pas dépasser la bordure du chemin » a dit l'animateur aux enfants du centre aéré.
→ ....

6. « Vous ne devriez pas partir en haute saison. Les prix doublent et le service est moins performant » a dit l'agence de voyage à un couple de touristes.
→ ....

8. Choisissez le bon verbe dans la liste et complétez les phrases. (Dans les exemples ci-dessous, remarquez que ces verbes sont suivis du subjonctif.)
interdire, exiger, proposer, souhaiter, regretter, demander

1. Je .... que tu ne sois pas venu à la soirée ! Quel dommage !

2. Suite à des propos injurieux devant une assistance, elle .... qu'il lui fasse des excuses en public.

3. Le gardien du parc .... que l'on marche sur les pelouses du Jardin des Plantes.

4. Les enseignants .... que tous leurs élèves réussissent aux examens.

5. Un membre de l'association des parents d'élèves .... que la dernière réunion de l'année se déroule à l'extérieur du collège.

6. Pour le carnaval de l'école, les instituteurs .... que tous les enfants arrivent déguisés et maquillés.

9. À vous ! Formulez des petites phrases en vous inspirant de l'exercice précédent. (+ subjonctif)

1. J'exige que ....

2. J'interdis que ....

3. Je regrette que ....

4. Je souhaite que ....

5. Je demande que ....

6. Je propose que ....

10. Récrivez les dialogues au discours rapporté en utilisant les verbes de la liste.

conseiller, avertir, supplier, recommander, se plaindre

1. « Allô, les pompiers ? Un incendie s'est déclaré au troisième étage de mon immeuble ! » s'écrie Philippe au téléphone, de son appartement au sixième étage.

→ Philippe ....

2. « Surtout restez calme, ne sautez pas par la fenêtre » recommande le pompier.

→ Le pompier ....

3. « Oui, mais j'ai de la fumée qui commence à entrer par la porte du couloir » se plaint Philippe.

→ Philippe ....

4. « Mettez des serviettes mouillées autour de la porte jusqu'à ce que nous arrivions » conseille le pompier.

→ Le pompier ....

5. « Dépêchez-vous, mes enfants commencent à tousser » supplie Philippe.

→ Philippe ....

11. Définissez une situation de communication <u>familière</u> correspondant au scénario suivant et rédigez le dialogue.

SItuation → ....

1. X propose à Y de faire quelque chose.
2. Y refuse de façon ironique.
3. X insiste.
4. Y refuse de façon catégorique.
5. X fait une autre proposition.
6. Y accepte.

12. Même exercice, avec une situation de communication <u>formelle</u>.

SItuation → ....

1. X soumet un projet à Y.
2. Y désapprouve le projet de X.
3. X exige que le projet soit adopté.
4. Y déplore cette situation.
5. X regrette l'attitude de Y.

13. À vous d'imaginer d'autres scénarios à partir d'intentions de communication comme :

se plaindre, interdire à quelqu'un de, demander à quelqu'un de, remercier, informer, protester, approuver une décision, conseiller quelqu'un, refuser…

Ex. : ***proposer/refuser/insister/accepter***

1. ....   3. ....

2. ....   4. ....

1 • 4 Organiser et enchaîner ses idées

Réfléchissez. Soyez attentifs! Écoutez bien un interlocuteur qui parle votre langue. Identifiez les petits mots de discours dont il s'est servi pour enchaîner ses idées. Connaissez-vous leurs équivalents en français?

• Présenter une idée

Présenter une idée, un fait

1. Observez et repérez dans le texte suivant les acteurs, les lieux, les dates, et la manière dont l'événement se déroule et répondez aux questions.

> Du 10 au 16 mars, en France et dans le monde entier, le printemps des poètes réjouit les amoureux de la langue pour la cinquième année consécutive.
>
> Cette manifestation est l'occasion pour les poètes de faire connaître la poésie et partager leur émotion dans les bibliothèques, les théâtres, les librairies et même dans le métro à Paris, Marseille, Londres, Stuttgart ou Prague.
>
> Quels que soient les lieux, il s'agit de rendre accessible la lecture des textes à tous, d'enchanter tous ceux qui sont sensibles à la musique de la langue.
>
> Le printemps des poètes soulève la question de l'avenir de la poésie dans la société, entre la télé, le numérique et le show-business et souligne l'importance d'intégrer plus concrètement la poésie dans les écoles : ateliers de diction, correspondances avec des poètes, remises de prix de poésie libre...

1. Qui? → ....   4. Quand? → ....

2. Quoi? → ....   5. Pourquoi? → ....

3. Où? → ....

2. Relevez dans le texte ci-dessus les verbes ou les expressions servant à présenter une idée et notez leur construction.

3. Classez chaque définition sous le verbe qui lui correspond.
   a. Je fais remarquer l'importance de quelque chose.
   b. J'explique de manière précise.
   c. Je fais naître des interrogations.
   d. Je mets en forme une série d'arguments en les reprenant un par un.
   e. J'exprime des idées en les présentant dans l'ordre.
   f. Je dis quelque chose très nettement.

1. exposer un projet	2. énumérer des avantages	3. énoncer un fait	4. souligner un point	5. préciser votre pensée	6. soulever une question
....	....	....	....	....	....

Énumérer les éléments d'information

4. Remettez les phrases dans l'ordre logique des éléments d'information. Soulignez les mots qui vous ont permis de faire votre choix.

...... a. De plus, à une semaine des premières épreuves du baccalauréat, la menace des professeurs de suspendre les examens est toujours aussi préoccupante.

...... b. Non seulement les routiers se mobilisent mais ils bloquent aussi l'approvisionnement en carburant.

...... c. Ensuite, dans l'enseignement, de nombreuses écoles, collèges et lycées sont fermés, quelques professeurs et étudiants agités bloquent l'entrée des universités et perturbent la préparation des examens.

...... d. Le 3 juin, plusieurs organisations syndicales déclenchent une grève nationale contre la réforme des retraites et le projet de réforme de décentralisation dans l'Éducation nationale. Ces manifestations pénalisent fortement les Français dans leur quotidien.

...... e. Enfin, dans des secteurs aussi variés que les Finances, l'Audiovisuel, la Presse, la Chimie et la Métallurgie, le mot d'ordre est identique : grève reconductible !

...... f. Tout d'abord, dans les transports, la plupart des vols sont annulés dans les aéroports suite à un dépôt de préavis de grève des contrôleurs aériens ; un train sur deux est à l'arrêt ainsi que les taxis et les camions qui envahissent les autoroutes.

5. Proposez d'autres façons d'enchaîner le texte ci-dessus. (Cherchez à utiliser des synonymes des termes que vous avez soulignés.)

....

....

6. Vous voulez organiser et présenter vos idées sur la sécurité routière. Reliez les phrases (a, b...) aux différentes étapes de votre raisonnement (1, 2...).

    1. Vous commencez votre exposé. → ....

    2. Vous insistez sur un point. → ....

    3. Vous annoncez une nouvelle étape. → ....

    4. Vous concluez votre exposé. → ....

a. Venons-en à présent à la réforme du permis de conduire.

b. Il faut souligner que la France affiche un chiffre record des accidents de la route.

c. Je terminerai par la nécessité de mettre en place des radars.

d. Ma dernière remarque portera sur le respect de la limitation de vitesse.

e. Passons maintenant aux grandes lignes du projet.

f. J'aborderai, en premier lieu, le débat sur l'insécurité routière en France.

g. Il ne faut pas oublier que l'excès de vitesse est en partie responsable des accidents.

h. Ma première remarque portera sur le rôle des médias (images choquantes...).

7. Présentez vos idées sur un sujet d'actualité.
Vous utiliserez, pour chaque étape de raisonnement (1, 2, 3, 4), quatre expressions de l'exercice précédent.

Ex. : *la sécurité routière, l'élargissement de l'Union européenne*

1. ....   3. ....

2. ....   4. ....

8. Reliez les deux phrases suivantes avec le mot qui convient (l'articulateur).

Ex. 1 : *Les gens partent de plus en plus en vacances. Ils préfèrent des séjours de courte durée.* → *Les gens partent de plus en plus en vacances.* **Cependant/néanmoins,** *ils préfèrent des séjours de courte durée.*

Ex. 2 : <u>*Benoît*</u> *n'a pas une grande expérience professionnelle.* <u>*Il*</u> *est dynamique et motivé.* → <u>*Benoît*</u> *n'a pas une grande expérience professionnelle.* **En revanche,** <u>*il*</u> *est motivé et dynamique.*

1. Ils sont très attirés par les voyages à l'étranger. Ils restent souvent en France. → ...

2. Marc est un élève sérieux et attentif à l'école. Il est très agité à la maison. → ....

3. Laurent est un grand timide. Il joue admirablement bien la comédie. → ....

4. Ils rêvent d'évasion, d'aventures et d'exploits. Ils savourent les moments de détente et de tranquillité. → ....

9. Dans les conversations familières, on emploiera plus volontiers *par contre* pour marquer une forte opposition. Réagissez aux propos ci-dessous, selon les indications suivantes.

Ex. : *Une famille d'accueil s'informe des goûts de sa nouvelle locataire.*
— *Aimez-vous le chocolat chaud ? (adorer le café au lait)*
— *Oh, non pas du tout !* **Par contre,** *j'adore le café au lait.*

1. Pratiquez-vous un sport de façon régulière ? (jouer du violon tous les soirs)

2. Aimez-vous sortir en boîte ? (adorer aller au cinéma)

3. Êtes-vous végétarienne ? (avoir l'habitude de manger de la viande à tous les repas)

4. **À vous ! Réagissez à une question personnelle.**

10. Récrivez en une seule phrase (de type a ou b selon le cas) les deux affirmations, selon le modèle ci-dessous. (Les deux faits sont **différents** : vous avez le choix entre *alors que* et *tandis que*.)

Ex. : <u>*Paul*</u> *a réussi son bac. /* <u>*Martin*</u> *a échoué.*
/ <u>*Paul*</u> *a échoué à son permis de conduire.*
→ a. *Paul a réussi son examen* **alors que/tandis que** *Martin a échoué à son permis de conduire.*
→ b. *Paul a réussi son examen* **alors qu'/ tandis qu'***il a échoué à son permis.*

1. Bernadette est insouciante. Son frère Julien s'inquiète pour un rien.

....

2. Anaïs est très forte en maths. Anaïs a des difficultés en français.

....

3. **À vous ! Opposez deux aspects de votre comportement.**

11. Récrivez en une seule phrase les deux affirmations, selon le modèle. (Les deux faits sont **contradictoires** ; les deux sujets sont identiques : Paul → vous utilisez dans ce cas **alors que**.)

Ex. : *Paul a réussi son bac./ Paul n'avait pas révisé.*
→ *Paul a réussi* **alors qu'***il n'avait pas révisé.*

1. Julie a acheté une robe très chère. Elle n'avait pas d'argent sur son compte.

2. Claire déteste les grandes surfaces. Elle va faire ses courses dans les grands magasins.

3. **À vous ! Opposez deux comportements contradictoires.**

12. Complétez les réponses : vous vous justifiez en mettant deux idées ou deux faits en parallèle.

Ex. : — *Vous venez à l'anniversaire de Véronique ?*
— *Jamais de la vie !* <u>D'une part</u>, **je suis déjà invité** <u>et d'autre part,</u> **je ne l'aime pas du tout, cette fille !**

1. — Monsieur, vous pouvez m'acheter des billets de tombola pour la kermesse de l'école ?

— Ah, désolé mon petit ! <u>D'une part</u> .... <u>et d'autre part</u>, ...

2. — Vous avez du feu, s'il vous plaît ?

— Ah, non, je regrette ! <u>D'une part</u>, ... <u>et d'autre part</u>, ...

3. — Alors, vous reviendrez en France l'année prochaine ?

— Je ne pense pas ! <u>D'une part</u>, ... <u>et d'autre part</u>, ...

4. **À vous ! Formulez une question que l'on vous pose souvent et répondez en mettant deux idées en parallèle.**

13. Complétez les réponses : vous exprimez votre hésitation en mettant des idées ou des faits en parallèle.

Ex. : — *Alors, tu acceptes l'offre de ton directeur ?*
— *Je ne sais pas encore.* <u>D'un coté</u>, **le poste m'intéresse,** <u>de l'autre</u>, **il me demandera plus d'investissement personnel, alors... je ne sais pas...**

1. — Alors, c'est décidé ? Tu deviens propriétaire ?

— Je ne sais pas encore. <u>D'un coté</u> .... ,

<u>de l'autre</u> ....

2. — Alors, ça y est, tu te maries ?

— Je ne sais pas encore. <u>D'un coté</u> .... ,

<u>de l'autre</u> ....

3. Alors, vous allez apprendre à danser ?

— On ne sait pas encore. <u>D'un coté</u> .... ,

<u>de l'autre</u> ....

4. **À vous ! Exprimez votre hésitation sur un point qui vous concerne.** ....

Donner un exemple

14. Imaginez pour chaque cas la suite de l'affirmation.

Ex. : *Les jeunes entrent tard dans la vie active.*
a. <u>À titre d'exemple</u>, **moins de 30 % des jeunes de 15 à 24 ans ont un emploi en 2001.**
b. <u>Notamment</u> **les jeunes** <u>qui</u> **font des études longues : médecine, droit...**
c. <u>C'est le cas de</u> **mon neveu François.**

1. De plus en plus de gens se sentent concernés par l'environnement.

a. À titre d'exemple, ...

b. Notamment ....

c. C'est le cas de ....

III

2. Les gens font de moins en moins confiance aux politiciens.

   a. À titre d'exemple, ...

   b. Notamment ....

   c. C'est le cas de ....

3. Le sommeil est capital pour l'équilibre de chacun.

   a. À titre d'exemple, ...

   b. Notamment ....

   c. C'est le cas de ....

Conclure

15. Donnez à chaque phrase (1, 2...) la bonne conclusion (a, b...). (Aidez-vous des expressions soulignées.)

   a. En tout cas, elles dévalorisent la routine de notre vie quotidienne.

   b. Finalement, elles ne font pas l'unanimité au sein de l'audiovisuel.

   c. En fait, elles veulent nous faire croire que la célébrité est accessible à tous.

   d. En réalité, les gens se sont lassés de ce genre d'émissions.

1. Les émissions de télé-réalité font accéder à un rang de stars des personnes sans talent. → ....

2. Ces émissions veulent rendre extraordinaires des faits sans importance. → ....

3. Les chaînes de télévision cherchent à rassembler le grand public devant la télévision. → ....

4. Certaines chaînes refusent de proposer ces émissions « faciles ». → ....

16. Pour conclure vos propos : classez les expressions soulignées de l'exercice précédent dans le tableau, selon leur sens.

Dites quelles sont les expressions qui servent à :

1. douter de la validité d'un argument :	2. corriger ce qui vient d'être dit :	3. approuver en exprimant son opinion :
de toute façon	....	*en fin de compte,*
quoiqu'il en soit	....	*au fond*
....	....	....

17. Vous allez présenter vos idées de façon cohérente à l'écrit, en marquant les différentes étapes de votre raisonnement.

▨ **Première étape : introduire le sujet.** (Pour vous aider, reportez-vous à l'exercice 1 p. 152.)

1. Vous choisissez un sujet d'actualité qui vous préoccupe dans votre pays : ....

2. Vous introduisez le sujet : répondez aux questions « qui ? », « quoi ? », « où ? », « quand ? », « comment ? ».

▨ **Deuxième étape : énumérer.** (Pour vous aider, reportez-vous aux exercices 4 et 5 p.153.)

1. Énumérez les différentes éléments d'informations (*d'abord, ensuite, puis...*).

2. Au cours de votre énumération, ajoutez une idée qui précise un élément d'information (*de plus, en outre*).

■ **Troisième étape : préciser.** (Pour vous aider, reportez-vous aux exercices 8 p. 154 et 13 p. 155.)

Vous précisez certaines informations qui vous paraissent essentielles de la manière que vous souhaitez :
– soit en opposant des faits : *cependant, néanmoins, alors que/tandis que ; en revanche ;*
– soit en mettant deux idées en parallèle : *d'un coté, … de l'autre.*

■ **Quatrième étape : donner un exemple.** (Pour vous aider, reportez-vous à l'exercice 14 p. 155.)

Vous illustrez vos réflexions de quelques exemples : *à titre d'exemple, notamment, c'est le cas de*

■ **Dernière étape : conclure.** (Pour vous aider, reportez-vous à l'exercice 15 p. 156.)

Et vous concluez votre présentation de la manière que vous souhaitez :
– soit en rejetant les arguments avancés (*de toute façon, de toute manière, en tout cas*)
– soit en corrigeant les arguments (*en fait, en réalité*)
– soit en donnant votre opinion (*au fond, en fin de compte, finalement*)

Et voilà ! Vous avez présenté vos idées de façon cohérente. Bravo !

• Expliquer, se justifier

1. Soulignez les verbes qui servent à expliquer un fait.

Selon une étude menée par l'Observatoire des séminaires et congrès, la plupart des rencontres incluent dans leurs journées de formation une activité sportive ludique ou culturelle.

1. La participation aux activités annexes favorise l'esprit d'équipe et incite les participants à découvrir ou à approfondir d'autres aptitudes : randonnée en V.T.T., en 4 x 4.

2. Cette tendance engendre une baisse des réservations de locations de salles dans les hôtels.

3. Les moments partagés avec ses collègues lors d'une chasse au trésor facilitent les relations amicales et suscitent les confidences des uns et des autres.

4. Le succès de ce genre d'émissions peut s'expliquer par le besoin d'effacer pendant quelques heures les tensions au sein d'un groupe.

5. Le non-respect, la jalousie, l'hypocrisie peuvent se traduire par des actes de violence ou de racisme et provoquer la colère des supérieurs hiérarchiques.

6. L'engouement pour les « stages de cohésion d'équipe » peut résulter tout simplement du besoin de s'échapper officiellement de la routine professionnelle.

D'après *Le Monde*, 5 mars 2003.

2. Classez les verbes soulignés ci-dessus dans le tableau.

Rappel : **expliquer** revient à établir une **relation de cause à effet**.

Ex. : — *La participation à des séminaires <u>favorise</u> l'esprit d'équipe.* (de la cause à l'effet).
— *L'esprit d'équipe d'un groupe peut <u>s'expliquer par</u> sa participation à des séminaires.* (de l'effet à la cause)

1. Relation de la cause à l'effet	2. Relation de l'effet à la cause
....	....
....	....
....	....

**3. Reliez un constat à son explication. Terminez chaque liaison par une flè-
che (→ ou ←) qui montrera le sens de la relation « cause → effet ».**

1. Fermeture des petites épiceries
2. Entrée tardive dans la vie active
3. Réforme de l'Éducation nationale
4. Baisse du nombre de votants
aux élections
5. Hausse du nombre des sportifs dopés

a. Inquiétude des enseignants
b. Recherche croissante de l'exploit
c. Manque d'intérêt de la politique
d. Expansion des grandes zones
commerciales
e. Durée de plus en plus longue
des études

1. .... 2. .... 3. .... 4. .... 5. ....

**4. Mettez l'accent sur <u>la cause</u> : récrivez les deux phrases en une seule.
Vous utiliserez un verbe de la liste et vous ferez également toutes les autres
transformations nécessaires.**

engendrer, inciter quelqu'un à, entraîner, se traduire par

Ex. : *Les familles s'inquiètent de la hausse des prix. Elles consomment moins. →*
**L'inquiétude des familles face à la hausse des prix <u>entraîne</u> une baisse de leur
consommation.**

1. Les transporteurs routiers font grève. L'accès autoroutier est bloqué. → ....

2. Les gens ne font plus confiance aux hommes politiques. Certains électeurs refusent de voter. → ....

3. Tous les quinze jours, les médiabus de la ville s'arrêtent devant les écoles. De plus
en plus d'élèves lisent régulièrement. → ....

4. L'année 2000 a enregistré une forte natalité. En 2003, le nombre d'élèves par
classe en école maternelle dépasse largement celui de l'année précédente. → ....

**5. Mettez l'accent sur <u>l'effet</u> : récrivez les deux phrases en une seule. Vous
utiliserez un verbe de la liste et vous ferez également toutes les autres
transformations nécessaires.**

s'expliquer par, résulter de, être du(e) à, provenir de

Ex. *Les familles s'inquiètent de la hausse des prix. Elles consomment moins. →* **La
baisse de consommation des familles <u>résulte de</u> leur inquiétude face à la hausse
des prix**.

1. Certaines entreprises licencient massivement leurs employés. Le chômage augmente sensiblement. → ....

2. Le gouvernement refuse de reporter la réforme sur l'éducation. Les enseignants
menacent de perturber les examens du baccalauréat. → ....

3. Le projet de loi contre la violence routière est adopté. Le nombre d'accidents sur
les routes a chuté en février. → ....

4. Les festivals d'été sont annulés dans de nombreuses villes. Les gens du spectacle
font grève pour faire pression sur le gouvernement. → ....

6. Précisez le rôle (a, b ou c) des termes soulignés dans les phrases.

     a. introduire une explication, en mettant l'accent sur l'effet/la conséquence
     b. introduire une explication, en mettant l'accent sur la cause
     c. confirmer ce qui vient d'être dit

1. Les Français partent de plus en plus souvent en vacances mais pour une durée plus courte. <u>En effet,</u> avec les lois sur la réduction du temps de travail, ils quittent leur domicile pour se dépayser par fractions de quelques jours. ❏ a ❏ b ❏ c

2. Ils prennent des vacances courtes à l'étranger, <u>car</u> certaines compagnies aériennes offrent des vols charters à bas prix. ❏ a ❏ b ❏ c

3. Avec la loi des 35 heures, ils bénéficient de plusieurs jours de repos en plus. <u>C'est la raison pour laquelle/c'est pourquoi</u> ils partent plus souvent et moins longtemps. ❏ a ❏ b ❏ c

7. Imaginez dans quelles circonstances ces phrases ont pu être dites. Expliquez la situation en trois étapes, selon le modèle.

Ex. : « *Je n'ai pas pu venir hier à la compétition parce que j'étais malade.* » →
   a. Situation : *un jeune homme à son entraîneur d'athlétisme*
   b. *Il <u>explique</u> les raisons de son absence.*
   c. *Il <u>explique</u> pourquoi il n'a pas pu venir hier.* (+ indicatif)

1. « Je suis confus, j'étais tellement occupé que j'ai complètement oublié de te souhaiter ton anniversaire ! »

   a. Situation : ....

   b. .... *explique* ....

   c. .... *explique* ....

2. « Pardonne-moi, je n'ai pas pu assister à ton audition mais je suis resté bloqué une heure dans l'ascenseur. »

   a. Situation : ....

   b. .... *explique* ....

   c. .... *explique* ....

3. « Je suis désolé pour le retard mais je n'ai pas entendu le réveil !

   a. Situation : ....

   b. .... *explique* ....

   c. .... *explique* ....

4. **À vous ! rappelez-vous une de vos dernières excuses, définissez la situation de communication et reformulez-la selon l'exemple.**

   a. Situation : ....

   b. .... *explique* ....

   c. .... *explique* ....

8. Dans une conversation, il est souvent nécessaire <u>d'expliquer les faits</u> pour justifier votre position. Exercez-vous en vous laissant guider.

■ **Première étape : poser et confirmer une affirmation.**

1. Choisissez un sujet d'actualité qui vous intéresse *(les échanges universitaires, le succès de l'Internet, l'intérêt pour la télé-réalité…)* : ....

2. À partir de ce thème, formulez une affirmation.

Ex. : *Les gens partent de plus en plus souvent en vacances. Les femmes sont plus/moins dépensières que les hommes. Etc.*

3. Vous allez confirmer l'affirmation.

En effet, ...

■ **Deuxième étape : introduire une relation de conséquence.**

– soit de façon objective (*par conséquent, donc, c'est pourquoi*) → ....

– soit de façon personnelle (*dans ces conditions, pour cette raison*) → ....

Répétez l'ensemble des énoncés à haute voix. Imaginez que vous avez un interlocuteur en face de vous et prononcez vos énoncés de façon naturelle.

• Prendre position

1. A. Soulignez les mots ou expressions servant à prendre position dans les propos ci-dessous. Notez également les différentes constructions.

> ### Concernant la nouvelle réforme de l'Éducation nationale
>
> a. *Ahmed, professeur de mathématiques :* « Pour ma part, je ne fais pas grève et je déplore l'attitude de certains collègues. J'adhère au projet de décentralisation du gouvernement à condition que les programmes restent nationaux. »
>
> b. *Bernard, professeur de français, gréviste :* « Je rejette totalement l'idée de décentraliser le personnel non enseignant car je doute que ce soit très efficace. »
>
> c. *Monique, professeur d'histoire géographie, non gréviste :* « Je ne parviens pas à me faire une opinion sur ce sujet. Depuis des décennies, les enseignants refusent systématiquement les réformes du gouvernement. Je ne crois pas que ce soit la meilleure solution pour essayer de faire avancer les choses. »
>
> d. *Véronique, déléguée d'un mouvement étudiant :* « Du côté des étudiants, les avis sont partagés. Certains étudiants se prononcent pour ce projet de réforme : ils pensent que les régions connaissent mieux leurs préoccupations. D'autres se prononcent contre la réforme. En ce qui me concerne, je déplore que certains enseignants bloquent l'entrée des universités. Quel exemple pour les étudiants ! »

B. Classez ci-dessous les expressions soulignées en prenant soin de noter leur structure.

1. exprimer une opinion → *je pense que (+ indicatif)*, ...

2. prendre position en faveur de quelque chose → ....

3. prendre position contre quelque chose → ....

4. hésiter, douter → ....

2. Donnez à chaque phrase entre guillemets la bonne signification. (Aidez-vous des mots soulignés.)

      a. Vous donnez une solution à un problème.

      b. Vous reprenez un propos après une interruption.

      c. Vous doutez des propos de votre interlocuteur.

      d. Vous marquez votre intérêt et encouragez votre interlocuteur à continuer.

      e. Vous confirmez une affirmation.

1. « <u>Vraiment ?</u> Tu es sûr ? » → ....

2. « <u>En effet,</u> c'est mon nom de famille ! » → ....

3. « <u>Et alors ?</u> Que s'est-il passé ? » → ....

4. « Et bien <u>alors</u>, repose-toi ! » → ....

5. « Je disais <u>donc</u> tout à l'heure que les grèves continuent. » → ....

3. Imaginez une phrase qui pourrait être à l'origine des énoncés 1, 2, 3, 4 de l'exercice précédent.

1. .... 2. .... 3. .... 4. ....

4. Réagissez aux affirmations en <u>exprimant votre opinion</u> : a <u>ou</u> b.

Ex. : *Pensez-vous que le téléphone portable a les mêmes fonctions identitaires que la cigarette chez les jeunes ?* →

a. Vous <u>confirmez</u> les propos de votre interlocuteur et <u>reformulez</u> ce qui vient d'être dit :
— *Oui, <u>en effet, il me semble que</u> les jeunes peuvent trouver dans le portable ce qu'ils recherchent dans la cigarette : appartenance à un groupe, individualité...*

OU **b. Vous <u>justifiez</u> un point de vue opposé :**
— *<u>Non, à mon avis,</u> le portable ne peut pas remplacer la cigarette <u>car</u> il ne répond pas aux mêmes envies.*

1. Pensez-vous que le permis de conduire doit être retiré dans le cas de conduite en état d'ivresse ?

2. Pensez-vous qu'un examen national comme le baccalauréat peut être surveillé par des adultes non enseignants ?

3. Pensez-vous que les émissions de télé-réalité sont un reflet de la société actuelle ?

4. Pensez-vous que les parents doivent donner de l'argent de poche à leurs enfants, dès l'âge de quatre ans ?

5. Réagissez aux affirmations en <u>exprimant votre hésitation et votre doute</u> : a <u>et</u> b.

Ex. : *Il faudrait rendre obligatoire l'apprentissage d'une langue étrangère à l'école maternelle. À cet âge, les enfants apprennent très vite.* →

a. Vous <u>précisez</u> un point qui s'oppose à l'affirmation.
— *Oui, <u>c'est peut-être vrai, mais</u> l'enfant ne maîtrise pas sa propre langue à cet âge-là.*

ET **b. Vous <u>concluez</u> en exprimant votre doute :**
— *<u>Alors, on peut se demander si</u> c'est raisonnable d'introduire si tôt cet enseignement.*

1. Le baccalauréat est à la portée de tous : 80 % des élèves réussissent à cet examen.

   a. *Oui, c'est peut-être vrai, mais* ....

   b. *Alors, on peut se demander si* ....

2. La diminution du temps de travail permet de créer de nouveaux emplois.

   a. ....

   b. ....

3. Les conducteurs âgés ont moins de réflexes que les autres conducteurs.

   a. ....

   b. ....

4. Les femmes dépensent plus que les hommes.

   a. ....

   b. ....

6. Exprimez votre opinion selon le modèle.

Ex. : *Les émissions sportives incitent les gens à pratiquer un sport.* →
    a. Vous donnez votre opinion :
    — *Je ne pense pas que* **les émissions sportives incitent les gens à pratiquer un sport.** (+ subjonctif)
    b. Vous concluez en corrigeant l'affirmation.
    — *En fait/en réalité,* **elles les incitent plutôt à rester assis devant le poste de télévision.**

1. Les enfants doivent pratiquer plusieurs activités (sport, théâtre…) pour s'épanouir.

    a. *Je ne pense pas que* ....   b. *En fait,* ....

2. La canicule est totalement responsable des incendies du sud de la France.

    a. ....   b. ....

3. En période de crise, les familles consomment moins.

    a. ....   b. ....

4. Il est plus dangereux de circuler en scooter qu'en voiture.

    a. ....   b. ....

• Se situer par rapport à son interlocuteur

1. Soulignez les mots ou expressions servant à introduire une argumentation. Ensuite classez ces expressions dans le tableau.

> ### Paroles de profs de collège
>
> *Catherine :* « Il est vrai que le système du "collège unique" ne fonctionne pas mais faut-il revenir pour autant à l'ancien système qui sélectionnait les élèves en fonction de leurs aptitudes ? »
>
> *Bernard :* « Il est contradictoire de prôner l'égalité pour tous et, dans le même temps, d'assister sans rien dire à l'exclusion de certains élèves qui n'arrivent pas à suivre leurs études.
>
> *Laurence :* « On voudrait nous faire croire que l'école peut, à elle seule, réduire la fracture sociale. Or, les enseignants se heurtent à un refus d'instruction, de culture et de savoir. En fait, il faudrait créer une classe supplémentaire entre le CM2 et la 6ᵉ afin de parfaire l'enseignement de la lecture et de l'écriture. »
>
> *Jérôme :* « Il est faux de dire que 80 % de réussite au bac est le reflet d'un bon niveau d'éducation des adolescents. En réalité, c'est la société axée sur la rentabilité qui impose ce quota. »

1. Comment concéder ? (être d'accord sur un point mais manifester son désaccord sur un autre point)	**2. Comment réfuter ?** (manifester un désaccord complet en rejetant tous les arguments)	
	a. Rejeter une explication ou la vérité d'un jugement	b. Signaler une contradiction

2. Quel paradoxe ! Réunissez les deux phrases en une seule, pour <u>mettre l'accent sur les contradictions</u>.

Ex. : *Les gens se plaignent des embouteillages dans les villes.*
Ils prennent systématiquement leur voiture pour circuler.
→ ***Il est contradictoire de** se plaindre des embouteillages **et dans le même temps** de prendre systématiquement sa voiture pour circuler.*

1. Les gens se plaignent de la disparition des petits commerces.
Ils vont faire leurs courses dans les grandes surfaces.

2. Les gens critiquent les émissions de télé-réalité.
Ils regardent tous les épisodes avec assiduité.

3. Les gens veulent le changement.
Ils refusent de faire un effort pour que les réformes aboutissent.

4. À vous ! Notez deux comportements contradictoires et signalez la contradiction, comme dans les exemples précédents.

3. Qu'il est dur parfois de reconnaître ses torts ! Imaginez la situation de communication et reformulez les énoncés selon le modèle :

Ex. « *Oui, c'est vrai, tu as raison de te plaindre, j'ai mal réagi !* » →
Situation : ***une jeune femme à son petit ami***
a. ***Elle <u>admet</u> avoir tort et <u>reconnaît</u> avoir mal réagi.*** (+ infinitif)
b. ***Elle <u>admet qu'</u>il a raison de se plaindre <u>car</u> elle <u>reconnaît qu'</u>elle a mal agi.***
(+ indicatif)

1. « Oui, c'est vrai, tu as raison de te plaindre, j'ai ronflé cette nuit et j'ai même pris toutes les couvertures. » → Situation : .... a. .... b. ....

2. « Oui, c'est vrai, vous avez raison, j'ai dépassé les limitations de vitesse. » → ....
.... a. .... b. ....

3. « Oui, c'est vrai, tu as raison, j'ai mis du sel dans le yaourt de Gaspard. » → ....
.... a. .... b. ....

4. **À vous de reconnaître vos torts.**

.... a. .... b. ....

4. Exprimez votre étonnement devant deux faits contradictoires.

Ex. : *Vous vous plaignez à vos parents ou à vos amis. Ces derniers expriment leur étonnement :*
— Je n'aime pas les cours de français ! (avoir la meilleure note de la classe)
*— Ah bon ? **Tu <u>as pourtant eu</u> la meilleure note de la classe !***

1. Je suis fatigué, en ce moment ! (se reposer pendant les vacances)

— Ah, bon ! ....

2. Je n'ai pas le temps de payer mes factures ! (trouver le temps pour s'amuser)

— Ah bon ! ....

3. Je n'aime plus le théâtre ! (s'inscrire pour l'année scolaire)

— Ah bon ! ....

4. **À vous ! Réagissez à une plainte.**

....
....

5. Lisez attentivement ce texte. Cherchez-y les éléments qui vous permettront de prendre position et de compléter les phrases qui le suivent.

Environ 9 millions de personnes vivent seules, soit une personne sur trois. Peu de gens restent célibataires toute leur vie, de plus en plus de personnes le deviennent à un moment ou à un autre de leur existence. Pourquoi ?

Les repères amoureux et sexuels ont été balayés en quelques années. Dans les années 1960, on se mariait pour la vie ; maintenant on s'unit et on se donne la liberté d'y mettre fin. On ne prend plus le temps de construire, on veut tout et tout de suite.

Le couple est le lieu de tous les espoirs, de tous les souhaits : désir d'un destin commun et d'un épanouissement individuel. Le couple se forme, se compose, se brise parfois et se recompose souvent. Parfois, les gens ont tellement peur de rester seuls qu'ils recherchent un(e) partenaire avec acharnement, comme s'ils recherchaient un emploi (clubs de rencontres, annonces…). Les 9 millions de personnes seules sont les acteurs de cette histoire morcelée.

D'après Violaine de Montclos, *Le Point* (16 mai 2003).

1. Vous êtes d'accord sur un point mais en désaccord sur le reste :

Il est vrai que .... *mais* ....

2. Vous rejetez un point de vue et apportez un argument en opposition :

On voudrait nous faire croire que ....

Or ....

3. Vous rejetez la vérité d'un jugement :

Il est faux de dire que ....

4. Vous signalez une contradiction :

Il est contradictoire de .... *et dans le même temps*

de ....

....

.... **Au plaisir de lire, de dire** ....

1. Jeu sur les sonorités.
Ah ! Pourquoi Pépita, sans répit m'épies-tu ?
Dans les coins, Pépita, pourquoi te tapis-tu ?
Tu m'épies, Pépita, c'est piteux de m'épier.
De m'épier, Pépita, ne peux-tu te passer ?

2. Jeux sur le sens des mots.
Quel est le comble pour   → C'est de ......
1. un astronaute   a. mettre les pieds dans le plat
2. un charcutier   b. s'emmêler les pinceaux
3. une cuisinière   c. se tenir à carreau
4. un peintre   d. être dans la lune
5. un joueur de cartes   e. manger comme un cochon

3. Devinettes.

1. Ils sont debout quand vous êtes couchés, mais ils sont couchés quand vous êtes debout. Qui sont-ils ? → ....

2. Quel est le mot qui contient toutes les lettres ? → ....

3. J'ai plusieurs dents mais je ne mords pas. Qui suis-je ? → ....

4. Histoire pour rire.

— Je voudrais un lit très solide, demande le client.
— Pourtant, vous n'êtes pas si gros que ça, dit le marchand.
— Non, mais j'ai le sommeil lourd !

Béatrice Solleau, 300 histoires pour rire, Éd. Lito 1992.

BILAN 5

• Soyons précis dans certaines situations   (sur 20)

1. Reformulez les phrases en remplaçant *il y a* par un verbe plus précis.

a. <u>Il y a</u> environ 150 000 habitants à Aix-en Provence.

....

b. <u>Il y a</u> un festival d'art lyrique tous les étés dans cette ancienne capitale de Provence.

....

c. <u>Il y a</u> une grande salle de spectacle au Théâtre de Quatre-Vents.

....

d. <u>Il peut y avoir</u> dans cette salle plus de 400 personnes.

.... *(4 points)*

2. Remplacez le verbe *avoir* par un verbe plus précis.

a. Cet étudiant (<u>a</u>) .... des difficultés lorsqu'il doit s'exprimer dans une langue étrangère.

b. Il (<u>a</u>) .... l'espoir de parler couramment d'ici deux ans.

c. Contre toute attente, il (<u>a eu</u>) .... une équivalence lui permettant de rentrer dans une université française.

d. Il (<u>a</u>) .... de nombreuses qualités. *(4 points)*

3. Trouvez le nom qui peut convenir à la suite des verbes suivants.

a. Pierre <u>confie</u> .... à son voisin.

b. Justine <u>annonce</u> .... à ses copines : elle change d'école l'année prochaine.

c. Julien <u>récite</u> .... devant toute sa classe.

d. On l'accuse d'avoir triché. Il <u>affirme</u> ....

e. Antoine <u>avoue</u> .... : c'est lui qui n'a pas respecté les règles.

f. Il avoue qu'il a eu tort : il <u>reconnaît</u> .... *(6 points)*

4. Citez un mot ou une expression pour :

a. exprimer un doute (à l'oral) : ....

b. marquer son indécision (à l'oral) : ....

c. annoncer une nouvelle à quelqu'un (à l'oral) : ....

d. insister sur un propos (à l'oral) : ....

e. exprimer un refus (à l'oral) : ....

f. approuver une décision (à l'oral) : .... *(6 points)*

.... **Au plaisir d'apprendre** ....

Maintenant je suis capable de :

	un peu	assez bien	correctement
• Remplacer « il y a », « avoir », « être » et « se trouver » pour			
– localiser dans l'espace, décrire un lieu,	❑	❑	❑
– localiser une chose, un objet	❑	❑	❑
– décrire une personne	❑	❑	❑
• Remplacer le verbe « dire » pour rapporter un discours et			
– situer mon discours dans une chronologie	❑	❑	❑
– insister sur des propos	❑	❑	❑
– marquer mon indécision	❑	❑	❑
– rendre publique une information	❑	❑	❑
• Exprimer avec précision les intentions suivantes :			
– dire oui et non, être ou ne pas être d'accord	❑	❑	❑
– dire que l'on est content, mécontent ou contrarié	❑	❑	❑
– dire quelque chose à quelqu'un	❑	❑	❑
• Utiliser quelques petits mots du discours afin d'enchaîner vos idées pour :			
– présenter une idée	❑	❑	❑
– expliquer, se justifier	❑	❑	❑
– prendre position	❑	❑	❑
– se situer par rapport à l'autre (concéder, réfuter)	❑	❑	❑

2. SOYONS PRÉCIS : NE NOUS TROMPONS PAS SUR...

2 • 1 ... le genre des mots

1. Masculin ou féminin ?

1. J'adore me promener dans ...*la*...... forêt de Fontainebleau.

2. Regarde ce beau livre ! Sur la couverture, il y a ...*une*.... image magnifique qui représente le soleil couchant.

3. .... musée du Louvre est .... musée très célèbre.

4. Ce tableau est .... œuvre de Picasso.

5. *Madame Bovary* est .... roman de Gustave Flaubert, certains disent même que c'est .... chef-d'œuvre de Flaubert.

6. Ce soir, ... lune brille dans le ciel.

7. À Bayreuth il y a .... Opéra. On y joue ce soir .... opéra de Wagner.

8. Un lycéen est un élève qui a entre 14 et 17 ans et qui fréquente .... lycée.

2 • 2 ... l'orthographe

1. Remettez de l'ordre dans les mots suivants.

1. C'est un synonyme de « réussite ».

| U | C | E | C | S | S | → | S | | | | | |

2. On y assiste au tribunal.

| R | P | O | E | C | S | → | P | | | | |

3. Je te donne mon ... : 1 rue Victor Hugo, Besançon.

| S | A | R | E | D | S | E | → | A | | | | | |

4. J'ai loué un petit ... dans un immeuble moderne.

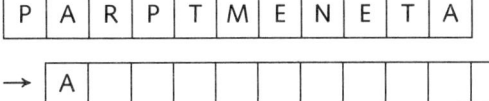

5. C'est le nom formé sur le verbe « comparer ».

P	O	R	C	A	O	I	S	M	N	A

→ | C | | | | | | | | | |

6. C'est l'ensemble des caractéristiques d'une grande société. Il y a eu la …égyptienne, grecque, chinoise, romaine…

I	C	S	A	L	I	I	V	I	T	O	N

→ | C | | | | | | | | | | | |

2. On devine ensemble l'adjectif !

1. amour → ....   3. vigueur → ....

2. douleur → ....   4. rigueur → ....

3. Mots croisés.

HORIZONTALEMENT :

1 Il ne manque rien dans cet appartement. On y est très bien. Il est très… .

4. Il y avait plusieurs maisons au milieu des arbres. Ou bien, il y avait plusieurs maisons … les arbres.

7. Je ne serai pas seule. Mes amis et moi nous partirons tous … .

9. Elle a à peu près cinquante ans, elle a … cinquante ans.

VERTICALEMENT :

I. Toutes les petites filles invitées ont joué, goûté, et puis elles sont rentrées chez elles, chaque petite fille est rentrée chez elle, … est rentrée chez elle.

V. Fait peur aux étudiants. Mais ils ne peuvent pas s'en passer.

XI. Balzac est un …, Proust, Shakespeare, Cervantès, Tolstoï aussi.

4. Mots croisés

HORIZONTALEMENT :

1. Vous êtes en train de faire le n° 4.
4. Synonyme de « boutique ». On y achète et on y vend.
7. Nom formé sur le verbe « exister ».
9. *Titanic* est un … de James Cameron. *Indiana Jones* est un … de Steven Spielberg.

VERTICALEMENT :

I. Il y a plusieurs grands ports en France : par …, Marseille.

III. C'est une personne qui sait tout faire de ses mains, qui est très adroite, très … .

VI. Ce n'est pas une chaise, ce n'est pas un canapé, c'est plus confortable qu'une chaise et moins confortable qu'un canapé. C'est un … .

XI. La linguistique est l'étude du … .

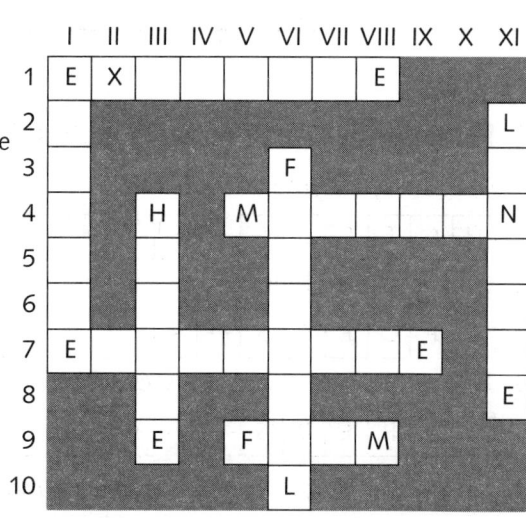

5. Devinons !

1. Ce mot commence par un « M » et il se termine par un « E ». Il désigne une tristesse vague accompagnée de rêve. C'est le contraire de la « gaieté », de la « joie ».

Qu'est-ce que c'est ? → C'est la | M | | | | | | | | E |

2. Ce mot commence par un « M » et il se termine par un « E ». Il désigne quelque chose de secret, de caché. On parle du … de la nature. Une devinette est aussi un … . À la fin des romans policiers, il y a toujours quelqu'un qui trouve la solution, qui trouve la clé du … .

Qu'est-ce que c'est ? → C'est le | M | | | | | E |

3. Ce mot commence par un « O » et se termine par un « T ». C'est le synonyme de « chose ». Une table est une chose ou un …, un stylo est une chose ou un … .

Qu'est-ce que c'est ? → C'est un | O | | | | T |

4. Ce mot commence par un « Q » et se termine par un « R ». C'est une partie (le quart) d'un fruit. C'est une partie administrative d'une ville.

Qu'est-ce que c'est ? → C'est un | Q | | | | | | | R |

5. C'est un adjectif qui commence par « Q » et qui se termine au masculin par un « N ». Il signifie : « habituel », « de chaque jour ». C'est aussi un nom.

→ Un journal qui paraît chaque jour est un | Q | | | | | | | | N |

6. En vous aidant du dictionnaire, donnez des mots formés sur :

1. personne   *(4 mots)*   → ....
2. publicité   *(3 mots)*   → ....
3. réfléchir   *(1 mot)*   → ....
4. tranquille   *(3 mots)*   → ....
5. travailler   *(1 mot)*   → ....

7. Donnez un synonyme de :

1. la mesure, le tempo → le *r*.................
2. parfois → *qu* ....
3. le plus grand nombre de. → la *pl*........
4. pas un seul, pas une seule → *a* ....

2 • *3* ... la préposition

1. Faut-il ou non une proposition ? Et s'il en faut une, laquelle ? Trouvez la bonne proposition. (Attention à la contraction de l'article.)

Ex. : *Il affirme … avoir dit la vérité.* → *Il affirme avoir dit la vérité.*
     Il s'est éloigné … le bord de l'eau. → *Il s'est éloigné **du** bord de l'eau.*

1. C'est un homme bon et gentil ; il aide toujours .... ses amis.

2. Il nous a aidés .... repeindre la maison.

3. En hésitant, l'enfant s'est approché .... le chien.

4. Ton succès dépendra .... ton travail.

5. .... quoi vous intéressez-vous ? .... la musique, ... la littérature, ...
la peinture, ... le cinéma ?

6. Il faut obliger, forcer .... un enfant .... mettre un casque quand il fait du vélo.

7. L'automobiliste imprudent a été obligé, forcé .... souffler dans un ballon pour
vérifier la quantité d'alcool qu'il avait dans le sang.

8. Elle s'est mariée .... un homme plus jeune qu'elle.

2. Même exercice.

1. Mes amis permettent .... leur fille de 13 ans .... sortir seule le soir !

2. Ils autorisent aussi .... leur fille de 13 ans .... poser pour des magazines.

3. Les jeunes gens d'aujourd'hui préfèrent les jeux vidéo .... les jeux de société.

4. J'ai promis .... mon ami .... faire tout ce que je pouvais pour trouver une
solution à ses difficultés.

5. Vous devez toujours répondre .... les gens qui vous interrogent.

6. Il a reproché .... ses amis .... lui avoir caché la vérité.

7. .... qui ressemble ce bébé ?

8. Elle espère .... trouver rapidement du travail.

3. Même exercice.

1. Ils ont osé .... s'opposer à leur professeur.

2. Il est tombé tout de suite amoureux .... la jeune fille.

3. Naples est une ville qui ne ressemble .... aucune autre. Elle est très différente
.... toutes les villes que j'ai déjà visitées.

4. Je trouve les vins de Bordeaux bien supérieurs .... les autres vins et je ne chan-
gerai pas .... avis.

5. Les parents sont civilement responsables .... les actes commis par leurs enfants.

6. Es-tu content .... ce que tu as fait ?

7. Ce patron est très exigeant avec ses employés. Il n'est jamais satisfait .... leur travail.

8. Elle croyait .... avoir bien répondu.

2 • 4 ... certaines constructions particulières

1. Réécrivez la première phrase en introduisant l'expression entre parenthèses. Faites toutes transformations nécessaires.

1. a. L'article traite de la guerre et de la paix.

   b. Dans cet article, ... (s'agir de)

2. a. J'ai envie de voir mes parents.

   b. Mes parents .... (<u>manquer à</u>)

3. a. Quelques élèves sont absents aujourd'hui.

   b. Il .... (<u>manquer</u>)

4. a. De nombreuses injustices persistent dans notre monde.

   b. Il .... (<u>exister encore</u>)

5. a. Ils auront de gros ennuis s'ils continuent à vivre ainsi, et à dépenser sans compter.

   b. Il .... (<u>arriver</u>)

2. Construisez une phrase correcte avec les éléments suivants.

Ex. : *Ne fais pas confiance, au contraire méfie-toi (ces gens) ;*
    *→ Ne fais pas confiance **à ces gens**, au contraire méfie-toi **d'eux**.*

1. Je te félicite mais je m'attendais (<u>ton succès</u>).

....

2. J'ai mis une heure pour monter et descendre (<u>la tour Eiffel</u>).

....

3. Je suis entré, mais je suis sorti aussitôt (<u>la salle d'attente</u>).

....

4. Nous sommes arrivés le 1er juillet, et nous sommes repartis le 1er août (<u>le Mexique</u>).

....

5. Les enfants respectent et ils obéissent au doigt et à l'œil (<u>leur père</u>).

....

6. Elle a vu et est tombée amoureuse tout de suite (<u>le jeune homme</u>).

....

7. Elle ne voulait pas, elle refusait (<u>voir ses autres amies</u>).

....

8. J'aimerais bien, j'ai vraiment envie (<u>partir au loin</u>).

....

3. Construisez correctement les phrases suivantes.

Ex. : *Où irons-nous en vacances, nous nous posons la question.*
    *→ Nous nous posons la question **de savoir où nous irons** en vacances.*

1. Pourquoi a-t-il fait si chaud pendant l'été 2003, tout le monde se pose la question.

....

2. Comment cet élève médiocre a-t-il fait pour réussir, je me pose encore la question.

....

3. Le pianiste, qui est malade, pourra-t-il jouer ? Le public se pose la question.

....

2 • 5 ... le sens de quelques mots

1. Choisissez bien : barrez la mauvaise réponse.

1. a. L'audimat est le moyen qui permet de mesurer l'| *audience* | *auditoire* | d'une chaîne de télévision.

b. Il a demandé | *une audience* | *un auditoire* | au président de la République.

c. L'| *audience* | *auditoire* | était sous le charme. L'enfant qui jouait du violon était un véritable virtuose.

2. a. Ne répète pas ce que je viens de te dire. C'est une | *confiance* | *confidence* | que je n'ai faite à personne d'autre.

b. Pour moi, cet homme est un menteur, je ne lui ferai pas | *confiance* | *confidence* | .

3. a. Il n'y a aucune logique dans ce texte, il est | *confus* | *confondu* | .

b. Je suis vraiment gêné, ce que vous faites pour moi est trop, je suis | *confus* | *confondu* | .

4. Les enfants d'aujourd'hui ne savent pas | *s'ennuyer* | *avoir des ennuis* | . Il faut toujours qu'ils fassent quelque chose. / Ils trouvent toujours quelque chose à faire.

2. Même exercice.

1. Ce professeur a de l'expérience. Il | *enseigne* | *renseigne* | depuis plus de trente ans.

2. Je vais aller à la mairie pour me | *enseigner* | *renseigner* | sur les stages qu'on peut faire.

3. On dit dans l'| *entourage* | *environnement* | du Président que celui-ci se présenterait pour la troisième fois aux prochaines élections présidentielles.

4. Mon petit neveu raconte des histoires extraordinaires de monstres, de sorcières, de dinosaures ; il a beaucoup d'| *image* | *imagination* | .

5. La vieille dame qui n'avait pas de très bons yeux a engagé un jeune homme comme | *lecteur* | *lecture* | . Il lui lit des romans, de la poésie. Il lui fait la | *lecteur* | *lecture* | pendant deux heures chaque jour.

6. Elle ne se rappelle même plus les noms de ses enfants. Elle perd peu à peu la | *mémoire* | *souvenir* | .

7. Quand je suis loin de mes parents et de mes amis, je ne fais que penser | *de* | *à* | eux.

8. Moi j'ai beaucoup aimé ce roman. Et toi, que penses-tu | *à* | *de* | ce livre ?

3. Choisissez bien et complétez. (Attention aux conjugaisons et aux contractions.)

1. Comment, vous nous quittez déjà ? J'espère que maintenant vous .... souvent nous voir. (revenir / retourner)

2. Je ne me sens pas bien, je .... au lit. (revenir / retourner)

3. Est-ce que tu .... l'histoire de ces parents qui n'avaient pas d'argent et qui ne .... pas comment nourrir leurs enfants. Alors ils les ont emmenés

dans la forêt et ils les ont laissés là, sans .... qu'il y avait un ogre dans cette forêt. Ils ne .... pas l'ogre, ils n'avaient jamais entendu parler de lui. (<u>savoir / connaître</u>)

4. Beaucoup d'arbres vont mourir .... de la sécheresse. (<u>à cause de / grâce à</u>)

5. De nombreuses forêts brûlent en été, mais .... le courage des pompiers, des centaines, des milliers d'arbres échappent au feu. (<u>à cause de / grâce à</u>).

6. Tout en bavardant, nous nous dirigions .... la station de métro. (<u>vers / envers</u>)

7. Il manifestait une grande bienveillance .... les enfants et les personnes âgées. (<u>vers / envers</u>)

8. Vous étudierez tous les .... nouveaux appris dans le texte. Vous étudierez le .... de ce texte. (<u>mot / vocabulaire</u>)

QUELQUES RAPPELS

1. On apprend un mot avant tout par sa sonorité : répétez les mots et expressions à haute voix et associez-les à un son connu dans votre langue maternelle.
Comparez avec votre langue maternelle : associez les mots qui se ressemblent du point de vue sonore, graphique, mais qui diffèrent par leur sens (faux-amis).

2. Associez toujours un mot ou une expression nouvelle à ce que vous connaissez déjà :
– un mot à une image
Ex. : *un tag :* voyez l'inscription sur les murs de la ville
– un lieu à un objet
Ex. : *la briocherie/croissant ; animalerie/animaux ;* etc.

3. Associez une expression à l'idée qu'elle exprime.
Ex. : *Je suis sur les genoux* (sens figuré = fatigue)
Associez une couleur à un sentiment *(le rose/la gaîté/voir la vie en rose)*, etc.

4. Apprenez une expression avec une paraphrase qui exprime la même chose, ou exactement le contraire.
Ex. : *Je suis tête en l'air* = je suis étourdie ≠ je fais attention à ce que je fais.

5. Notez au fur et à mesure que vous les rencontrez, les différents sens d'un mot (propre, figuré), les expressions qui en découlent ainsi que le contexte qui lui sert de support.

6. Impliquez-vous dans votre apprentissage :
Les mots que vous aimez / que vous n'aimez pas, les mots faciles/difficiles pour vous…

7. Il est impossible de tout apprendre, de tout retenir… Construisez votre propre dictionnaire en composant vos fiches au fur et à mesure que vous apprenez des informations intéressantes sur le mot :
– comment il s'écrit et se prononce
– comment il se construit (verbes transitifs,… avec ou sans préposition,…) et avec quels autres mots on le trouve le plus souvent
– comment il s'emploie, dans quel contexte – noter le type de discours (oral/écrit), le registre de langue (conventionnel, familier,…), la situation des locuteurs (statut, humeur,…)
– notez les familles de mots et les synonymes/antonymes rencontrés

8. N'oubliez pas vos propres remarques (ce à quoi vous devez faire attention, ce qui est identique/différent par rapport à votre langue maternelle) ainsi que vos associations d'idées personnelles.

9. Et surtout révisez régulièrement vos fiches.
Un mot n'est mémorisé que si il est vu et répété plusieurs fois dans son contexte d'emploi.

CORRIGÉS

I. LA VIE DES MOTS

1. LA FORMATION DES MOTS

1 • 1 Les préfixes

Les préfixes de verbes

1. 1. aplatir – **2. com**mettre – **3. dés**organiser – **4. inter**venir – **5. trans**porter.

2. 1. dévoiler – **2.** déchausser – **3.** décacheter – **4.** désapprouver – **5.** desservir.

3. 1. déshabiller – **2.** déplacer – **3.** déranger – **4.** disjoindre – **5.** dessaler.

4. 1. *encourager / décourager* → Il ne faut pas décourager les mauvais élèves, au contraire ; il faut les encourager. – **2.** *endommager / dédommager* → Le choc entre les deux voitures les a endommagées, les conducteurs doivent aller chez le garagiste et faire un constat pour que la compagnie d'assurance leur paye les dégâts, pour qu'elle les dédommage. – **3.** *emménager / déménager* → Après avoir quitté mon ancien appartement, après avoir déménagé, je m'installerai dans mon nouvel appartement, j'emménagerai. – **4.** *enraciner / déraciner* → Les arbres avaient enfoncé leurs racines très profondément dans la terre, ils s'étaient profondément enracinés et il sera très difficile de les déraciner, de les arracher. *Ou :* Tous les hommes ont besoin de savoir d'où ils sont, ils ont besoin d'avoir des racines et quand ils quittent leur pays d'origine, ils se sentent souvent déracinés.

5. 1. rallumer – **2.** rattraper – **3.** réécrit (*ou* récrit) – **4.** redit – **5.** renvoyée – **6.** réorganiser – **7.** réunis – **8.** relisait – **9.** ramenait – **10.** réagir – **11.** réessayer – **12.** réaffirmait.

6. 1. une autre fois – **2.** de nouveau – **3.** une seconde fois – **4.** encore une fois.

7. 1. a. décrocher / **b.** raccrocher / **c.** accrochez – **2. a.** monté / **b.** démonter, remonter / **c.** monte – **3. a.** reloger / **b.** logeons / **c.** délogé – **4.a.** recommande / **b.** décommander / **c.** commandé – **5. a.** repeindre / **b.** dépeinte / **c.** peint.

8. *Le préfixe « re- » marque la répétition dans les verbes :* **1.** réapprendre – **2.** réchauffer – **6.** refaire.

9. 1. *défaire, refaire* → J'ai fait ma jupe, mais elle ne m'a pas plu, alors je l'ai défaite et puis je l'ai refaite. – **2.** *amener, ramener* → Le fermier mène ses vaches dans le pré. La maman amène ses enfants à l'école à 7 h 30 ; elle les ramène le soir à 4 h 30. – **3.** *apporter, emporter, supporter* → Elle porte une robe légère. Je vous ai apporté quelques fruits. J'emporterai des vêtements chauds au Canada. – **4.** *composer, déposer, reposer* → Chopin a composé de très belles études. Elle était très fatiguée, elle a déposé la valise qu'elle portait. Elle prenait et reposait l'objet qu'elle avait envie d'acheter. – **5.** *devenir, revenir, intervenir, survenir* → Venez me voir demain à 3 heures. Elle est devenue bien belle en grandissant. Il faut que quelqu'un intervienne entre les deux époux pour les réconcilier. Je pars mais je reviendrai.

10. 1. contredire, interdire, médire, prédire, redire – **2.** enlever, relever, soulever – **3.** admettre, entremettre, remettre, soumettre – **4.** comprendre, entreprendre, se méprendre, reprendre, surprendre – **5.** contenir, détenir, entretenir, retenir, soutenir.

11. 1. oui – **2.** oui – **3.** non : *défendre* signifie « interdire », *fendre* signifie « couper » – **4.** non : *dépeindre* signifie « décrire », *peindre* signifie « couvrir avec de la peinture ou exprimer par la peinture » – **5.** non : *délivrer* est synonyme de « libérer » – **6.** oui.

12. 1. faible – **2.** long – **3.** triste – **4.** belle – **5.** court – **6.** lent – **7.** sûr – **8.** étroit.

Les préfixes de noms et d'adjectifs

1. archi- : marque la grandeur, l'excès – **2. dés-** (dé- + s) : marque la négation, donne une idée de contraire – **3. irr-** (ir- + r) : marque la négation – **4. més-** (mé- + s) : marque la négation, donne une idée de manque, de mal – **5. mini-** : marque la petitesse – **6. poly-** : marque la quantité (= plusieurs) – **7. sur-** : marque l'excès – **8. tri-** : marque la quantité (= trois) – **9. ultra-** : marque un degré élevé – **10. uni-** : marque la quantité (= un).

2. Tous les mots de la liste sont construits avec un préfixe à valeur négative, sauf *préscolaire*.

3. 1. Non, c'est une personne qui parle plusieurs langues. – **2.** Non, c'est une demi-sphère, la moitié d'une sphère. – **3.** Non, c'est une grande quantité de personnes ou d'objets. – **4.** Non, c'est un long discours d'une personne qui parle seule. – **5.** Non, c'est un homme qui a plusieurs femmes/épouses. – **6.** Non, c'est un espace entre deux lignes. – **7.** Non, c'est la limite arrondie d'une surface, ou c'est aussi la banlieue d'une ville. – **8.** Non, c'est la distance d'un point à un autre, ou un écart entre deux sons ou un espace de temps entre deux moments.

4. 1. une famille monoparentale – **2.** monotone – **3.** bilingue – **4.** semi-circulaire – **5.** un (journal) hebdomadaire – **6.** immettable – **7.** inséparable – **8.** une personne anonyme.

5. 1b, 2c, 3a, 4b, 5c.

6. 1. surdoué – **2.** hypersensible – **3.** archi-pleine – **4.** archiconnu – **5.** extraordinaire – **6.** ultra-chic – **7.** surexcitée – **8.** surpeuplée.

7. 1. mini-golf – **2.** minijupes – **3.** minuscule, microscopique – **4.** microbes – **5.** à micro-ondes (*ou* un micro-ondes).

8. 1g. arrière-pays – **2h.** désunion – **3i.** mécontent – **4a.** minibus – **5f.** préavis – **6b.** supermarché – **7c.** surexcité – **8e.** téléobjectif – **9d.** supporter.

9. 1. une télécommande – **2.** un antivol – **3.** un parapluie – **4.** un paravent – **5.** un paratonnerre – **6.** un rétroviseur.

10. 1. la maladresse – **2.** la désapprobation – **3.** la malchance – **4.** le désespoir – **5.** le dégel – **6.** la malhonnêteté – **7.** la désillusion – **8.** la déloyauté – **9.** la désobéissance – **10.** le désordre • **11.** inconnu (*ou* méconnu) – **12.** mécontent – **13.** malhabile – **14.** malheureux – **15.** désintéressé – **16.** désordonné – **17.** malpropre – **18.** malsain – **19.** dissemblable – **20.** dissymétrique.

11. 1. incroyable – 2. inadmissible – 3. inutile – 4. irréprochable – 5. irrésistible – 6. indubitable – 7. imperméable – 8. involontaire – 9. imprévu – 10. inerte (*ou* inanimé).

12. *Série A* : **1d.** sans-gêne – **2e.** vice-président – **3a.** ex-femme – **4b.** non-lieu – **5c.** sous-sol • *Série B* : **1c.** entracte – **2d.** préface – **3e.** avant-première – **4b.** anticonformisme – **5a.** maladresse.

13. 1. prédit – 2. contredire – 3. interdit – 4. redire – 5. médire.

14. 1. confie – 2. méfie – 3. méfie-toi / défie-toi.

15. 1. enlève – 2. relever – 3. soulevant.

16. 1. amener – 2. démener, surmènes – 3. ramenés – emmenons.

17. 1. permis – 2. promis – 3. remets-la – 4. remis (*ou aussi* soumis) – 5. soumis - 6. j'admets – 7. transmise – 8. remet.

18. 1. emporte – 2. rapporter – 3. importe – 4. exporte – 5. supporté/ comportée – 6. comportait – 7. m'apporter – 8. transportant – 9. remportez.

19. 1. suppose – 2. composé – 3. proposé – 4. reposée – 5. déposer – 6. entreposé.

20. 1. reprendrai – 2. entrepris – 3. surpris – 4. apprendre – 5. compris.

21. 1. retenus – 2. soutenait – 3. contient – 4. entretient – 5. maintenait.

22. 1. devenue – 2. intervenus – 3. préviens – 4. reviens – 5. convient – 6. provient – 7. souviennent – 8. subvenir – 9. survienne.

---

1 • 2 Les suffixes

Les suffixes de verbes

1. chant**onner** – 2. dans**er** – 3. rar**éfier** – 4. rational**iser** – 5. grat**ouiller** – 6. vieil**lir** – 7. viv**oter**.

2. 1. crier – 2. donner – 3. sauter – 4. signaler – 5. galoper – 6. bavarder – 7. rêver – 8. vider – 9. numéroter – 10. différencier – 11. privilégier.

3. 1. l'actualiser – 2. banalisé – 3. égaliser – 4. personnaliser – 5. brutalise – 6. généraliser – 7. légaliser – 8. décentralisant.

4. 1. Les auteurs de dictionnaires sont obligés de les *actualiser* constamment. – 2. Il *économise* pour pouvoir s'acheter une voiture. – 3. Le tourisme *a favorisé* l'expansion de cette région. – 4. L'interdiction de fumer dans des lieux publics *s'est généralisée.* – 5. L'état du malade exigeait qu'on l'*hospitalise* sans tarder. – 6. Le boulanger a refait sa boulangerie, il a voulu la *moderniser* mais pour cela, il a détruit la belle décoration à l'ancienne. – 7. Les parents d'élèves *se sont solidarisés* avec les professeurs en grève. – 8. Après de nombreux régimes, elle a vu enfin son poids *se stabiliser.* – 9. L'automobiliste téléphonait en conduisant ; le policier *a verbalisé.* – 10. La télévision *uniformise* l'information.

5. 1. fortifier – 2. falsifier – 3. authentifier – 4. personnifier – 5. diversifier – 6. simplifier – 7. planifier.

6. 1. harmoniser – 2. calmée, tranquillisée – 3. humaniser – 4. fertiliser – 5. simplifie – 6. clarifié – 7. unifier – 8. raréfie.

7. C'est l'aube, le ciel *blanchit*, puis il change de couleur et, au-dessus de la ligne d'horizon, on voit les nuages *rosir* et le temps passant, *pâlir* : c'est une nouvelle journée qui commence. Elle va s'écouler dans le bleu du ciel et le blanc des nuages et vers le soir, le soleil *rougit* et, comme une boule de feu, il descend peu à peu avant de s'enfoncer derrière l'horizon, laissant derrière lui une traîne de nuages qui *verdissent* puis *noircissent.* Le ciel *s'obscurcit*, le monde *s'assombrit*, la nuit est là.

8. 1. attristée – 2. raccourcir – 3. tiédir – 4. élargir – 5. enrichi, appauvri – 6. l'épaissir – 7. fraîchit – 8. a assaini la région.

9. a grandi – ont rétréci – vieillit – (tu) n'as pas enlaidi – as embelli – assagit – embellit – as minci – as rajeuni.

10. trottine – sautille – toussote – sifflote – machouille (*ou* mâchonne).

Les suffixes d'adjectifs

1. 1. argent**ine** – 2. ital**ien** – 3. chin**oise** – 4. révolution**naire** – 5. amour**eux** – 6. amus**ant** – 7. accept**able**.

2. 1. autrichien – 2. roumaine – 3. canadien – 4. iraniennes – 5. américain – 6. irlandais – 7. népalais - 8. brésilienne.

3. d'autres étaient sénégalais, marocains ou tunisiens – d'autres encore étaient polonais, roumains, allemands, russes, ouzbèks, turcs, grecs, chinois, japonais, australiens, coréens, angolais, finlandais, norvégiens, lapons.

4. 1. royale – 2. fraternelle – 3. maternel – 4. matinaux – 5. manuels – 6. médicales – 7. visuels – 8. initiale.

5. 1. ambitieux – 2. juteuse – 3. agressif – 4. adoptive – 5. automnal – 6. climatiques – 7. bénéficiaire – 8. quotidienne.

6. 1. sportives – 2. identiques – 3. (bien) charnues – 4. publiques – 5. historiques – 6. pacifique – 7. pacifistes – 8. cinématographique.

7. 1. scandaleux – 2. civiques – 3. utile – 4. désertique – 5. social et culturel – 6. imaginaires – 7. massif – 8. passionnelle et cruelle.

8. A. 1. colérique ou coléreux – 2. criarde – 3. bavard – 4. trouillard (*fam.*) – 5. paresseux – 6. vantard – 7. braillard (*fam.*) – 8. batailleur • B. 1. flatteurs – 2. menteur – 3. capricieux – 4. curieux – 5. moqueur – 6. radin (*fam.*) – 7. naïf – 8. tricheur.

9. A. 1. courageux – 2. souriant – 3. rieur – 4. débrouillard – 5. bricoleur – 6. intéressant – 7. amusant – 8. actif • B. 1. singulier – 2. droitier – 3. gaucher – 4. richard (ou richissime) – 5. célébrissime – 6. amoureux – 7. émouvant – 8. touchant.

10. 1. fadasse – 2. savoureux – 3. délicieux – 4. féerique – 5. grisâtre – 6. bancaire – 7. universitaire – 8. planétaire.

11. Ces quatre suffixes ont une valeur péjorative ; mais **-ard**, associé à un nom comme « veine », « chance », prend une valeur positive ; de même le suffixe **-esque** a plutôt une valeur péjorative, mais il peut avoir aussi une valeur neutre, une valeur de simple rapport à…, comme *moliéresque* (qui a un rapport avec Molière).

12. **-ard** : **3.** faiblard (un peu faible) – **7.** snobinard (un peu snob) – **8.** soûlard (*fam : ivrogne*) • **-asse** : **1.** blondasse (d'un vilain blond) – **4.** hommasse (en parlant d'une femme : qui a les manières d'un homme) – **6.** mollasse (qui est trop mou, flasque, sans énergie) • **-âtre** : **2.** brunâtre (tirant sur le brun) – **5.** idolâtre (qui a une adoration pour) – **9.** verdâtre (d'un vert sale).

13. chançard, veinard, geignard, ringard.

14. 1. très exigeant – 2. menaçant – 3. provocante – 4. différentes – 5. tout à fait ressemblant – 6. concordantes – 7. très fatigant – 8. piquante.

15. 1. charmante – **2.** brillants – **3.** étonnante – **4.** finissant – **5.** méprisant – **6.** suffocante – **7.** apaisante – **8.** souvent irritantes.

16. 1. habitable – **2.** horrible – **3.** lisible – **4.** potable – **5.** paisible – **6.** accessible – **7.** charitable – **8.** respectable.

17. 1. invisible – **2.** lavables – **3.** inoubliables – **4.** sensible – **5.** aimable – **6.** supportable – **7.** sociable – **8.** souhaitable.

18. 1. L'enfant avait failli se faire mordre par un chien et il était tout *pâlot*. – **2.** La petite fille était toute *mignonnette*, toute *proprette* dans ses vêtements neufs. – **3.** Il était gentil mais un peu naïf, un peu *simplet*. – **4.** Ma grand-tante nous recevait dans un appartement charmant mais *vieillot*.

Les suffixes de noms

1. **-ement : 1.** aboi**e**ment – **2.** accouchement – **4.** agencement – **7.** bégai**e**ment – **8.** comportement – **10.** développement – **12.** enseignement – **14.** larmoi**e**ment – **16.** renouvellement – **17.** tutoi**e**ment • **-issement : 3.** affaiblissement – **5.** amaigrissement – **6.** applaudissement – **11.** éblouissement • **-aison : 9.** conjugaison – **13.** inclinaison – **15.** livraison.

• *On peut faire deux remarques :* **1.** les verbes du 2e groupe en « -ir » donnent des noms suffixés en « -issement » – **2.** les verbes du 1er groupe en « -oyer » ou « -ayer », donnent des noms suffixés en « -oiement » ou « -aiement » (« y » du verbe → « i » devant la voyelle muette « e »).

2. Ces verbes du 2e groupe ne donnent pas des noms suffixés en « -issement ». Ils donnent des noms formés à partir de différents suffixes : *le bond, la fin, la guérison, la réussite, la trahison…*

3. Contrairement à ce que nous avons vu dans l'exercice 1, les noms formés sur les verbes *essayer, envoyer* et *employer* sont : **1.** un essai – **2.** un envoi – **3.** un emploi.

4. **-ation, -cation (f) : 1.** alimentation – **2.** agitation – **4.** animation – **5.** application – **8.** condamnation – **9.** explication – **10.** fabrication – **16.** transformation • **-ification (f) : 3.** amplification – **12.** justification – **14.** planification – **15.** simplification – **17.** vérification • **-isation (f) : 6.** canalisation – **7.** centralisation – **11.** hospitalisation – **13.** modernisation – **18.** vulgarisation.

• *Remarques :* les verbes en **-quer** → des noms en **-cation** ; les verbes en **-ifier** → des noms en **-ification** ; les verbes en **-iser** → des noms en **-isation**.

5. **-tion, -ition, -ution (f) : 1.** abstention – **3.** addition – **4.** apparition – **5.** attribution – **6.** audition – **9.** évolution – **12.** mention – **13.** position • **-ction (f) : 2.** action – **8.** correction – **14.** protection • **-sion (f) : 7.** confusion – **10.** décision – **11.** division – **15.** tension.

6. Dans l'exercice précédent, des verbes comme *corriger, protéger* donnent des noms en **-ction** : ainsi, on a *correction, protection*. Et pourtant, ces verbes en **-ger** donnent d'autres suffixes, d'autres sortes de noms : **1.** abrègement *(m)* – **2.** allègement *(m)* – **3.** divergence *(f)* – **4.** et **5.** piège *(m)* et siège *(m)*.

7. 1. Il prend des cours de *conduite* pour passer son permis de conduire. – **2.** Le maire a décidé la *construction* d'une nouvelle école. – **3.** Le percepteur m'a fait une *déduction* d'impôts, j'en avais trop payé l'année dernière. – **4.** La guerre provoque des *destructions* terribles. – **5.** Dans de nombreux pays, l'*instruction* est obligatoire. – **6.** On assiste à l'*introduction* de nombreux mots nouveaux dans une langue. – **7.** Elle a acheté quelques *reproductions* des tableaux de Nicolas de Staël et elle les a accro-

chées aux murs de sa chambre. – **8.** Quels sont les moyens de *séduction* d'une personne ? La beauté, l'intelligence, le charme… ? – **9.** J'ai lu une très bonne *traduction* de ce poème chinois.

• Vous remarquerez que la plupart des verbes en **-uire** forment des noms d'action en **-uction**, sauf *conduire*, qui donne : *la conduite*.

8. 1. Après tes explications, j'ai une petite idée, *un aperçu* de la situation. – **2.** Elle a *une conception* originale de l'éducation. Elle laisse ses enfants faire ce qu'ils veulent. – **3.** Il a ressenti *une* profonde *déception* quand on lui a annoncé son échec, il avait tellement travaillé ! – **4.** Les daltoniens qui confondent les couleurs, le rouge et le vert, ont un trouble de *la perception* visuelle. – **5.** Cette femme aime beaucoup recevoir chez elle ; elle organise des *réceptions* très brillantes.

• Vous remarquerez que les verbes formés sur le suffixe **-evoir** donnent des noms suffixés en **-eption**, sauf le verbe *apercevoir* qui donne *un aperçu*.

9. Son bavardage incessant agace le professeur – **2.** Le démarrage et le freinage sont… – **3.** le clonage des êtres humains – **4.** Elle adore le patinage… – **5.** le lavage, le rinçage, l'essorage du linge – **6.** la cabine de pilotage de l'avion – **7.** leur mariage a été l'occasion d'une grande fête – **8.** Je déteste le repassage.

10. 1. l'arrivée – **2.** l'arrivage – **3.** décollement – **4.** décollage – **5.** nettoiement – **6.** nettoyage – **7.** règlement – **8.** réglage.

11. 1. la largeur – **2.** l'élargissement – **3.** la jeunesse – **4.** le rajeunissement – **5.** la beauté – **6.** l'embellissement – **7.** la lenteur – **8.** le ralentissement.

12. 1. la grandeur – **2.** d'agrandissement – **3.** l'épaisseur – **4.** l'épaississement – **5.** le radoucissement – **6.** la douceur – **7.** la vieillesse – **8.** du vieillissement.

13. 1. Il éprouvait une forte *attirance* pour cette jeune fille inconnue. – **2.** Il faut respecter les *croyances* des autres. – **3.** L'*espérance* est le moteur de l'humanité. – **4.** On lui a confié *la gérance* de l'usine. – **5.** *La méfiance* est un sentiment que je n'aime pas. – **6.** Quelle est votre date de *naissance* ? – **7.** La justice doit remplacer *la vengeance*. – **8.** Un commerçant doit répondre aux *exigences* de ses clients. – **9.** Quelles sont vos *préférences* musicales ? – **10.** Je ne supporte pas son air de supériorité, son *arrogance*. – **11.** *La constance* (la fidélité) est une grande qualité. – **12.** Elle s'habillait avec *une élégance* un peu démodée. – **13.** Comment voit-on *la puissance* d'un pays ? – **14.** Il s'est conduit avec un grand courage, *une* grande *vaillance*.

14. **-ade (f) : 2.** baignade – **3.** citronnade – **4.** colonnade – **10.** noyade – **11.** œillade • **-erie (f) : 1.** argenterie – **5.** coquetterie – **8.** galanterie – **9.** minuterie – **12.** plaisanterie – **13.** tricherie • **-ure (f) : 6.** coupure – **7.** dorure.

15. 1. la blancheur – **2.** la popularité – **3.** la supériorité – **4.** l'obscurité – **5.** sa loyauté et sa discrétion – **6.** la pureté, la luminosité, la fraîcheur et la limpidité, la tranquillité – **7.** sa tristesse – **8.** la droiture, la bonté, la simplicité et l'intégrité.

16. 1. la jalousie – **2.** la maigreur – **3.** la grande souplesse – **4.** la pauvreté et la solitude – **5.** la grande exigence – **6.** de la tendresse et de la fermeté – **7.** la franchise et le courage – **8.** sa modestie, un grand orgueil.

17. 1. plus de générosité et à moins d'indifférence – **2.** sa bêtise ou sa méchanceté – **3.** la gourmandise – **4.** la banalité – **5.** sa douceur et son intelligence – **6.** l'aptitude – **7.** par fierté – **8.** sa gaieté, son ivresse – **9.** votre grande amabilité.

18. 1. la souffrance des gens – **2.** l'ouverture et la fermeture – **3.** la découverte – **4.** le contenu – **5.** la couture – **6.** l'autorisation et l'interdiction – **7.** Je n'aime pas la contradiction – **8.** une interruption des, et même la rupture des.

19. 1. un vendeur, une vendeuse – **2.** un acheteur, une acheteuse – **3.** un directeur, une directrice – **4.** un metteur en scène – **5.** un danseur, une danseuse – **6.** un compositeur, une compositrice – **7.** un éducateur, une éducatrice – **8.** un facteur, une factrice.

20. 1, 4, 7, 10, 11 et 12 désignent des personnes • 2, 3, 5, 6, 8 et 9 désignent des objets.

21. 1. le pâtissier – **2.** le boulanger – **3.** le menuisier – **4.** le boucher – **5.** l'épicier – **6.** l'horloger – **7.** le crémier – **8.** le couturier, la couturière (ou le tailleur).

22. 1. pâtisserie – **2.** boulangerie – **3.** boucherie – **4.** épicerie – **5.** librairie – **6.** papeterie – **7.** crémerie – **8.** charcuterie.

23. 1. le rosier – **2.** la roseraie – **3.** le palmier – **4.** la palmeraie – **5.** l'oranger – **6.** l'orangeraie – **7.** l'olivier – **8.** l'oliveraie.

24. 1. comédien(ne) – **2.** musicien(ne) – **3.** décorateur (-trice) – **4.** traducteur (-trice) – **5.** mécanicien(ne) – **6.** journaliste – **7.** choriste – **8.** instituteur (-trice).

25. 1. antiquaire – **2.** libraire – **3.** fonctionnaire – **4.** vétérinaire – **5.** archéologue – **6.** égyptologue – **7.** psychologue – **8.** montagnard(e).

26. 1. un arrosoir – **2.** une dépanneuse – **3.** un hachoir – **4.** une perceuse – **5.** une photocopieuse – **6.** un rasoir – **7.** un séchoir. – Les mots en **-oir**, désignent des instruments. Les mots en **-euse** désignent des machines.

27. 1. une armoire – **2.** un réfectoire – **3.** un laboratoire – **4.** un observatoire.

28. 1. un couloir – **2.** un trottoir – **3.** un égouttoir – **4.** un dortoir.

29. 1. communiste, réaliste, socialiste – **2.** capitaliste, centriste – **3.** idéaliste, altermondialistes.

30. richard, soixante-huitard – smicard, politicard – tocard, chauffard.

31. A. 1. un appel, un dégel, un gel, un jet – **2.** un appui, un don, un ennui – **3.** un cri, un oubli, un pli, un tri ;
B. 1. une paie (ou un paiement) – **2.** une étincelle, une étiquette, une marche.

Les suffixes d'adverbes

1. intelligemment, impatiemment – calmement, longuement – vraiment, précisément – constamment – apparemment – attentivement – soigneusement – prudemment – fiévreusement – élégamment – simplement – réellement – bruyamment – rapidement, finalement.

2. 1. brièvement – **2.** distraitement – **3.** Habituellement – **4.** passionnément – **5.** patiemment – **6.** est connu mondialement (ou est mondialement connu) – **7.** aucunement – **8.** gentiment.

Amusons-nous pour finir ! (charades)

1. 1. tapoter (ta, pot, -er) – **2.** identique (i, dent, -ique) – **3.** tapage (ta, page) – **4.** repassage (re-, pas, sage) – **5.** surmenage (sur, me, nage) – **6.** malpropre (mal, propre) – **7.** indéniable (in-, dé-, ni, -able).

Les noms et adjectifs composés

1. 1. *l'au-delà* : article contracté + adverbe = le monde après la mort – **2.** *un bas-relief* : adjectif + nom = sculpture qui ressort d'un fond uni – **3.** *une basse-cour* : adjectif + nom = cour de ferme réservée à la volaille (poules, coqs, canards…) – **4.** *un chausse-pied* : verbe + nom = objet qui sert à faire entrer le pied dans la chaussure – **5.** *un ciné-club* : abréviation du nom « cinéma » + nom = club d'amateurs de cinéma – **6.** *une contre-allée* : préposition + nom = une allée placée sur le côté parallèle à une voie principale – **7.** *le franc-parler* : adjectif + infinitif = la liberté de langage – **8.** *un garde-boue* : verbe + nom = bande de métal qui recouvre et protège la roue d'une bicyclette ou d'une moto – **9.** *une jupe-culotte* : nom + nom = vêtement de femme, pantalon très large qui donne l'impression d'une jupe – **10.** *un lance-fusées* : verbe + nom = dispositif qui permet de guider et de lancer au loin des engins.

2. 1d. une bande-son – **2g.** un appartement-témoin – **3f.** un bar-tabac – **4b.** une pause-café – **5c.** l'auto-stop – **6h.** un bloc-notes – **7e.** un(e) garde-malade – **8a.** une voiture-bar.

3. 1. sac à dos – **2.** crème de nuit – **3.** chefs-d'œuvre – **4.** salle d'attente – **5.** trait d'union – **6.** pommes de terre – **7.** coup d'œil, clin d'œil – **8.** bureau de poste.

4. chemise de nuit, robe de chambre, salle de bains, brosse à dents, salle à manger, petit-déjeuner – chambre à coucher, fer à repasser, machine à laver.

5. 1. l'amour-propre – **2.** une bande dessinée – **3.** une carte postale – **4.** une chaise longue – **5.** un coffre-fort – **6.** un dessin animé – **7.** un coup-franc – **8.** du sang-froid.

6. 1. le prêt-à-porter – **2.** un pourboire – **3.** un porte-serviettes – **4.** un pique-nique, un tire-bouchon, un ouvre-boîtes, quelques amuse-gueule, des croque-monsieur et des croque-madame, un quatre-quarts – **5.** les essuie-glaces, les appuie-tête, le pare-brise, le siège couchette – **6.** aucun savoir-vivre, du laisser-aller et du je-m'en-foutisme – **7.** bleu tendre, vert émeraude, jaune citron – **8.** ivre mort.

7. 1. boîte à lettres – **2.** salle à manger/salle de bains – **3.** soupe au lait – **4.** crème de jour – **5.** face-à-face – **6.** manque à gagner – **7.** jardin d'enfants – **8.** coup d'œil.

8. 1c. un en-tête – **2f.** un sous-titre – **3e.** un sans-logis – **4g.** un pourboire – **5b.** un avant-propos – **6d.** un après-midi – **7a.** un à-côté.

9. 1g. un sans-cœur – **2e.** un sous-entendu – **3a.** une avant-garde – **4b.** un contretemps – **5f.** un à-propos – **6d.** un après-shampoing – **7c.** un hors-d'œuvre.

10. 1. un abat-jour – **2.** un aide-mémoire – **3.** un aller-retour – **4.** un casse-cou, un casse-pieds, un casse-tête – **5.** un chauffe-eau, un chauffe-plat – **6.** un couvre-lit – **7.** un faire-part – **8.** un portemanteau, un porte-bagages, un porte-bébé, un porte-bonheur, un porte-cartes, un porte-monnaie, un porte-parapluies, un porte-parole – **9.** un tire-bouchon, un tire-fesses, un tire-lait.

11. 1. je-ne-sais-quoi – **2.** je ne sais qui – **3.** qu'en-dira-t-on – **4.** je-m'en-foutisme – **5.** laissés-pour-compte – **6.** jusqu'au-boutiste.

12. 1. un cache-cœur – **2.** un cache-nez – **3.** un coupe-vent – **4.** une jupe-culotte – **5.** un pull-over – **6.** un twin-set.

13. 1. deux-pièces – **2.** trois-quarts, six-huit, trois-quatre – **3.** deux-roues, trois-quarts – **4.** quatre-quarts – **5.** quatre-quatre, trois-étoiles.

14. 1c. bleu ciel – **2e.** jaune paille – **3f.** vert émeraude – **4b.** rouge cerise – **5a.** blanc crème – **6d.** noir d'ébène.

15. 1. des couvre-lits bleu marine, des chaises longues…, des lampes avec des abat-jour vert d'eau. – **2.** Sur les tables de nuit, …des livres, des radios-réveils, des éléphants porte-bonheur, des cartes postales envoyées de Crète qui représentaient des chefs-d'œuvre…, des serre-tête(s), des blocs-notes ; …des fourre-tout… – **3.** Elles avaient…, c'étaient des jeunes filles touche-à-tout, couche-tard et lève-tôt. – **4.** Elles aimaient… les bars-tabac de leur quartier ; …c'étaient de vrais casse-cou, elles faisaient… – **5.** elles étaient aussi… généreuses. Elles avaient comme amis des sans-le-sou qu'elles aidaient comme elles pouvaient et montraient ainsi qu'elles n'étaient pas des personnes sans cœur.

---

1 • 4 Les locutions verbales et adverbiales

Les locutions verbales

1. Il y a des locutions verbales dans les phrases 2, 3, 6 et 7.

2. Il y a des locutions verbales dans les phrases 1, 4, 5, et 8.

3. Il y a des locutions verbales dans les phrases 1, 4, 5 (il faisait chaud, prenaient l'air) et 7.

4. 1c – **2e** – **3f** – **4g** – **5b** – **6d** – **7h** – **8a.**

5. 1d – **2f** – **3a** – **4b** – **5c** – **6g** – **7h** – **8e.**

6. 1. a. des affaires / **b.** l'affaire – **2. a.** du bruit / **b.** grand bruit – **3. a.** compte / **b.** les comptes – **4. a.** pied / **b.** un pied – **5. a.** feu / **b.** du feu.

7. 1. a. avait mal / **b.** a du mal – **2. a.** confiance / **b.** a la confiance – **3. a.** faites appel / **b.** faire l'appel – **4. a.** prendre l'air / **b.** pris un air – **5. a.** tenu la tête / **b.** tenait tête.

Les locutions adverbiales

1. 1. avec gentillesse – **2.** Elle aime la musique avec passion – **3.** en vain – **4.** en effet – **5.** nous avons là, sans aucun doute, un tableau – **6.** à merveille – **7.** peu à peu – **8.** en silence.

2. 1. avec peine – **2.** avec prudence… – **3.** En général, on… – **4.** en particulier – **5.** avec calme… – **6.** avec patience… – **7.** on punissait les voleurs avec sévérité, sans pitié – **8.** en secret.

3. 1. sur-le-champ – **2.** à perdre haleine – **3.** à l'envers – **4.** quatre à quatre – **5.** à tue-tête – **6.** à bon escient – **7.** à la longue – **8.** à tête reposée.

4. 1. pêle-mêle – **2.** à l'improviste – **3.** à perte de vue – **4.** en sursaut – **5.** à l'unanimité – **6.** à la dérobée – **7.** à gorge déployée – **8.** à cœur ouvert.

5. 1. à la folie, de plus belle, tout à fait – **2.** petit à petit, goutte à goutte, en partie – **3.** sans cesse, de temps en temps, coup sur coup – **4.** à la longue, de nuit, de jour, à présent – **5.** par-dessous, au-delà, à vol d'oiseau.

6. 1f – **2h** – **3i** – **4a** – **5c** – **6d** – **7e** – **8j** – **9b** – **10g.**

BILAN 1

Les préfixes

1. *Base :* porter, prendre / *Préfixe :* **ad-** = vers ; ad- + p → app-. – **2.** *enseigner* = apprendre ; *renseigner* = donner une information. / Non, le préfixe **r-** ne marque pas la répétition. – **3.** *Préfixe :* **de-.** / Il a une valeur négative. – **4.** *redemandent :* le préfixe **re-** marque la répétition = demander une autre fois / *rejettent :* le préfixe **re-** ne

marque pas la répétition ; il a une valeur d'opposition, d'hostilité = jettent loin de, repoussent. – **5.** *illettrés* = qui ne savent pas lire / *incapables* = qui ne sont pas capables.

Les suffixes

1. *Suffixe :* **-issement** / C'est un suffixe qui se forme sur les verbes du 2e groupe. – **2.** impatiemment. – **3.** la différence ; la préférence. / Ces deux mots sont formés avec le suffixe **-ence** et non pas **-ance** comme dans beaucoup d'autres mots. – **4.** Le suffixe commun est **-iser.** / Il a une valeur factitive. Il exprime l'idée de « rendre… ». / La base de ces verbes est un nom ou un adjectif : « standard », « uniforme », « la valeur », « humain ». « Dévalorise », « déshumanise », ont aussi un préfixe **de-** à valeur négative. – **5.** *Les suffixes sont :* **-onner** qui exprime une action répétée et **-ouiller** qui a une valeur péjorative. / *marmonner :* parler, dire entre ses dents de manière confuse, avec hostilité / *bredouiller :* parler d'une manière précipitée et peu distincte. – **6.** *gravissime* = très grave.

Les mots composés

1. *un tête-à-tête* = un entretien – **2.** *un fourre-tout* = *(fam.)* un sac souple où on met les affaires en désordre *(ou aussi* une pièce où on se débarrasse de toutes sortes de choses). Ici, le mot a un sens figuré : il désigne la télévision qui est comme un grand sac où on met n'importe quoi.

Les locutions adverbiales et verbales

1. en outre (de plus) – **2.** à la longue (avec le temps) • **1.** faire preuve de (montrer) – **2.** prendre à cœur de (prennent un intérêt passionné à).

2 . LE SENS DES MOTS

---

2 • 1 Les synonymes

Les synonymes varient en précision

1. 1. la route, le chemin, le sentier, l'avenue, le boulevard, la rue – **2.** le bateau, la péniche, le navire, le paquebot, le cargo, le chalutier.

2. 1. une rue – **2.** sentier – **3.** l'avenue – **4.** impasse – **5.** autoroutes – **6.** routes – **7.** voie – **8.** chemin.

3. 1. non, je me promène quand je ne suis pas pressé(e) – **2.** non, j'erre quand je ne sais pas où je vais – **3.** non, arpenter signifie : marcher à grands pas – **4.** oui, trottiner signifie marcher à petits pas – **5.** oui – **6.** non, je me balade quand je marche à ma fantaisie, je rôde quand je marche en ayant de mauvaises intentions.

4. *Horizontalement :* **1.** ruisseau – **3.** flaque – **8.** averse – **11.** mare – **13.** ondée • *Verticalement :* **I.** rivière – **IV.** fleuve – **V.** rafale – **VI.** étang – **VII.** vent – **IX.** tempête.

5. 1. non, un paquebot est un gros bateau qui transporte des passagers – **2.** non, normalement ce n'est pas possible ; mais à Rouen, sur la Seine, on peut voir une fois par an, des navires qui viennent pour une exposition – **3.** non, impossible – **4.** oui – **5.** non, sur une mare, on ne peut voir que les bateaux (en papier par exemple) jetés par les enfants – **6.** oui.

6. *Horizontalement :* **1.** péniche – **3.** barque – **5.** voilier – **8.** trimaran – **12.** chalutier • *Verticalement :* **I.** paquebot – **V.** cargo, bateau – **X.** navire.

7. 1. l'averse, la pluie, l'ondée – **2.** l'étang, la flaque, le lac, la mare – **3.** le fleuve, la rivière, le ruisseau, le torrent.

8. 1. ruisseaux – **2.** rivière – **3.** flaques – **4.** fleuves – **5.** torrent – **6.** pluie, averse – **7.** l'étang… – **8.** lacs, le lac, le lac.

9. *Les intrus :* un chahut, un fonctionnaire, le tapage.

10. *Proposition de la maison de mes rêves.* J'aimerais habiter une maison au bord de la mer. Elle serait construite sur un rocher, et on pourrait entendre la mer. Ce serait une grande maison de deux ou trois étages, une grande villa où pourraient vivre de nombreuses personnes. Au rez-de-chaussée, il y aurait une grande salle de séjour-salle à manger. Une grande table réunirait des parents, des enfants, des grands-parents, des oncles, des tantes, des cousins et cousines. Après le repas, la grande cheminée attirerait les rêveurs et les amoureux du feu. À côté de cette grande salle, une immense cuisine verrait passer toute la famille. À chaque étage, deux ou trois chambres avec des balcons donnant sur la mer et des salles de bains. La maison ne serait pas vraiment luxueuse, mais elle aurait quand même le confort. Un toit en pente abriterait un grenier où les enfants pourraient jouer les jours de pluie.

On pourrait passer directement de la maison à la plage et de la plage à la maison. On pourrait vivre en maillot l'été.

11. *Proposition.* J'ai visité un appartement qui me semble fait pour nous. À Paris, près du Luxembourg, rue Guynemer. C'est un appartement de trois pièces au troisième étage avec ascenseur, dans un immeuble des années 1900, en belle pierre de taille ; quand on ouvre la porte, on se trouve dans une petite entrée et d'où part un couloir. La première porte est celle des toilettes, la seconde ouvre sur une pièce qui pourrait être un bureau ou une chambre d'enfant. Dans le couloir, sur la droite, on a le salon-salle à manger avec un balcon donnant sur le Luxembourg. De cette pièce, on passe dans une cuisine assez grande, carrée et qui a aussi une fenêtre sur le Luxembourg. En face du salon, de l'autre côté du couloir, une belle pièce carrée pourrait être la chambre à coucher ; elle s'ouvre sur une salle de bains. Dans la chambre, une grande fenêtre donne sur la cour de l'immeuble. C'est un appartement ensoleillé, clair et assez tranquille. Le seul inconvénient, c'est qu'il est très cher.

12. *Horizontalement :* **1.** salle de bains – **5.** chalet – **7.** villa – **10.** appartements • *Verticalement :* **I.** salle à manger – **III.** living – **IV.** chambre – **VII.** domicile – **VIII.** maison – **XI.** pièce – **XII.** salle – **XIII.** salon.

13. **1.** le boucan, le bruit, le chahut, le fracas, le tapage, le tintamarre, le vacarme – **2.** la corvée, l'emploi, la fonction, le métier, l'ouvrage, le poste, la profession, le travail.

14. **1.** le fracas – **2.** du tapage – **3.** le vacarme – **4.** un tintamarre – **5.** boucan – **6.** chahut.

15. *Horizontalement :* **1.** crépite – **3.** strident – **6.** claquer – **9.** aigu – **12.** craquer • *Verticalement :* **I.** chuchoter – **IV.** pétille – **VII.** murmurer – **IX.** grésille.

16. *Verbes :* **1.** non, le champagne pétille dans le verre – **2.** non, les fenêtres et les portes claquent… – **3.** elle est criarde, aiguë, stridente – **4.** oui – **5.** oui – **6.** elle chuchote ou elle murmure – **7.** l'huile ou la radio qui fonctionne mal – **8.** une porte mal huilée • *Bruits :* **1.** crépite – **2.** pétille – **3.** craquent – **4.** claquent – **5.** grincent – **6.** grésille.

17. *Horizontalement :* **1.** brasserie – **6.** kiosque – **9.** supermarchés – **12.** baraque • *Verticalement :* **I.** boutiques – **V.** bistro – **IX.** café – **XII.** magasins.

18. *Proposition de description.* La rue du Commerce qui part du carrefour Motte Piquet-Grenelle porte bien son nom. Elle n'est pas très large, elle n'est pas très longue, mais c'est une des rues les plus commerçantes du XVe arrondissement à Paris. Un supermarché Monoprix occupe un pâté d'immeubles au début de la rue. En face, il y a un magasin de vêtements d'une marque très courante et très connue. Et tout au long de la rue, se succèdent les magasins de vêtements, les magasins de chaussures, les boutiques de vêtements d'enfants. Il y a aussi un grand nombre de pharmacies, les unes à côté des autres, des boulangeries, des magasins d'optique, des crémeries ; une brasserie assez connue et quelques cafés permettent aux nombreux clients qui se pressent dans la rue de prendre un peu de repos ou de satisfaire leur faim ou leur soif ; tout au bout de la rue se dresse une église qui semble rappeler aux hommes que la vie spirituelle existe aussi à côté de ces preuves abondantes de la vie matérielle.

19. **1.** travail, l'emploi, emploi, emploi – **2.** boulot – **3.** poste – **4.** devoirs, devoirs, devoirs – **5.** métier – **6.** confrères – **7.** profession – **8.** collègues.

20. **1a.** « Le travail » est une activité humaine qui consiste à produire quelque chose ; « la corvée » est un travail pénible ou considéré comme ennuyeux. / **b.** « Le travail » est un terme de la langue courante, « le boulot » est synonyme de « travail », mais c'est un terme de la langue familière. – **2a.** « Le bruit » est un son, « le boucan » est un grand bruit et ce mot appartient à la langue familière. / **b.** « Le boucan », c'est du bruit, « le chahut » est une agitation bruyante ; ce mot désigne généralement l'agitation bruyante des écoliers contre leur professeur.

21. *L'intrus :* travail.

22. **1.** vacances – **2.** l'oisiveté – **3.** vacances – **4.** loisirs – **5.** travail – **6.** désœuvrement – **7.** R.T.T. – **8.** congés.

23. **1.** allez – **2.** partons – **3.** vient (*ou* revient) – **4.** pars, j'y reviendrai – **5.** rentrent (*ou* retournent) – **6.** j'en viens, j'y retourne demain – **7.** irez – **8.** revenons.

24. **1.** retourner – **2.** rentrons – **3.** reviens – **4.** allons – **5.** viens – **6.** retourner – **7.** partir – **8.** va.

25. **1.** chanceler, tituber, trébucher, vaciller – **2.** escalader, gravir, grimper, se hisser.

26. **1.** grimpe – **2.** gravissent – **3.** escaladé – **4.** est monté.

27. **1.** s'écrouler – **2.** effondrés – **3.** titubant, tomber – **4.** l'abattre – **5.** dévalent *ou* dévalaient – **6.** vacillait – **7.** tomber *ou* trébuchais – **8.** chancelé.

28. **1.** regarder – **2.** vu – **3.** regarder – **4.** vu – **5.** voir, regarder – **6.** regardait – **7.** voir – **8.** voyait.

29. **1.** observer – **2.** examinait – **3.** scrutait – **4.** dévisageaient – **5.** il l'a aperçue – **6.** percevoir – **7.** distinguait – **8.** fixait.

30. **1a.** dévisager = regarder avec insistance ; défigurer = abîmer le visage / **b.** envisager = penser à, projeter, prévoir – **2a.** apercevoir = distinguer après un effort d'attention, repérer / **b.** s'apercevoir de = se rendre compte, remarquer ; percevoir = saisir, sentir.

31. **1.** entends – **2.** entendu – **3.** écoute – **4.** entendu – **5.** écoute – **6.** entendu – **7.** écoute – **8.** écoutait.

32. *Horizontalement :* **1.** frictionner – **3.** tâter – **4.** palpe – **8.** masser – **10.** caresser • *Verticalement :* **I.** frotter – **IV.** chatouille – **X.** effleurer.

Les synonymes varient en intensité

1. **1.** identiques – **2.** ensorcelante – **3.** héroïsme – **4.** condamne – **5.** anxieuse – **6.** microscopique (*ou* minuscule) – **7.** ravi – **8.** consternés.

2. **1.** stupéfaite – **2.** l'épouvante – **3.** talentueux, génial – **4.** éphémère – **5.** vaste – **6.** affligé(e) – **7.** serein – **8.** l'adore.

3. 1. désapprouvée – **2.** illuminé – **3.** livide – **4.** une immense – **5.** resplendissait – **6.** entêté – **7.** sage – **8.** fascinant.

4. *Qualités* : 1, 4 – *Défauts* : 2, 3, 5.

5. *Horizontalement* : **1.** resplendir – **3.** luire – **6.** étinceler • *Verticalement* : **III.** scintille – **VII.** brillent – **IX.** rayonne.

6. 1. « satisfait » ne se dit que pour les personnes, « satisfaisant » pour les choses – **2.** « content » ne se dit que pour les personnes, « heureux » peut se dire pour les personnes et les choses – **3.** « ravi » ne se dit que pour les personnes, « joyeux » se dit pour les personnes et pour les choses.

Les synonymes varient en construction

1. 1a. de / **b.** à – **2a.** b. à – **3a.** à / **b.** de – **4a.** de / **b.** ø – **5a.** ø / **b.** d'un – **6a.** sur / **b.** ø – **7a.** par-dessus / **b.** ø – **8a.** en / **b.** à.

2. 1. Je me suis enfin souvenu du mot… – **2.** Est-ce que tu te sers de ton ordinateur ? – **3.** Elle a permis à ses élèves d'utiliser… – **4.** Il s'est marié avec une…. – **5.** Ils ont atteint leur but. – **6.** …a informé les professeurs de son… – **7.** Je préfère Proust à Mauriac. – **8.** Il a cherché à savoir…

---
2 • 2 Les antonymes
---

1. une femme – Elle pensait, elle était petite fille, elle vivait, avec sa maman – Sa maman, une femme, des vaches, des brebis, des poules, des juments, des chiennes et des chattes – Elle vivait, ses sœurs et ses nièces – les cousines – Elles couraient.

2. 1. enseigné – **2.** achetée – **3.** répondre – **4.** envoyé – **5.** prêter – **6.** parle – **7.** donne (*ou* offre).

3. 1. refuser – **2.** je reviendrai – **3.** oublié – **4.** commencé – **5.** trouveras – **6.** détruit – **7.** défendrai – **8.** échoueras.

4. 1. fermée – **2.** pleurera – **3.** l'ignore – **4.** poussait – **5.** punissait – **6.** tairas – **7.** tort – **8.** interdit.

5. 1. laideur – **2.** faiblesse – **3.** l'obscurité – **4.** saleté – **5.** solidité – **6.** vieillesse – **7.** méchanceté – **8.** différence – **9.** pauvreté – **10.** l'avarice.

6. 1e – 2f – 3g – 4b – 5c – 6d – 7h – 8a.

7. Alice est petite et vieille ; belle et mince ; gentille, avare – gaie, forte, solide – léger – la vérité (la sincérité) – rapide, en bonne santé – le froid, le bruit et la clarté – pauvre.

8. 1. vieillit – **2.** accéléré – **3.** déteste – **4.** a maigri (*ou* minci) – **5.** s'appauvrit – **6.** enlaidi – **7.** menti – **8.** différons.

9. 1d – 2e – 3f – 4g – 5c – 6h – 7a – 8b.

10. 1. à gauche – **2.** sud, l'ouest – **3.** départs – **4.** sortent – **5.** l'avant – **6.** monte – **7.** recule – **8.** raccourcir.

11. la guerre, le malheur – l'injustice – la pauvreté – la maladie – le mal – l'enfer – la mort.

12. 1. récemment – **2.** autrefois – **3.** le crépuscule – **4.** la semaine prochaine – **5.** oublié – **6.** la nuit – **7.** rarement – **8.** jamais.

13. 1. À la suite d'un désaccord, cet homme qui était mon ami depuis plusieurs années est devenu mon *ennemi* mortel. – **2.** Elle *désespère* de comprendre un jour les mathématiques. – **3.** Attention, ta réponse est *inexacte*, tu te trompes. – **4.** Oui, mais ce problème de mathématiques est *difficile*. – **5.** Tu as fait une erreur, *défais* la rangée que tu as déjà tricotée. – **6.** Les ordonnances des médecins sont souvent *illisibles*. – **7.** C'est un homme qui n'hésite pas à mentir, à tricher pour gagner. Je trouve cela complètement *immoral*. – **8.** Il est *anormal* de voir des gens dormir, vivre dans la rue. – **9.** Il est

impossible de laisser ces pauvres gens dans la rue, en plein hiver, il faut faire quelque chose. – **10.** Le travail de cet enfant est très *irrégulier*, il est parfois excellent, parfois mauvais.

14. antipathique, désagréable, impoli – le déteste – Il déplaît, insensible – Il ignore, un illettré, incapable – imparfaite – mécontent, inamical et insensé.

15. 1. vivre – **2.** laisser – **3.** économiser – **4.** rester – **5.** rester sur place, rester derrière – **6.** faire – **7.** affirmer.

16. 1. *inquiète* ≠ qui est tranquille, qui ne se fait pas de souci – **2.** *détestait* ≠ aimait – **3.** *indécis* ≠ décidés, déterminés, volontaires – **4.** *interminables* ≠ courtes, brèves – **5.** *indubitable* ≠ douteuse, incertaine – **6.** *amorales* ≠ morales – **7.** *inexistants* ≠ réels – **8.** *irrésistible* ≠ auquel on peut résister – **9.** *évitait* ≠ recherchait – **10.** *ingrats* ≠ reconnaissants – **11.** *indifférents* ≠ intéressés, attentifs, curieux – **12.** *incompétents* ≠ compétents.

17. 1. et 2. Préfixe **em-** = dans / embarquer ≠ débarquer / emménager ≠ déménager – **3. et 4.** Préfixe **em-** = loin de / emmener ≠ amener / emporter ≠ apporter.

18. 1. rousses (*ou* jaunes) – **2.** gris – **3.** rouge – **4.** noires – **5.** sec (*ou* rassis) – **6.** blanc.

19. 1. a. grossier / **b.** simple, facile, ordinaire / **c.** indélicat, peu scrupuleux, peu honnête.
2. a. tordus, sinueux, brisés (de travers) / **b.** trompeurs, hypocrites / **c.** bien penchée / **d.** la rive gauche.
3. a. faux, inexacts / **b.** injuste / **c.** fausses / **d.** ni trop petites, ni trop grandes / **e.** approximative (*ou* voisine).
4. a. lourd / **b.** bien fort / **c.** épais, chauds / **d.** grave / **e.** importante / **f.** épaisse / **g.** violent / **h.** plus prudente.

Au plaisir des mots

1. Pas d'antonymie possible : **1.** *un bon petit repas* = un repas bien agréable – **2.** *une bonne librairie* = une librairie bien fournie, riche en livres – **3.** *une petite couturière* = une couturière qui n'est pas très connue, pas très célèbre – **4.** *quelques maigres économies* = de petites économies – **5.** *un gros chagrin* = un grand chagrin, un chagrin violent – **6.** *boire un petit coup* = boire en une seule fois – **7.** *une bonne paire de claques* = une forte paire de claques – **8.** *un sale temps* = un mauvais temps – **9.** *d'une voix blanche* = d'une voix sans timbre, monocorde – **10.** *par gros temps* = par mauvais temps.

2. Midi. Il fait beau (*ou* Le soleil brille.) – …archi-pleins (*ou* complets). – Un jeune homme… trop long et qui porte un chapeau critique (*ou* fait des reproches à) un homme parce qu'il lui écrase les pieds. – …une place libre – …pour s'asseoir – …plus tard, devant la gare…, ce jeune homme écoutait un ami qui parlait et qui lui disait… était ouvert.

---
2 • 3 Les homonymes
---

2. 1. Il y a un jeu de sonorités entre le nom de la moutarde « Maille » et le subjonctif présent du verbe « aller ». Le subjonctif est amené par la restriction « ne… que ». Et le sens de la phrase est : Seule la moutarde Maille me convient. – **2.** Même jeu sonore avec « s'aime » et « sème ». Le verbe « semer » = disperser des semences, jeter à la surface du sol pour faire pousser du blé et d'autres céréales. Pour une banque, s'aimer c'est semer son argent, mettre son argent à la banque pour le faire grandir. – **3.** Ici, il n'y a pas de jeu sonore explicite, mais l'expression attendue serait : « changer d'air » = quitter son lieu habituel de résidence. « Changer d'ère » signifie ici : changer d'époque.

3. 1. a. je parle à quelqu'un / **b.** je pousse quelqu'un à aller à l'eau – **2. a.** Édouard a fait quelque chose de très mal / **b.** Édouard, je n'aime pas du tout ce café, trop fort ou trop léger. – **3. a.** Je n'aime pas rouler de petits morceaux de mie de pain, comme font certaines personnes à table. Ce n'est pas très élégant / **b.** Je n'aime pas me moquer, tromper une amie. (« rouler », dans la 2ᵉ phrase a un sens familier et signifie : tromper). – **4. a. et b.** Le mot « elle » s'écrit avec deux « ll », le mot « aile », l'aile de l'oiseau, s'écrit avec un seul « l ». – **5. a.** Regarde les cils de cette jeune fille, ils ne sont pas vrais, ils sont faux. / **b.** Regarde ces traces d'animaux disparus. – **6. a.** Il est 9 heures du matin, le magasin est ouvert / **b.** Le magasin est entièrement peint en vert.

4. 1. Je suis *une voile*. – **2.** Je suis *un voile*. – **3.** C'est *la capitale* d'un pays. – **4.** Je suis *une manche*. – **5.** Je suis *de la mousse*. – **6.** Je suis *la morale*. – **7.** Je suis *la poste*. – **8.** Je suis *un manche* (de couteau…) – **9.** Je suis *un moule*.

5. 1d – **2**e – **3**f – **4**g – **5**b – **6**h – **7**c – **8**a.

6. 1. a. le bout de son crayon / **b.** dans la boue – **2. a.** une butte / **b.** des buts – **3. a.** le chaos / **b.** ces cahots – **4. a.** sensée / **b.** censé.

7. chênes, cent ans – sans feuilles – des champs de blé, le chant des oiseaux – la chaîne des Alpes – aux chœurs d'enfants, de tout leur cœur.

8. 1b et c – **2**b – **3**b – **4**b • *Autres définitions proposées :* **1. a.** la colle. – **2. a.** un compte / **c.** un comte – **3. a.** un coup / **c.** le coût – **4. a.** un cours / **b.** court.

9. *Horizontalement :* **1.** danses – **3.** date – **4.** cuire – **5.** eau – **7.** fard – **7.** fée – **10.** haut • *Verticalement :* **I.** datte, faim – **III.** cuir, phare – **V.** fin – **VI.** fait – **VII.** dense.

10. 1. Je suis *un fil*. – **2.** Je suis *une file*. – **3.** Nous sommes *la foi, le foie, une fois*.

11. 1. a. glaciaires / **b.** glacière – **2. a.** golf / **b.** golfe – **3. a.** goûte / **b.** gouttaient – **4. a.** un lac / **b.** la laque – **5. a.** laid / **b.** le lait.

12. 1. le mal – **2.** une malle – **3.** mère – **4.** un maire – **5.** mètres – **6.** le maître – **7.** « moi » – **8.** le mois – **9.** ce sont des mots – **10.** des maux.

13. née – née – nez, non – nom – mur, mûrs.

14. 1. a. paume [o] / **b.** pomme [ɔ] – **2. a.** pain / **b.** pin – **3. a.** paire / **b.** pair – **4. a.** pattes / **b.** pâtes.

15. 1. au parti – **2.** partie… – **3.** parti… – **4.** parti… – **5.** parties – **6.** le parti d'… – **7.** …en partie.

16. *Horizontalement :* **2.** port – **4.** poing – **6.** pleine – **8.** peau • *Verticalement :* **I.** porc – **II.** pot – **III.** plaine – **V.** poignée – **VIII.** poignet.

17. 1. Le mannequin prend *la pose*. – **2.** Elle est intelligente, elle *raisonne* bien. – **3.** Elle est montée sur la *scène* pour chanter. – **4.** La *salle* était pleine. – **5.** Elle a rempli le *seau* et a commencé à laver le plancher. – **6.** Il est monté *sur* le tabouret pour prendre un livre. – **7.** La *tâche* du professeur est d'enseigner. – **8.** Il est *temps* de partir.

18. le temps – le pré – près – soles, tante – le sol, sur, sûr, sol – tente, taches – tante, prêts, tâche – tant.

19. 1. a. saints / **b.** sain / **c.** sein – **2. a.** saut / **b.** seau – **3. a.** thons / **b.** ton – **4. a.** vin, vin / **b.** vain – **5. a.** veines / **b.** vaines – **6. a.** vernis / **b.** vernies.

20. verres – vers – vert – vers – voix – voie.

21. 1. « Le pin » est un arbre et un bois avec lequel on peut faire des meubles ; « le pain » est un aliment, / « le boulot » est le terme familier qui désigne le travail et « le

bouleau » est aussi un arbre. – **2.** Expression idiomatique qui signifie : il y a du travail qui nous attend. – **3.** « Cuit » est le contraire de « cru ». Le steak tartare est fait de viande crue et non cuite. / « Cuit » au sens figuré, familier, signifie que quelque chose est perdu. – **4.** Il y a *homophonie* entre « pin » et « pain », entre « boulot » et « bouleau ». / Et il y a *polysémie* avec le mot « cuit ». Le pain est « cuit » dans le four. Pour le pin, le bois : « c'est cuit » : c'est perdu, il n'y en a pas.

---

2 • 4 Les paronymes

2. 1. accident – **2.** incident – **3.** incidents – **4.** accident.

3. 1. adhérence – **2.** adhérence – **3.** adhésion – **4.** adhésion – **5.** adhésion.

4. 1. affection – **2.** affectation – **3.** affection – **4.** affectation – **5.** affection.

5. 1. infligé – **2.** affligée – **3.** affligé – **4.** infligé – **5.** s'en affliger.

6. 1. illusions – **2.** allusion – **3.** allusions – **4.** illusions – **5.** illusions.

7. 1. alternance – **2.** alternance – **3.** alternative – **4.** alternative – **5.** alternance – **6.** alternance.

8. 1. Ils *emménageront* cet été dans la maison qu'ils viennent d'acheter. – **2.** *Emmenez* les enfants et mettez-les au lit, ils sont fatigués. – **3.** Certains considèrent que se mettre en maillot est *immoral*. – **4.** *Emporte* ce gâteau, s'il te plaît, si tu le laisses ici, je risque de le manger entièrement.

9. *Horizontalement :* **1.** bibliographie – **3.** attention – **6.** accès – **10.** essai – **12.** changer – **14.** intention • *Verticalement :* **I.** biographie – **III.** excès – **V.** astrologie – **VII.** échanger – **IX.** astronomie – **XII.** essayage.

10. Le départ du train est *imminent*, courez si vous ne voulez pas le rater. – **2.** Les *immigrés* ont quelquefois du mal à s'insérer dans leur nouvel environnement. – **3.** Les enfant sont entrés brusquement dans le salon, ils ont fait *irruption* et toutes les conversations ont cessé. – **4.** Il s'est fait une *fracture* du genou en tombant tout bêtement dans la rue. – **5.** Elle a toujours une forte *inclination* pour la danse.

11. 1. blanc (c'est la couleur) / un banc (siège long) – **2.** blond (c'est une couleur de cheveux) / un bond (un saut) – **3.** clou (petit objet pointu qui sert à fixer, à suspendre) / cou (partie du corps entre la tête et les épaules) – **4.** drame (genre littéraire théâtral) / dame (féminin de monsieur) – **5.** flou (peu net) / fou (insensé, qui n'a pas toute sa raison) – **6.** fracture (cassure, brisure, état de ce qui est cassé, brisé) / facture (note, compte des dépenses) – **7.** gramme (unité de mesure, petite quantité) / gamme (les sept notes : do, ré, mi, fa, sol, la, si, do) – **8.** larme (goutte de liquide salé qui coule des yeux) / lame (partie coupante d'un couteau) – **9…** psaume (poème biblique) / paume (intérieur de la main).

12. 1. compréhensif – **2.** compréhensible – **3.** compréhensible, incompréhensible – **4.** compréhensif – **5.** incompréhensible.

13. 1. confondu, confondu – **2.** confondus – **3.** confus – **4.** confondu – **5.** confus.

14. *Bonnes réponses :* **1.** consommer – **2.** esquiver – **3.** inculquer.

15. 1. a. conjoncture / **b.** conjecture – **2. a.** démocratie / **b.** démographie – **3. a.** infester / **b.** infecter – **4. a.** isolation / **b.** isolement.

16. 1. désintérêt – **2.** inintéressant – **3.** désintéressement – **4.** désintéressé **5.** désintérêt.

17. *Mots corrects :* **1.** une effraction (*et en même temps une* infraction) – **2.** un immigré – **3.** j'évoque – **4.** je rentre.

18. intégral – extrêmement – excessivement – implicite – explicite – intègre.

19. justesse – justice – légitime – judiciaires – loyal – juridiques – légales.

20. 1. menteur – **2.** mensongers, neuve, nouvelle – **3.** neuf, nouvel appartement.

21. 1. oppressés – **2.** opprimés – **3.** originale – **4.** originel.

22. *Horizontalement :* **1.** prépositions – **4.** passante – **6.** passager – **11.** personnalise • *Verticalement :* **1.** proposition – **4.** personnifie – **11.** partiel – **14.** partiale.

23. *Bonnes réponses :* **1.** respectable – **2.** survient – **3.** une tentation – **4.** venimeuse.

BILAN 2

Les synonymes

1. représente (ligne 2) – **2.** les citadins (l 5) – **3.** tissu (l 16) – **4.** estrade (l 15) – **5.** boutique (l 23) – **6.** maquillage (l 17) – **7.** appartenir à (l 35).

Les antonymes

1. la laideur – **2.** utile – **3.** les banlieusards / les campagnards / les paysans – **4.** les pauvres – **5.** les vieux – **6.** vendre – **7.** se déshabiller – **8.** maintenant / aujourd'hui.

Les homonymes

1. le mode (l'indicatif, le subjonctif sont des modes) – **2.** je (pronom personnel) – **3.** la physique (science qui étudie les propriétés de la matière) – **4.** la tour (construction élevée) – **5.** le phare (lampe qui permet d'éclairer la mer pour permettre aux bateaux de naviguer en pleine nuit, *ou* lampe placée à l'avant des voitures) – **6.** lait (liquide nourricier produit par les mammifères et certains végétaux) – **7.** la pause (arrêt momentané d'une activité).

Les paronymes

1. invoque – **2.** affectation – **3.** allusion – **4.** excessivement – **5.** neuf – **6.** originel – **7.** tentative.

II. LES MOTS DANS LA VIE

1. LES MOTS ET LEUR USAGE DANS LA VIE

1 • 1 Quand les mots ont plusieurs sens

Les mots en contexte

1. 1. a. l'aide / **b.** le public – **2. a.** le lieu du cours / **b.** la distinction – **3. a.** l'objet pour ouvrir une porte / **b.** la solution – **4. a.** l'analyse / **b.** le temps de travail…

2. 1. un petit pain de 200 gr. *(boulangerie)* – **2.** un bâton mince qui sert à taper sur un *tambour* – **3.** le petit bâton *(du chef d'orchestre, opéra, concerto)*.

3. 1. le fait de diriger *(centre commercial, gestionnaire)* – **2.** la personne qui dirige un établissement *(réception, hôtel)* – **3.** la voie à suivre *(orientation)*.

4. 1. avoir de la peine à faire quelque chose, c'est ressentir une difficulté à faire quelque chose *(peur de tomber)* – **2.** le chagrin, la tristesse, faire de la peine, c'est rendre triste quelqu'un, les attrister par une parole, une action *(désolée, mauvaise nouvelle)* – **3.** se donner de la peine pour quelque chose, c'est faire beaucoup d'efforts *(exercice difficile, trouver la solution, bravo)* – **4.** c'est une punition prévue par la loi pour des personnes qui commettent des fautes *(procès, tueur en série, jury)*.

5. *Propositions de réponses.* **1a.** La petite souris que j'ai trouvée dans le grenier est grise. Elle est vraiment adorable ! / **b.** Hier, j'ai acheté un nouvel ordinateur de couleur bleu azur. Comme c'était un article en promotion, la souris n'est pas de la même couleur : la souris est grise. – **2a.** C'est délicat ! Le travail de cette broderie est effectué avec beaucoup de soin, de finesse, de délicatesse. / **b.** Je ne sais pas comment réagir, c'est délicat, la situation est vraiment difficile à gérer ! – **3a.** Il faisait un peu frais, il a pris une veste pour sortir. / **b.** Il a pris une veste quand il lui a demandé de sortir avec elle.

Les glissements de sens

1. *Sens propre :* **1.** l'air conditionné (la climatisation) – **4.** un courant d'air, un air pollué • *Sens figuré :* **2.** être tête en l'air (étourdi) – **3.** tu ne manques pas d'air (tu exagères) – **4.** changer d'air (partir en vacances) – **5.** il y a de l'orage dans l'air (il va y avoir une dispute).

2. **1**e – **2**d – **3**b – **4**a – **5**c – **6**f.

3. **1**d – **2**c – **3**a – **4**e – **5**b.

4. *Propositions de réponses.* **1.** Je rate la marche de l'escalier qui conduit à la salle des cours. – **2.** Je me lance dans un projet avec ardeur, avec enthousiasme. / Je suis tellement amoureux que tout me semble accessible. – **3.** Au cours d'une réunion de famille, je récite un recueil de poèmes de Victor Hugo ou je joue un morceau de Chopin au piano à la perfection. – **4.** J'aime tellement la peinture que je peux peindre toute une journée sans m'arrêter pour déjeuner.

5. 1. une bise – **2.** une toile – **3.** un canard – **4.** une girouette.

7. et 8. **1**a – **2**c – **3**c – **4**b.
Propositions de réponses. **1.** Un fils et son père : — Papa, je pars en boîte avec ta voiture. — Sans demander l'autorisation ! Eh bien toi, tu ne manques pas d'air !
2. Entre collègues de travail : — Martine et Alice m'ont dit que Maurice allait certainement démissionner, c'est incroyable, non ? — Oh, tu sais, il n'y a pas de fumée sans feu.
3. Un frère à sa sœur : — Oh, là, là ! J'ai eu le résultat de mon contrôle de physique : 4 sur 20 ! — Eh bien dis donc, il va y avoir de l'orage dans l'air ce soir, à la maison !
4. Le mari et sa femme : — Dépêche-toi, ça fait une heure que je t'attends ! — Voilà, j'arrive ! Il n'y a pas le feu !

Quelques verbes polysémiques

1. faire : l'innocent, une bêtise, une erreur, un exploit, *mais aussi* faire la route avec quelqu'un (partager la voiture), faire un journal (le produire), faire une promesse (la formuler), faire un vêtement (le confectionner), faire le marché (faire les courses au marché) • **mettre :** la table, le couvert, un vêtement • **passer :** la consigne, un examen, un film, un marché, une vitesse, *mais aussi* passer un vêtement (l'enfiler). • **tenir :** une promesse, un engagement, une grippe, un journal, un rôle, un rang, le coup, la route.

2. *Propositions de phrases.* **1.** Ce n'est pas la peine de *faire l'innocent*, je sais que c'est toi qui as fini la tablette de chocolat ! – **2.** D'accord, rendez-vous demain à vingt heures devant le cinéma, je *passe la consigne* aux autres. – **3.** Son projet *ne tient pas la route* : il est trop confus et on ne sait même pas combien ça va coûter… – **4.** Il m'a *fait la promesse* de ne plus fumer pendant ma grossesse… et il *tient* toujours *ses promesses* ! – **5.** Mon patron a *passé un marché* avec une entreprise asiatique, le contrat sera prêt la semaine prochaine. – **6.** Ouf ! Vingt kilomètres à pied et tu as *tenu le coup*, bravo !

3. 1c – 2d – 3a – 4b.

4. 1d – 2a – 3b – 4f – 5c – 6e.

5. **1.** passons. – **2.** ne t'en fais pas – **3.** passe à autre chose – **4.** tiens, tiens ! / tiens ! – **5.** tiens-toi bien.

6. **1.** fait – **2.** fait – **3.** se passe – **4.** remettre – **5.** tiens.

7. Conseils : 1d – 2b – 3c – 4e – 5a.

8. 1a. ça me fait du bien (ça fait du bien à quelqu'un de + infinitif) / **b.** ça me fait drôle (de + infinitif) – **2a.** je mets 20 minutes / **b.** mettre fin à – **3b.** je tiens de (quelqu'un).

9. 1b – 2a – 3b – 4c.

10. **1.** passent pour – **2.** sont passés par – **3.** ont passé leur temps à –. **4.** se sont passés de – **5.** ont passé sous silence – **6.** passer à côté d'un…

11. **1.** tiennent lieu de – **2.** tiennent à – **3.** se mettent à – **4.** sont tenus d'(adapter…).

---

1 • 2 Quand les mots s'adaptent

Les registres de langue

1. **1.** c'est le top – **2.** ça ne passe plus – **3.** un pote – **4.** j'ai la haine – **5.** un mec (bien) – **6.** ça craint – **7.** bonjour l'angoisse.

2. **1.** c'est ce que je pouvais espérer de mieux – **2.** je ne le supporte plus – **3.** un ami – **4.** je suis totalement révolté, j'en veux à tout le monde – **5.** un homme / un garçon – **6.** c'est vraiment quelque chose de dangereux et qu'il faut éviter à tout prix – **7.** Quelle angoisse !
Ce jeune représentant a une double mission : celle d'informer en tant que représentant d'une association (la langue est donc standard) et celle de sensibiliser les plus jeunes conducteurs au danger de la vitesse et de l'alcool au volant. Pour attirer leur attention et établir une complicité avec eux, il emploiera des expressions plus familières, bien connues des jeunes.

3. *Propositions de réponses.* **1.** entreposer les poubelles des usagers – **2.** détailler, décrire une recette de cuisine – **3.** se détendre pendant quelques minutes, prendre un café ou une autre boisson – **4.** un vieux pétrolier en très mauvais état qui risque de déverser des nappes de pétrole dans la mer – **5.** une classe qui est réservée aux hommes d'affaires dans les trains, les avions – **6.** une manière d'agir et de penser qui vise la qualité d'une prestation.

4. 1c – 2d – 3f – 4a – 5e – 6b.

5. 1d – 2c – 3e – 4a – 5b.

6. *Propositions de réponses.* **1.** Une femme à son voisin : il lui annonce que l'entreprise dans laquelle il travaille va fermer. – **2.** Une commerçante à une cliente dans son magasin, dans la matinée : un passant s'arrête juste devant l'entrée du magasin pour que son chien fasse ses besoins. – **3.** Un homme à une femme, au bureau de poste, en plein après-midi : la femme arrive et passe devant tout le monde, prétextant une fatigue soudaine. –

4. Une fille à sa copine, à la fac, à l'heure du déjeuner : la copine lui annonce qu'elle connaît déjà le sujet des examens.

7. **1.** Ça craint ! – **2.** Tu m'étonnes ! – **3.** C'est pas triste… – **4.** Pas possible ! – **5.** C'est l'enfer ! – **6.** C'est pas évident !

8. **1.** majuscule, mettre sa vie… entre parenthèses – **2.** point à la ligne – **3.** entre guillemets – **4.** a fait une parenthèse.

Les abrègements de mots

A. **1.** hebdo (hebdomadaire = journal qui paraît une fois par semaine), info (information) – **2.** petit déj (petit-déjeuner), apéro (apéritif), solo (solitaire) – **3.** les ados (adolescents), perso (personnel), un texto est un néologisme – **4.** les accros (être accro de = passionné par), la déco (décoration), un pro (professionnel) – **5.** bio (biologique), kilos (kilogrammes).

B. *Ces slogans pourraient correspondre à :* **1.** un journal pour les jeunes – **2.** des biscottes ou petits grillés – **3.** un portable (*N.B. :* on appelle « un texto » : un message écrit et envoyé par le biais d'un portable) – **4.** un magasin de décoration intérieure – **5.** des yaourts, ou d'autres produits issus de la culture biologique conseillés en cas de régime.

2. **1.** la Sécu (Sécurité sociale), les Télécom (Télécommunications), l'hosto (l'hôpital) – **2.** un amphi (amphithéâtre), le bac (baccalauréat), la fac (faculté), la géo (géographie), l'instit (instituteur ou institutrice), les maths (mathématiques), la philo (philosophie), le prof (professeur), le restau U (universitaire) – **3.** le hand(ball), le foot(ball).

3. **1.** boîte postale – **2.** (prendre) rendez-vous (donner rendez-vous à quelqu'un, avoir rendez-vous à 11 heures) – **3.** s'il vous plaît – **4.** post-scriptum.

4. **1.** un abribus – **2.** un bibliobus *ou* médiabus – **3.** un pantacourt – **4.** un ciné-club – **5.** un courriel *ou* mèl.

---

1 • 3 Quand les mots cachent la réalité

Les sigles et les euphémismes

1. *Mots utiles pour comprendre :* **1.** syndicats, transports – **2.** livres, musique – **3.** santé – **4.** rails, gares – administration.

2. *Transports :* S.N.C.F., T.G.V. – *Syndicats :* C.G.T., F.O. – *Associations sportives :* O.M., P.S.G. – *Culture :* B.D., C.D., – *Organismes français :* C.H.U., la C.A.F.

3. 1b – 2a – 3d – 4b – 5c – 6e – 7b.

4. **1.** un P.V. (procès verbal) – **2.** un C.E.S. (contrat emploi-solidarité) – **3.** un V.R.P. (voyageur représentant placier) – **4.** les ASSEDIC (Association pour l'emploi dans l'industrie et le commerce) – **5.** le R.M.I. (revenu minimum d'insertion) – **6.** la T.V.A. (taxe à la valeur ajoutée) – **7.** une H.L.M. (habitation à loyer modéré).

5. *Propositions de réponses.* **1.** *sans domicile fixe :* c'est une personne sans travail et pauvre qui n'a pas de domicile fixe. – **2.** *vélo tout terrain :* c'est un vélo équipé pour rouler sur toutes sortes de terrains (route caillouteuse, chemin de terre…). – **3.** *diplôme d'études de langue française :* c'est un diplôme qui atteste la capacité à communiquer en français, à l'écrit et à l'oral et inclut une connaissance générale de la civilisation française. – **4.** *curriculum vitae :* c'est un document sur lequel figurent toutes les indications fournies par une personne sur son état civil, sa formation et son parcours professionnel.

6. *Vous devez aller :* **1.** aux ASSEDIC (**A**ssociation pour l'**e**mploi dans l'i**n**dustrie et le **c**ommerce) – **2.** à l'A.N.P.E

(**A**gence **n**ationale **p**our l'**e**mploi) – **3.** dans une A.J. (**a**uberge de **j**eunesse) – **4.** à R.M.C. (**R**adio **M**onte-**C**arlo) – **5.** à E.D.F. (**É**lectricité **d**e **F**rance) – **6.** au C.H.U. (**c**entre **h**ospitalier **u**niversitaire) – **7.** à la S.N.C.F (**S**ociété **n**ationale des **c**hemins de **f**er **f**rançais).

7. 1. un bédéphile – **2.** un smicard – **3.** un RMiste – **4.** un vététiste.

---

1 • 4 Quand des mots nouveaux entrent dans la langue

Les néologismes de formation récente

1. et **2.** *Les mots en italique ci-après sont ceux du texte.* – **1.** *Préfixes :* **cyber-** (*un cybercafé*, un cybernaute…) ; **multi-** (*multimédia*, multiplexe, multiculturalisme…) – **2.** *Suffixes :* **-er** (zapper, flasher…), **-erie** (*animalerie…*), **-iel** (*ludiciel*, logiciel…), **-iser** (*fidéliser*, optimiser …) – « relooker » est un néologisme formé à partir d'un emprunt : *look.*

3. A. 1. mono- (seul) / -parent- / -al (suffixe d'adjectif qui marque la qualité, la caractéristique, la relation) – **2.** -jet- (du verbe « jeter ») / -able (marque la possibilité) – **3.** re- (exprime la répétition) / -cycl- (le cycle) / -age (marque l'action et le résultat) – **4.** co- (ensemble) / -voiture- (voiture) / -age (l'action ou le résultat).

	Préfixe	Radical	Suffixe
1.	mono-	-parent-	-al
2.		-jet-	-able
3.	re-	-cycl-	-age
4.	co-	-voitur-	-age

B. *Propositions d'exemples.* **1.** Comme dans de nombreuses familles *monoparentales*, Maryse élève seule son petit garçon. – **2.** De peur d'abîmer mon bel appareil photo, je prends toujours un *jetable* quand je vais à la mer. – **3.** Maintenant, de nombreuses familles trient leurs déchets comme les bouteilles de verre, le carton…, afin de pouvoir les envoyer au *recyclage*. – **4.** Pendant les grèves dans les transports en commun, les automobilistes pratiquent le *covoiturage* pour se déplacer, mais ensuite chacun reprend ses anciennes habitudes, c'est dommage…

4. 1b – **2**a – **3**d – **4**c. – *Propositions de réponses :* **1.** sur une nouvelle robe, une belle moto, une voiture de course… – **2.** un vieil appartement, une émission de radio… – **3.** dans les bouches de métro, sous les ponts – **4.** une télécommande.

5. *Je vais dans :* **1.** une bagagerie – **2.** une biscuiterie – **3.** une sweaterie – **4.** une animalerie – **5.** une braderie – **6.** une saladerie – **7.** une jardinerie.

6. 1. un après-rasage – **2.** une garde d'enfant – **3.** un disque compact – **4.** une restauration rapide – **5.** le télé-achat – **6.** un baladeur – **7.** la Toile.

7. 1. médiatisée – **2.** sponsorisées – **3.** optimiser – **4.** fidéliser.

Les emprunts

1. 1. le look, un/du jogging – **2.** les sixties – **3.** (le) light – **4.** le baby-boom.

2. *Proposition de réponses.* **1.** Les vêtements de sport donnent une allure dynamique aux tenues de mode : c'est l'année du survêtement. – **2.** La décoration des années 60 revient à la mode. – **3.** Devant le risque croissant de l'obésité, le secteur agroalimentaire décide d'utiliser des produits allégés. – **4.** L'accroissement soudain de la natalité pose des problèmes d'accueil et de sureffectifs dans les écoles des grandes villes.

3. 1. la jet set (personnalités bien en vue dans la société), à ne pas confondre avec « le jet » (avion à réaction) – **2.** bowling (car il n'appartient pas au monde du travail) *ou* manager (car c'est le seul qui ne finit pas par -ing) – **3.** clip (médias), les autres font référence au sport – **4.** le grog est la seule boisson, les autres sont des aliments – **5.** « eye-liner » est le seul mot qui ne désigne pas une personne.

4. 1c – **2**a – **3**b – **4**e – **5**d.

5. Réponses personnelles.

6. 1d – **2**e – **3**b – **4**c – **5**a.
Propositions de réponses. **1.** À la recherche *d'un scoop*, ce journaliste est parti dans un pays en guerre, au péril de sa vie. – **2.** Avez-vous vu *le clip* de la dernière chanson de Florent Pagny ? – **3.** Thomas a loué *un loft*, pour pouvoir jouer avec son groupe de musiciens sans déranger les voisins. – **4.** Bravo aux cuisiniers, *ce lunch* était vraiment réussi ! – **5.** Je connais très bien *un supporter* du P.S.G. (équipe de football du Paris-Saint-Germain).

7. 1b – **2**e – **3**d – **4**a – **5**c.

8. *Propositions de réponses.* **1.** quand je dois reprendre le travail le lundi matin – **2.** quand je suis en vacances – **3.** quand je pars en montagne et pour entreprendre de grandes randonnées – **4.** quand je suis en retard à un rendez-vous – **5.** quand je salue mon concurrent qui vient de remporter à ma place le marché tant espéré.

9. 1. faire une pause, se reposer un peu – **2.** faire les boutiques, les magasins – **3.** courir, faire de la course à pied – **4.** camper – **5.** assommés, fatigués, exténués – *N.B. :* souvenez-vous : les R.T.T. (réduction du temps de travail) sont des jours de récupération accordés aux salariés.

10. 1. un gentleman – **2.** un caddie – **3.** un container – **4.** un steward – **5.** un klaxon.

11. 1. faux, un trust désigne une entreprise importante qui résulte de la fusion de plusieurs petites entreprises – **2.** faux : un boom désigne un développement rapide et soudain d'un événement. À ne pas confondre avec l'onomatopée « (bada)boum » – **3.** vrai – **4.** vrai.

Au plaisir de lire, de dire

2. 1c. un but = un objectif / un espace délimité sur un terrain – **2e.** un avocat = un fruit / un homme de loi – **3a.** lentille = un légume / un verre de contact – **4b.** l'épingle est indispensable pour coudre ; *sens figuré :* « être tiré à quatre épingles » = être bien habillé – **5d.** brancher = raccorder des appareils électriques / être branché = être à la mode.

3. 1. le bleu – **2.** l'article = le, la / l'article de journal – **3.** le marron glacé (marron = la couleur / le fruit).

BILAN 3

Quand les mots ont plusieurs sens

1. a. animal – **b.** morceau de sucre que l'on trempe dans le café – **c.** fausse note – **d.** un journal.

2. *Propositions :* **a.** N'ayant pas de briquet, il *demande du feu* à son voisin : … / **b.** Tu *as du feu* ? / **c.** Ne *joue pas avec le feu* : ne sors pas ta planche à voile quand il y a du mistral.

3. a. il a réussi à l'attraper – **b.** elle le garde attaché – **c.** il en est le gérant – **d.** il dure.

Quand les mots s'adaptent

1. a. c'est très fâcheux – **b.** c'est ennuyeux – **c.** c'est horrible – **d.** c'est extraordinaire.

2. a. un hosto – **b.** un dico – **c.** une occase.

3. a. un abribus – **b.** un médiabus – **c.** un bibliobus.

Quand les mots cachent la réalité

1. a. le F.N. (Front national) est un parti politique – **b.** le P.A.F. (Paysage audiovisuel français) est un organe de contrôle de la télévision – **c.** la C.A.F. (caisse d'allocations familiales) est un organisme social français – **d.** le P.S.G. (le Paris-Saint-Germain) est un club de football.

2. a. J.O. (le Journal officiel / les Jeux olympiques) – **b.** les T.P. (travaux pratiques / travaux publics) – **c.** le P.C. (Parti communiste) / un P.C. (poste de commandement) / un P.C. (*personal computer* = micro-ordinateur).

Quand des nouveaux mots entrent dans la langue

1. a. zapper – **b.** surfer – **c.** taguer – **d.** flasher.

2. a. une souris – **b.** un portail – **c.** une icône.

3. *Par exemple :* un casting, une star, un remake, le show-business, un spot (publicitaire), un disc-jockey, un press-book…

2. LA CULTURE DANS LES MOTS

2 • 1 Les onomatopées et les cris d'animaux

2. *Les onomatopées :* Euh ! – Hein ! – Toc, toc, toc ! – Coucou ! – Snif ! – Vlan ! – Miam, miam ! – Bof ! – Pouah ! – Glouglou ! – Zut ! – Bah ! – Dring ! – Et patati et patata… – Blablabla… • *Propositions de situations.* **1.** une jeune femme à son amoureux à la table d'un restaurant, un samedi soir – **2.** un jeune homme à une collègue, lundi matin, au bureau – **3.** un jeune homme à son copain, au domicile de ce dernier, après le déjeuner – **4.** un écolier à sa mère, dans la cuisine, un soir de semaine – **5.** une jeune fille à sa meilleure amie, sur son lit, après l'école • *Classement :* **a.** Miam ! – **b.** Vlan ! – **c.** Dring ! – **d.** Pouah ! – **e.** ! Bah ! – **f.** et patati et patata, et blablabla – **g.** Bof ! – **h.** Toc, toc ! – **i.** Glouglou ! – **j.** Zut !

3. A3e – B2d – C1a – D5 c – E4b.

4. 1. Crac ! – **2.** Bang ! – **3.** Ding ! Dong ! – **4.** Vroum ! – **5.** Pin-pon ! – **6.** Couac !

5. 1b – 2c – 3c – 4c – 5a – 6b.

6. *Scénarios.* **1.** Ding, dong ! La vache ! Chut ! Mon œil ! – **2.** Dring ! Aie ! Blablabla ! Pardi ! – **3.** Couac ! Bang ! Pin-pon ! Ouf !

7. 1. dada – **2.** nounou – **3.** chouchou – **4.** bric-à-brac – **5.** toutou.

8. 1. une poule / je caquète (caqueter) / Cot-cot ! – **2.** une abeille / je bourdonne (bourdonner) / Bzz bzz – **3.** un chien / j'aboie (aboyer), Ouaf ouaf ! – **4.** un canard / je cancane (cancaner) / Coin coin ! – **5.** un cochon / je grogne (grogner) / Groïnk !

9. 1. une personne mécontente ; râler = manifester son mécontentement par des plaintes – **2.** un couple d'amoureux ; roucouler = se tenir des propos à la fois tendres et langoureux – **3.** une bavarde ; cancaner = bavarder en disant du mal des autres – **4.** un moqueur ; ricaner = rire bêtement et méchamment.

2 • 2 Les tournures idiomatiques

Les expressions comparatives

1. a. jolie comme un cœur, fraîche comme une rose, laid comme un pou, nu comme un ver, rouge comme une tomate, beau comme un dieu – **b.** doux comme un agneau – **c.** manger comme un cochon, entrer… comme dans un moulin.

2. 1. aimable comme une porte de prison – **2.** haut comme trois pommes – **3.** léger comme une plume – **4.** maigre comme un clou – **5.** triste comme un jour de pluie – **6.** solide comme un roc.

3. 1b. comme un singe – **2d.** comme une pie – **3a.** comme une mule – **4c.** comme un renard.

4. 1. chanter – **2.** malin – **3.** doux – **4.** dormir – **5.** manger – **6.** rusé.

5. Production libre.

Les expressions imagées

1. 1. être mauvaise langue, avoir un poil dans la main, perdre la tête, prendre les jambes à son cou – **2.** avoir un esprit terre à terre, avoir la tête dans les nuages – **3.** une fine mouche, les yeux de biche, ma (petite) puce, quand les poules auront des dents – **4.** être soupe au lait, raconter des salades, mettre de l'eau dans son vin, faire le poireau. *D'autre mots doux :* ma caille, ma poulette, mon chaton, ma biche.

2. 1. Il est mauvaise langue : il dit du mal des autres. – **2.** Il est soupe au lait : il s'emporte facilement. – **3.** Il est fine mouche : c'est une personne habile et rusée. – **4.** Il a l'esprit terre à terre : il se préoccupe essentiellement de ses besoins matériels. – **5.** Il a la tête dans les nuages : il est distrait, rêveur.

3. 1d – 2f – 3e – 4a – 5i – 6b – 7h – 8c – 9g.

4. 1d – 2e – 3b – 4c – 5a.

5. 1. L'habit ne fait pas le moine. – **2.** Je suis trempé comme une soupe ! – **3.** Allez, vide ton sac ! – **4.** Il tourne autour du pot. – **5.** Je suis dans la lune. – **6.** Ça me fait une belle jambe !

6. 1. paresseux – **2.** triste – **3.** très influent – **4.** orgueilleux.

7. 1f – 2e – 3b – 4c – 5a – 6d.

8. 1. faire d'une pierre deux coups – **2.** mettre la charrue avant les bœufs – **3.** tu as bon pied bon œil, prendre le taureau par les cornes – **4.** remue ciel et terre, prendre mes jambes à mon cou (infinitif : prendre *ses* jambes à *son* cou).

9. 1. ils sont entrés (chez eux) comme dans un moulin – **2.** ils font la pluie et le beau temps – **3.** ils leur ont coupé l'herbe sous le pied – **4.** ils n'ont pas froid aux yeux – **5.** ils sont mauvaise langue.

10. 1. canard – **2.** planche – **3.** vert – **4.** frein – **5.** couleur – **6.** haricots.

Les expressions culturelles

2. bleu ciel, bleu lavande, bleu azur – **gris** perle, gris souris, gris ardoise – **jaune** citron, jaune poussin, jaune or – **rouge** sang, rouge pivoine, rouge cerise – **vert** pomme, vert amande, vert sapin.

3. 1c – 2h – 3i – 4a – 5g – 6b – 7e – 8j – 9f – 10d.

4. 1.e. être blanc comme neige – **2h.** être fleur bleue / **g.** avoir une peur bleue – **3d.** voir tout en noir, avoir les idées noires – **4b.** voir la vie en rose – **5f.** être rouge de honte – **6c.** être vert de jalousie.

Pour **a.** : la couleur change selon les régions lorsqu'on est *en colère* : vous pourrez entendre « rouge/bleu/vert de colère » ; on dira aussi « être/se mettre dans une colère noire ».

5. Blanc : 1. un drapeau blanc – **2.** passer une nuit blanche – **3.** un examen blanc – **4.** donner, laisser carte blanche à quelqu'un – **5.** un mariage blanc • **Rouge : 6.** le drapeau rouge – **7.** être sur liste rouge – **8.** la lanterne rouge – **9.** le feu rouge / passer au rouge *ou* brûler le feu rouge. • **Vert : 10.** le billet vert – **11.** la classe verte – **12.** une carte verte – **13.** le feu vert / donner le feu vert à quelqu'un – **14.** avoir la main verte – **15.** la langue verte – **16.** un numéro vert.

6. 2. une nuit sans dormir – **3.** un examen non officiel (on passe un examen blanc pour se préparer à l'examen final) – **4.** permettre à quelqu'un d'intervenir à sa guise pour atteindre un objectif déterminé – **5.** un mariage non consommé – **6.** le drapeau que l'on utilise pour signaler le danger sur les plages, sur les routes – **7.** se dit d'une personne qui a refusé de laisser figurer son numéro de téléphone dans l'annuaire – **8.** se dit d'une personne ou d'une équipe qui arrive en dernier dans une course – **9.** le feu rouge (stop), ne pas respecter l'arrêt – **10.** le dollar – **11.** une classe de découverte effectuée dans un cadre scolaire – **12.** un document d'assurance automobile – **13.** le feu de circulation = passez / donner l'autorisation à quelqu'un de faire quelque chose – **14.** avoir un don inné pour les plantes – **15.** l'argot – **16.** un numéro gratuit.

7. *Milieu rural :* c'est la fin des haricots, mettre la charrue avant les bœufs, faire quelque chose pour des prunes • *Vie mondaine :* faire des économies de bouts de chandelle, jouer sa dernière carte, monter sur ses grands chevaux.

8. 1b. : vous lui en êtes reconnaissant(e) – **2c. :** cette information ne vous est d'aucune utilité – **3a. :** rien ne va plus.

9. 1. vrai – **2.** vrai – **3.** faux (cela vient de la pratique suivante : on plaçait les tranches de pain rassis au fond de la marmite et on versait le bouillon bien chaud) – **4.** faux (le coq-à-l'âne était un genre littéraire qui consistait à passer d'un sujet à un autre sans transition) – **5.** vrai.

10. *Propositions de réponses.* **1.** Une mère à ses enfants : « Allez les enfants, *mettez le couvert*, on va bientôt passer à table. » – 2 Un instituteur à ses élèves : « Dépêchez-vous de rentrer, vous allez prendre froid, vous *êtes trempés comme une soupe* ! » – **3.** Une fille à son amie : « Arrête *de sauter du coq à l'âne*, c'est pénible, je ne comprend rien à ton histoire ! » – **4.** *Un patient à son médecin :* « Prescrivez-moi du fer, du magnésium, des vitamines, il faut absolument que je reprenne du poil de la bête, je pars en voyage à la fin du mois. »

11. 1. la rivière – **2.** la nature – **3.** le vent, la tempête – **4.** l'arbre, ses fruits.

12. 1. qui sème *le vent* récolte *la tempête* – **2.** l'eau va à *la rivière* (on ne prête qu'aux personnes qui ont déjà de l'argent) – **3.** on reconnaît *l'arbre à ses fruits* – **4.** tous les goûts sont dans *la nature*.

13. 1. les pages *blanches*, être sur liste *rouge*, les pages *jaunes* – **2.** avoir la main *verte*, la matière *grise*, être dans le *rouge* – **3.** passer une nuit *blanche*, un petit *noir*, avoir des *bleus* – **4.** un numéro *vert*, être *rouge/bleu/vert* de colère, rire *jaune*.

---
2 • 3 Les expressions liées aux pays et aux régions
---

2. 1. Il bâtit des châteaux en Espagne. – **2.** Elle va filer à l'anglaise / Il reçoit une douche écossaise – **3.** Elle parle français comme une vache espagnole / C'est du chinois. –

4. Ce n'est pas le Pérou ! – *N.B. :* (Le titre de l'exercice « tous les chemins mènent à Rome » signifie que l'on arrive toujours au même endroit quel que soit son itinéraire.)

3. *Propositions de réponses.* **1.** il se met en tête des projets qu'il ne va pas pouvoir réaliser – **2.** elle va partir en cachette, sans dire au revoir – **3.** il subit un renversement brusque de situation en passant d'une bonne à une mauvaise nouvelle – **4.** elle ne maîtrise pas du tout la langue française – **5.** c'est incompréhensible – **6.** dit par une personne en difficulté financière.

4. *Se dit en :* **1.** Champagne-Ardennes – **2.** Languedoc-Roussillon – **3.** Alsace – **4.** Provence – **5.** région Rhône-Alpes – **6.** Poitou-Charentes – **7.** Franche-Comté – **8.** Picardie – **9.** Basse-Normandie.

5. 1. a. une louche dans la région lyonnaise, dans les régions de l'est et en Picardie / **b.** un sac en papier dans la région du Centre – **2. a.** courageux (sens courant) / **b.** gentil mais pas très futé (sens courant) / **c.** grand en Provence / **d.** bon et honnête (sens courant) – **3.** courageux (dans le Nord) et loyal, sincère (sens courant) – **4.** engager un salarié (sens courant), commencer sa journée de travail (dans la région Poitou-Charentes).

6. 1. un mot grossier et impoli (le plus courant est « merde ») – **2.** une arme à feu (= un revolver) – **3.** un objet ou un jouet muni d'un mécanisme automatique.

---
2 • 4 Les expressions imagées liées à l'air du temps
---

2. 1. sont d'attaque – **2.** accordent leurs violons – **3.** sert de toile de fond – **4.** la balle est dans le camp du… – **5.** marque des points – **6.** la bible des… – **7.** l'épidémie des…

l'art : accorder ses violons, servir de toile de fond à, *et aussi* connaître la chanson, s'emmêler les pinceaux – **la médecine :** l'épidémie *et aussi* la plaie (du chômage), le virus (de la contestation), le malaise (de la société) – **le sacré :** la bible, *et aussi* c'est sacré, avoir du charisme, une parole d'évangile – **le sport :** être d'attaque, la balle est dans le camp de…, marquer des points, *et aussi* aller droit au but.

3. 1b – 2a – 3c – 4c – 5b – 6a – 7c.

4. *Propositions de réponses.* **1.** La « *fracture* sociale » désigne le fossé qui existe entre les gens riches et ceux qui sont en dessous du seuil de la pauvreté. – **2.** Le « *dieu* du stade » désigne un sportif ou un athlète qui est admiré, adoré au plus haut point par des amateurs. – **3.** Elle « fait *une folie* » signifie qu'elle fait une dépense excessive qui dépasse largement son budget. – **4.** Il « *jette l'éponge* » signifie qu'il abandonne la partie après avoir fait beaucoup d'efforts pour y arriver. – **5.** Il « *est rouillé* » signifie qu'il a perdu de sa souplesse, faute d'exercice physique.

5. *Propositions de réponses.* **1.** Il donne la priorité à sa vie professionnelle. – **2.** Il se met en accord avec la conduite de l'entreprise. – **3.** Il obtient ce poste grâce à un appui haut placé / une personne très influente insiste pour qu'il obtienne ce poste. – **4.** Il est sur ses gardes, ayant peur d'un mauvais coup de leur part / qu'ils agissent dans son dos/contre lui. – **5.** Il parle et agit sans détours, franchement, sans hésiter. – **6.** Il remonte dans l'estime de ses collègues.

6. 1c – 2a – 3c – 4a.

7. 1d. Tout nouveau tout beau. → B – **2c.** Ce que femme veut, Dieu le veut. → D – **3b.** Aux grands maux, les grands remèdes. → A – **4a.** Rien ne sert de courir, il faut partir à point. → C.

8. Production libre.

Au plaisir de lire, de dire

2. 1d – 2c – 3a – 4f (car on dit « avoir une langue de vipère ») – 5b – 6e

3. 1. souris (du verbe « sourire » / la souris) – 2. une poire (être une poire : se faire avoir, croire tout ce que l'on dit) – 3. un chien, avoir un caractère *de chien*.

....

BILAN 4

....

Les onomatopées et les cris d'animaux

1. a. déception – **b.** regret – **c.** surprise – **d.** doute – **e.** indécision – **f.** indifférence.

2. a. chuchoter, chuchotement – **b.** craquer, craquement.

Les tournures idiomatiques

1. *Exemples :* **a.** C'est une mère poule – **b.** une vieille chouette – **c.** une peau de vache – **d.** un chaud lapin – **e.** un drôle de zèbre – **f.** une (vraie) fouine…

2. les cheveux en bataille, des yeux de biche, les oreilles en chou-fleur, le nez en trompette, une taille de guêpe.

3. a. oui : travailler au noir – **b.** oui : se mettre au vert – **c.** non.

Les expressions liées aux pays et aux régions

1. a. vrai – **b.** vrai – **c.** vrai – **d.** faux (c'est une histoire comique et exagérée) – **e.** faux (cela peut être une louche ou un sac plastique selon les régions) – **f.** vrai.

2. a. filé à l'anglaise – **b.** le Pérou – **c.** bâtir des châteaux en Espagne – **d.** chinois.

Les expressions liées à l'air du temps

1. *Exemples :* **a.** la plaie du chômage – **b.** la fracture sociale – **c.** la situation d'urgence des banlieues – **d.** le malaise de la société – **e.** le virus de la contestation – **f.** la bonne santé de l'euro…

2. Vous tournez la page / jetez l'éponge / avez le beau rôle / connaissez la chanson / menez le jeu.

3. a. être prévoyant et s'organiser en conséquence – **b.** être écarté/évincé.

III. LES MOTS ET VOUS

1. SOYONS PRECIS DANS CERTAINES SITUATIONS

1 • 1 Localiser, décrire

Localiser dans l'espace, décrire un lieu

1. A. 1. le Quercy, Sarlat, Périgord noir – **2.** les Causses – **3.** *En haut :* la cité religieuse, l'Alzou ; *plus bas :* le village. **B.** être situé, être entouré de, s'élever, se dresser, être bordé de, surplomber, dominer.

2. *Sens pris par les verbes :* **1.** se trouver au-dessus de – **2.** se trouver tout droit (debout, en position verticale) – **3.** se trouver sur les bords de – **4.** se trouver autour.

3. 1e – 2d – 3b – 4a – 5c.

4. 1. comprend – **2.** a lieu – **3.** se tient – **4.** dispose de *ou* est équipé de – **5.** est équipée de *ou* dispose de – **6.** possède.

5. *Propositions de réponses :* s'affairent (s'affairer = être très occupé) / attendent / font la queue / fait traverser / chantent à tue-tête.

6. *Plusieurs réponses sont possibles :* **1.** se tient / a lieu – **2.** a lieu / se tient – **3.** comprend/comporte – **4.** comporte/comprend – **5.** dispose – **6.** possède.

7. *Production libre.* Reportez-vous aux exercices 1 et 6 ci-dessus. Le texte et les phrases vous serviront de modèles d'écriture.

8. *Bonnes réponses :* **1.** a, c, d, f, g, h – **2.** a, b, e – **3.** b, d, e – **4.** b.

Localiser une chose, un objet (abstrait/concret)

1. 1. repose sur – **2.** range, renferment – **3.** contient – **4.** est disposée, posée sur, rangée à côté de, contenant – **5.** présente, expose, repose.

2. 1c – 2d – 3a – 4b.

3. *Propositions de réponses.* **1. a.** est placé dans la salle à manger / **b.** place le fauteuil dans la salle à manger / **c.** invite les plus paresseux à s'allonger – **2. a.** sont rangées dans les placards de la cuisine, le réfrigérateur et le congélateur. / **b.** range… / **c.** attirent l'œil des gourmands – **3. a.** sont disposés dans/sur les rayons de la bibliothèque / **b.** disposent… / **c.** envahissent les rayons… – **4. a.** … sont exposés dans la salle à manger / **b.** Denis expose… / **c.** …attire le regard des invités.

4. 1. une paire de lunettes – **2.** un coffre à bijoux – **3.** une montre.

5. 1. contient – **2.** exposés, disposées – **3.** présenté, renferme – **4.** reposent.

6. Reportez-vous à l'exercice 1. Le texte vous servira de modèle d'écriture.

Caractériser une personne

1. 1h – 2i – 3f – 4e – 5a – 6g – 7b – 8c – 9d.

2. *On rencontrera fréquemment les couples « verbe + nom » suivants :* **A.** éprouver un malaise, rencontrer une difficulté – **B.** obtenir un diplôme, remporter une médaille, recevoir une récompense, saisir une opportunité – **C.** exercer un métier, occuper un poste, présenter un symptôme.

3. 1b – 2c – 3d – 4a.

4. 1d – 2a – 3b – 4c.

5. *Propositions de réponses.* **1.** quand ma meilleure amie est venue à l'improviste pour fêter mon anniversaire. – **2.** quand j'attendais les résultats du bac. – **3.** lorsque / quand cet homme m'a regardé dans les yeux avec insistance. – **4.** quand il a refusé de m'aider.

6. *Propositions de réponses.* **1.** exercer un métier / rencontrer une difficulté / se montrer courageux / recevoir une récompense – **2.** perdre sa situation / éprouver un malaise / souffrir de solitude / hausser les épaules – **3.** occuper un poste / nourrir un espoir / faire les cent pas / obtenir une promotion – **4.** saisir une opportunité / remporter une victoire / lever les bras au ciel.

1 • 2 Raconter, rapporter un discours

2. 1d – 2c – 3a – 4b.

3. *Propositions de réponses.* **1a.** Paul communique à son collègue une information importante. / **b.** « Le bureau sera fermé exceptionnellement mardi. » – **2a.** Quelques jours avant son anniversaire, le petit Martin émet un vœu devant ses parents. / **b.** « J'aimerais tellement avoir ce vélo ! » – **3a.** Deux amies se réjouissent de passer des vacances ensemble. / **b.** « C'est vraiment formidable de réunir nos deux familles ! » – **4a.** Vincent retrace son parcours professionnel pour un entretien d'embauche. / **b.** « Au début, j'ai travaillé dans une entreprise, puis je me suis mis à mon compte… »

Organiser son discours selon une chronologie

1. 5 – 1 – 4 – 2 – 3.

2. *répondre à quelque chose (à un questionnaire, une interview…), répondre quelque chose (qu'a t-il répondu / répondre oui, répondre non / répondre par oui ou par non), répondre à quelqu'un que + phrase à l'indicatif, répondre à quelqu'un de faire quelque chose.*

3. *Propositions de réponses.* **1.** Pourriez-vous *répondre à* quelques questions concernant votre film ? – **2.** Ton père *a répondu que* tu étais trop jeune pour sortir le soir. – **3.** Le patron *a répondu de* traiter toutes les affaires urgentes avant la fin de la semaine. – **4.** Le client *a conclu que* c'était une affaire en or et qu'il faudrait signer les contrats demain au plus tard. – **5.** Le gagnant *a conclu son discours par* des remerciements.

Caractériser le discours

1. réciter – **2.** hurler – **3.** s'exclamer – **4.** chuchoter – **5.** souffler – **6.** soupirer – **7.** crier.

2. 1. hésiter, les autres insistent sur les propos que l'on rapporte – **2.** soupirer, les autres servent à rendre publique une information – **3.** faire part de quelque chose à quelqu'un, les autres servent à marquer son indécision.

3. 1e – 2c – 3a – 4b – 5d.

4. 1. a. Il leur confie un secret. (a confié) / **b.** Il leur confie qu'Adeline attend un enfant. (a confié, attendait) / **c.** Il leur confie qu'elle accouchera… (a confié, accoucherait) – **2. a.** Il leur révèle une information. (a révélé) / **b.** Il leur révèle que la société est endettée. (a révélé, était endettée) / **c.** Il leur révèle qu'elle licenciera. (a révélé, licencierait) – **3. a.** Il leur déclare sa volonté d'aider ses collègues. (a déclaré) / **b.** Il leur déclare qu'il n'est pas d'accord. (a déclaré, n'était pas d'accord) / **c.** Il leur déclare qu'il soutiendra ses collègues. (a déclaré, soutiendrait)

5. 1. soupire un père en s'apercevant que son fils (maladroit) vient de casser un deuxième verre – **2.** crie la mère à sa fille effrontée qui vient de lui répondre méchamment – **3.** murmure une femme à son amoureux après une dispute – **4.** s'exclame une personne visitant le musée d'Orsay à Paris – **5.** récite Mathilde à la demande de la maîtresse.

6. 1. assurer un propos – **2.** marquer une hésitation – **3.** annoncer une nouvelle – **4.** reformuler un propos – **5.** annoncer une nouvelle (« Au fait » s'emploie aussi lorsque l'on change de sujet.) – **6.** reformuler un propos.

7. 1. chuchote Martin, souffle Marc – **2.** s'écrie t-il (le surveillant), s'exclament-ils – **3.** soupire Martin.

8. Les enseignants affirment qu'ils continueront la grève… certaines … assurent qu'ils empêcheront les épreuves… Le ministère de l'Éducation répète qu'il ne tolérera pas une telle attitude et soutient qu'il fera appel aux forces de l'ordre si nécessaire.

9. 58 % des personnes interrogées révèlent qu'elles croient en l'existence de Dieu. 69 % se déclarent catholiques / déclarent qu'elles sont catholiques. 12 % déclarent qu'elles vont à la messe, 10 % confient qu'elles n'y vont jamais.

10. 1. *pour annoncer* : figure-toi que…, au fait, à propos – **2.** *pour reformuler* : si je comprends bien…, tu es en train de me dire que… – **3.** *pour dire que c'est exact* : c'est exact ! – **4.** *pour exprimer son étonnement* : c'est incroyable ! quelle histoire ! – **5.** *pour assurer* : mais si, je t'assure !

11. 1. *pour confier un secret* : voir exercice précédent (annoncer) – **2.** *pour dire que l'on déplore* : comment ?, mais c'est lamentable !, c'est déplorable ! – **3.** *pour s'excuser* : excuse-moi, je suis vraiment désolé, je regrette ! – **4.** *pour marquer son indécision* : bafouiller (Euh !… c'est-à-dire… / Il faut que je réfléchisse / Euh !… je ne sais pas encore !…)

---

1 • 3 Exprimer une intention avec précision

1. 1. informer, recommander quelque chose (vous feriez bien de/d'…), approuver (vous avez raison), demander – **2.** réclamer des excuses, protester/ordonner – **3.** proposer, refuser (nous sommes désolés), regretter (c'est dommage), proposer (ça vous dirait de + infinitif) / accepter – **4.** ordonner /protester / conseiller (à votre place) / accepter.

2. 1b – 2e – 3a – 4b – 5c – 6b – 7b – 8d – 9c – 10e.
Expressions familières : et quoi encore *(aussi ironique)* / c'est nul ! • *Expressions ironiques :* Vous voulez rire ? Vous plaisantez ? • *Expressions soutenues :* c'est lamentable, incontestablement.

3. 1d – 2e – 3f – 4a – 5b – 6c.

4. 1. a. Il refuse l'invitation. / **b.** Il refuse de participer au carnaval. / **c.** Il refuse que sa sœur prenne son déguisement. – **2. a.** Elle regrette son absence. / **b.** Elle regrette de ne pas assister à la réunion. / **c.** Elle regrette que ses collègues ne la reportent pas. – **3. a.** Elle accepte cette idée de vacances. / **b.** Elle accepte de partir en montagne cet été. / **c.** Elle accepte volontiers que sa sœur s'occupe des réservations. – **4. a.** Elle se plaint d'un mal aux pieds / d'ampoules aux pieds / de ses ampoule aux pieds. / **b.** Elle se plaint d'être toujours à la traîne. / **c.** Elle se plaint que ses copains ne l'attendent jamais.

5. *Solutions et propositions de réponses.* **1. a.** Une jeune femme à un homme qui s'arrête pour l'aider à changer la roue de sa voiture / **b.** Elle le remercie pour son aide, … / **c.** elle le remercie de s'être arrêté. – **2. a.** Une jeune fille à une copine qui vient d'obtenir un poste à l'université / **b.** Elle la félicite pour sa promotion,… / **c.** elle la félicite d'avoir réussi son concours d'entrée. – **3. a.** Un père à son fils qui pleure suite à une mésaventure amoureuse / **b.** Il désapprouve son attitude,… / **c.** il désapprouve son fils d'avoir téléphoné à son amie en pleurnichant. – **4. a.** Un chef d'entreprise aux membres du conseil d'administration / **b.** Il approuve leur décision, … / **c.** il les approuve d'avoir réglé cette affaire rapidement.

6. 1e – 2d – 3a – 4b – 5c.
Propositions de réponses. **1e.** Une jeune fille se plaint à sa mère, elle a passé toute la journée à réviser ses examens. – **2d.** Un homme se plaint à un collègue de travail, il arrive en retard tous les matins. – **3a.** Une jeune femme à son amie. Elle sort tous les soirs. – **4b.** Une femme se plaint à son mari. Il a laissé les poubelles dans la voiture toute la journée. – **5c.** Une locataire à l'agence de location. Ses voisins jouent de la musique techno jusqu'à minuit.

7. 1. La mère a recommandé à l'aîné de faire attention à son petit frère. – **2.** Paul a proposé à Thibaut de jouer aux échecs. – **3.** Elle lui a vivement conseillé d'arrêter de fumer. – **4.** Elle a ordonné à sa fille de manger proprement. – **5.** Il a interdit aux enfants de dépasser la bordure du chemin. – **6.** Il a déconseillé à ses clients de partir en haute saison.

8. 1. je regrette que – **2.** elle exige que – **3.** il interdit que – **4.** ils souhaitent que – **5.** il propose que – **6.** ils demandent que.

9. Reportez-vous aux phrases de l'exercice 8. Elles vous serviront de modèle.

10. 1. Philippe *avertit* les pompiers *qu'*un incendie s'est déclaré au troisième étage de *son* immeuble. – **2.** Le pompier *lui recommande de* rester calme *et de* ne pas sauter par la fenêtre. – **3.** Philippe *se plaint qu'*un nuage de fumée commence à entrer par la porte du couloir. – **4.** Le pompier *lui conseille de* mettre des serviettes mouillées autour de la porte jusqu'à ce qu'*ils* arrivent. – **5.** Philippe *supplie* les pompiers *de* se dépêcher (*ou :* les supplie *de* se dépêcher) car ses enfants commencent à tousser.

11. 1. *pour proposer* : Ça te dit de + infinitif ? – **2.** *refus ironique* : Tu plaisantes ? Tu veux rire ? – **3.** *pour insister* : Allez, …. s'il te / vous-plaît – **4.** *refus catégorique* : Jamais de la vie ! – **5.** *faire une autre proposition* : et ça te dirait de + infinitif ? – **6.** *pour accepter* : Oui, pourquoi pas ?, D'accord.

12. 1. *pour soumettre un projet* : je propose que + subjonctif – **2.** *pour désapprouver* : je désapprouve ce projet/ je ne suis pas d'accord avec vous – **3.** *pour exiger* : j'exige que + subjonctif – **4.** *pour déplorer* : C'est vraiment lamentable ! – **5.** *pour regretter :* je regrette que + subjonctif.

13. *Propositions de réponses.* **1.** se plaindre auprès de / conseiller quelqu'un / approuver cette décision – remercier – **2.** informer / recommander quelque chose à quelqu'un / refuser / protester – **3.** demander quelque chose à quelqu'un / refuser / demander encore une fois / accepter – **4.** interdire quelque chose à quelqu'un / protester – demander quelque chose à quelqu'un / refuser.

---

1 • 4 Organiser et enchaîner ses idées

Présenter une idée

1. 1. les poètes, la société – **2.** le printemps des poètes – **3.** en France et dans le monde entier, dans les bibliothèques, les théâtres, les librairies, le métro, à Paris,… – **4.** du 10 au 16 mars – **5.** faire connaître la poésie, partager des émotions, rencontrer des poètes, rendre accessible la lecture des textes, donner une place plus importante à la poésie dans notre société.

2. être l'occasion pour quelqu'un de + infinitif / il s'agit de + infinitif / soulever la question de + nom / souligner l'importance de + infinitif.

3. 1e – 2d – 3f – 4a – 5b – 6c.

4. d – f (tout d'abord) – b (non seulement … mais aussi) – c (ensuite) – a (de plus) – e (enfin).

5. *Dans l'ordre des précédentes réponses :* **f.** en premier lieu – **b.** *proposition de reformulation :* la mobilisation des routiers consiste également à bloquer l'approvisionnement… – **c.** en second lieu – **a.** en outre – **e.** en dernier lieu.

6. 1f, h – 2b, g – 3a, e – 4c, d.

7. *Propositions de réponses concernant la sécurité routière.* **1.** *Ma première remarque portera sur* le chiffre croissant des accidents de la route. – **2.** *Il ne faut pas oublier que* la France affiche malheureusement un record des accidents. – **3.** *Passons maintenant à* la circulation dans les villes et au trafic autoroutier. – **4.** *Je terminerai* par la nécessité du respect de la limitation de vitesse.

8. 1. …cependant/néanmoins ils restent souvent en France. – **2.**… En revanche, il est très agité à la maison. – **3.** ….En revanche, il joue admirablement bien sur scène/la comédie. – **4.** … Ils savourent cependant/néanmoins les moments de détente et de tranquillité.

9. 1. … par contre, je joue du violon tous les soirs. – **2.** … par contre, j'adore aller au cinéma. – **3.** … par contre, j'ai l'habitude de manger de la viande à tous les repas. (*N.B.* : Cette expression largement répandue dans la langue familière, le plus souvent à l'oral, sera remplacée à l'écrit par l'expression « en revanche »).

10. 1. Bernadette est insouciante *tandis que* son frère Julien s'inquiète pour un rien. – 2 Anaïs est forte en maths *alors qu'*elle a des difficultés en français.

11. 1. Julie a acheté … alors qu'elle n'avait pas d'argent… – **2.** Claire déteste … alors qu'elle va faire ses courses…

12. 1. D'une part, je n'ai pas d'argent dans mon porte-monnaie et d'autre part, je ne gagne jamais à ce genre de jeu. – **2.** D'une part, je ne fume pas et d'autre part, je n'ai pas de briquet ni d'allumettes ! – **3.** D'une part, je commence à travailler à l'université et d'autre part, j'ai envie de découvrir un autre pays.

13. 1. D'un coté, la maison me plait énormément, de l'autre, je vais m'endetter pour 20 ans. – **2.** D'un coté, je sais que Marc est un homme merveilleux, de l'autre, je sais que les sorties en copines me manqueront. – **3.** D'un côté, on a envie de savoir danser en couple, de l'autre on a peur de se retrouver avec des personnes plus âgées.

14. *Propositions de réponses.* **1. a.** À titre d'exemple, la plupart effectue le tri sélectif,… / **b.** notamment les enfants qui ont appris à l'école le danger de la couche d'ozone. / **c.** C'est le cas de Jonathan, élève de la classe du CM1 de l'école Marie Curie. – **2. a.** À titre d'exemple, les personnes qui s'abstiennent de voter sont de plus en plus nombreuses,… / **b.** notamment lors des dernières élections régionales qui n'ont mobilisé que 48 % des Français. / **c.** C'est le cas de Bernard, attaché commercial dans une entreprise de bureautique. – **3. a.** À titre d'exemple, notre organisme a besoin au minimum de 8 heures de sommeil,… / **b.** notamment chez les adolescents en pleine croissance. / **c.** C'est le cas de Yohan, mon neveu.

15. 1c – 2a – 3d – 4b.

16. 1. en tout cas – **2.** en réalité, en fait – **3.** finalement.

17. Se reporter aux précédents exercices déjà indiqués pour chaque étape.

Expliquer, se justifier

1. 1. favorise, incite… à – **2.** engendre – **3.** facilitent, suscitent – **4.** peut s'expliquer par – **5.** peuvent se traduire par – **6.** peut résulter de.

2. 1. favoriser, inciter quelqu'un à, engendrer, faciliter, provoquer, susciter, se traduire par – **2.** s'expliquer par, résulter de.

3. 1 ← **d** : de l'effet à la cause – **2** ← **e** : de l'effet à la cause – **3** → **a** : de la cause à l'effet, mais l'inquiétude des enseignants peut aussi être à l'origine d'une réforme – **4** ← **c** : de l'effet à la cause – **5** ← **b** : de l'effet à la cause.

4. 1. La grève des transporteurs routiers *engendre* le blocage de l'accès autoroutier. – **2.** Le manque de confiance des gens envers les hommes politiques *se traduit par* le refus de voter de certains électeurs / *incite* certains électeurs à refuser de voter. – **3.** L'arrêt des médiabus devant les écoles *incitent* les élèves à lire. – **4.** La forte natalité de l'an 2000 engendre une augmentation du nombre des élèves à l'école maternelle.

5. 1. L'augmentation sensible du chômage *s'explique par* les licenciements massifs de certaines entreprises. – **2.** La menace des enseignants de perturber les examens *résulte du* refus du gouvernement de reporter la réforme sur l'éducation. – **3.** La baisse du nombre d'accidents sur les routes *provient* en partie *de* l'adoption du projet de loi contre la violence routière. – **4.** L'annulation des festivals d'été *est due aux grèves* des gens du spectacle.

6. 1c – 2b – 3a.

7. a. un jeune homme à sa mère au téléphone, une semaine après la date d'anniversaire / **b.** Il explique la raison de son oubli. / **c.** Il explique pourquoi il a oublié la date de son anniversaire. – **2. a.** un jeune homme à sa petite amie, dans le hall d'entrée du palais des congrès / **b.** Il lui explique les raisons de son absence. / **c.** Il lui explique pourquoi il n'a pas pu assister à son audition. – **3. a.** un élève à son professeur, dans la salle de classe, un lundi matin / **b.** Il explique à son professeur le motif de son retard. / **c.** Il lui explique pourquoi il est arrivé en retard.

8. *Propositions de réponses.* **1re étape :** Le succès d'Internet / L'Internet prend de plus en plus d'ampleur. / *En effet*, il ouvre des horizons nouveaux, notamment au niveau de l'information. – **2e étape :** *C'est pourquoi* certaines personnes préfèrent consulter les sites Internet d'information plutôt que d'aller acheter un journal. *Pour cette raison*, la presse quotidienne régionale s'inquiète.

Prendre position

1. A. a. pour ma part, j'adhère – **b.** je rejette totalement, je doute – **c.** je ne parviens pas à me faire une opinion, refusent, je ne crois pas que ce soit – **d.** se prononcent pour, pensent que, se prononcent contre, en ce qui me concerne, je déplore que.
B. 1. pour ma part, en ce qui me concerne, penser que (+ indicatif) – **2.** adhérer à (+ nom), se prononcer pour (+ nom) – **3.** rejeter l'idée de (+ verbe), se prononcer contre (+ nom), déplorer quelque chose, refuser – **4.** je doute que (+ subjonctif), je ne parviens pas à me faire une opinion, je ne crois pas que (+ subjonctif).

2. 1c – 2e – 3d – 4a – 5b.

3. *Propositions de réponses.* **1.** Tu sais, ça ne me dérange pas du tout de garder ta chienne pendant quinze jours ! Pars tranquille ! – **2.** Vous vous appelez bien Monsieur Camus ? – **3.** Hier, j'ai rencontré le producteur de la *Bicyclette bleue*. – **4.** Oh, là, là ! Je suis fatigué ! – **5.** Excuse-moi, c'était Paul au téléphone. Tu disais ?

4. *Propositions de réponses.* **1.** *Oui, en effet, il me semble que* les conducteurs ivres doivent être punis sévèrement. / *Non, à mon avis*, on peut accorder une deuxième chance aux conducteurs, car cela peut nous arriver une fois à tous. – **2.** *Oui, en effet, je pense que* toute personne responsable est capable de surveiller les étudiants. / *Non, à mon avis*, les enseignants sont les seules personnes habilitées car ils pourraient intervenir en cas d'erreurs dans les sujets d'examens. – **3.** *Oui, en effet, je pense que* les téléspectateurs se reconnaissent dans ce genre d'émissions. / *Non, à mon avis*, c'est plutôt un phénomène de mode car bon nombre de personnes ne regardent pas ces émissions. – **4.** *Oui, en effet, il me semble que* les enfants sont prêts à recevoir de l'argent de poche dés l'âge de 4 ans. / *Non, à mon avis*, un enfant de cet âge n'est pas prêt à recevoir de l'argent car il n'a aucune notion de sa valeur.

5. *Propositions de réponses.* **1a.** Oui, c'est peut-être vrai mais ce diplôme a moins de valeur qu'autrefois,… – **1b.** alors on peut se demander s'il sera utile de le passer dans 10 ans. – **2a.** Oui, c'est peut-être vrai mais les entreprises ne procèdent pas forcément à d'autres créations de postes,… – **2b.** alors on peut se demander si la loi des 35 heures contribuera à la baisse du chômage. – **3a.** Oui, c'est peut-être vrai mais ils conduisent lentement et prudemment,… – **3b.** alors on peut se demander s'il est nécessaire de leur faire repasser leur permis. – **4a.** Oui, c'est peut-être vrai mais ce sont elles en général qui font les courses pour la famille (nourriture, habits…),… – **4b.** alors on peut se demander s'il n'est pas normal qu'elles dépensent plus.

6. 1. a. *Je ne pense pas* qu'ils doivent…, / **b.** *en fait* le plus important à leur âge est le jeu. – **2. a.** *Je ne pense pas que* la canicule soit responsable…, / **b.** *en fait,* ce sont souvent des personnes qui mettent le feu. – **3. a.** *Je ne pense pas que* les familles consomment moins,… / **b.** *en fait,* elles répartissent plus leurs dépenses. – **4. a.** *Je ne pense pas* qu'il soit plus dangereux,… / **b.** *en fait,* cela dépend des conducteurs.

Se situer par rapport à son interlocuteur

1. 1. il est vrai que… mais… – **2a.** On voudrait nous faire croire… or… / il est faux de dire que… – **2b.** il est contradictoire de… et dans le même temps de. (*N.B. :* « en fait » et « en réalité » sont utilisés ici pour conclure l'argumentation.)

2. 1. *Il est contradictoire de* se plaindre de la disparition des petits commerces *et dans le même temps,* d'aller faire ses courses dans les grandes surfaces. – **2.** *Il est contradictoire de* critiquer les émissions de télé-réalité *et dans le même temps,* de regarder tous les épisodes avec assiduité. – **3.** *Il est contradictoire de* vouloir le changement *et dans le même temps,* de refuser de faire un effort pour que les réformes aboutissent.

3. 1. un mari à sa femme : **a.** Il *admet* avoir ronflé et *reconnaît* même avoir pris toutes les couvertures. / **b.** Il *admet qu'*elle a raison de se plaindre car il *reconnaît qu'*il a ronflé toute la nuit. – **2.** un conducteur à un gendarme : **a.** Il *admet* avoir tort et *reconnaît* avoir dépassé les limitations de vitesse. / **b.** Il *admet que* le gendarme a raison car il *reconnaît qu'*il a dépassé les limitations de vitesse. – **3.** un enfant à sa mère : **a.** Il admet avoir tort et reconnaît avoir mis du sel… / **b.** Il admet que sa mère a raison car il reconnaît qu'il a mis du sel dans le yaourt.

4. 1. Tu t'es *pourtant* reposé pendant les vacances ! – **2.** Tu as *pourtant* trouvé le temps pour t'amuser ! – **3.** Tu t'es *pourtant* inscrit pour l'année scolaire !

5. *Propositions de réponses.* **1.** *Il est vrai que* la solitude concerne tout le monde… *mais/cependant* elle se situe à différents degrés. – **2.** *On voudrait nous faire croire que* tous les couples sont menacés par une rupture un jour ou l'autre. *Or,* il existe encore aujourd'hui de nombreux cas de mariages heureux. – **3.** *Il est faux de dire que* les gens recherchent un partenaire comme on cherche un emploi. – **4.** *Il est contradictoire de* vouloir former une famille *et dans le même temps,* de ne pas prendre le temps pour la construire.

Au plaisir de lire, de dire

2. 1d – 2e – 3a – 4b – 5c.

3. 1. les pieds – **2.** l'alphabet – **3.** la fourchette.

BILAN 5

1. a. Aix compte environ 150 000 habitants. – **b.** un festival a lieu tous les étés. – **c.** Le théâtre comporte une grande salle de spectacle. – **d.** Cette salle contient environ 400 places.

2. a. rencontre des difficultés – **b.** nourrit – **c.** a obtenu – **d.** possède.

3. a. un secret – **b.** annonce une nouvelle – **c.** récite une poésie – **d.** affirme son innocence – **e.** avoue sa faute – **f.** reconnaît ses torts.

4. a. Vraiment ? – **b.** je vais voir/réfléchir – **c.** Figure-toi que (les cours sont annulés) – **d.** Mais si, je t'assure – **e.** C'est hors de question – **f.** Tout à fait.

2. SOYONS PRÉCIS : NE NOUS TROMPONS PAS SUR...

2 • 1 ...le genre des mots

1. 1. la – **2.** une – **3.** le, un – **4.** une – **5.** un, le – **6.** la – **7.** un, un – **8.** le.

2 • 2 ...l'orthographe

1. 1. succès – **2.** procès – **3.** adresse – **4.** appartement – **5.** comparaison – **6.** civilisation.

2. amoureux, douloureux, vigoureux, rigoureux.

3. *Horizontalement :* **1.** confortable – **4.** parmi – **7.** ensemble – **9.** environ • *Verticalement :* **I.** chacune – **V.** examen – **XI.** écrivain.

4. *Horizontalement :* **1.** exercice – **4.** magasin – **7.** existence – **9.** film • *Verticalement :* **I.** exemple – **III.** habile – **VI.** fauteuil – **XI.** langage.

5. 1. mélancolie – **2.** mystère – **3.** objet – **4.** quartier – **5.** quotidien.

6. 1. personnifier, personnaliser, personnel(le), personnalité – **2.** public/publique (adjectif), le public, publicitaire, publiciste – **3.** la réflexion – **4.** tranquillité, tranquillement, tranquilliser – **5.** le travail, travailleur.

7. 1. le rythme – **2.** quelquefois – **3.** la plupart – **4.** aucun, aucune.

2 • 3 ...la préposition

1. 1. ∅ – **2.** à – **3.** du chien – **4.** de – **5.** À, à, à, au cinéma – **6.** ∅, à – **7.** de – **8.** avec.

2. 1. à, de – **2.** ∅, à – **3.** aux jeux – **4.** à, de – **5.** aux gens – **6.** à, de – **7.** À – **8.** ∅.

3. 1. ∅ – **2.** de – **3.** à, de – **4.** aux autres, d'avis – **5.** des actes – **6.** de – **7.** de – **8.** ∅.

2 • 4 ... certaines constructions particulières

1. 1b. il s'agit de la guerre et de la paix – **2b.** Mes parents me manquent. – **3b.** Il manque quelques élèves… – **4b.** Il existe encore de nombreuses injustices… – **5b.** Il leur arrivera de gros ennuis s'ils…

2. 1. Je te félicite de ton succès mais je m'*y* attendais. – **2.** J'ai mis une heure pour monter à la tour Eiffel et *en* descendre. – **3.** Je suis entré *dans* la salle d'attente mais j'*en* suis sorti aussitôt. – **4.** Nous sommes arrivés *au* Mexique le 1er juillet et nous *en* sommes repartis le 1er août. – **5.** Les enfants respectent leur père et ils *lui* obéissent au doigt et à l'œil. – **6.** Elle a vu le jeune homme et elle est tombée amoureuse *de lui* tout de suite. – **7.** Elle ne voulait plus voir ses amies, elle refusait *de les* voir. – **8.** J'aimerais bien partir au loin, j'*en* ai vraiment envie.

3. 1. Tout le monde se pose la question de savoir pourquoi il a fait si chaud pendant l'été 2003. – **2.** Je me pose encore la question de savoir comment cet élève médiocre a fait pour réussir. – **3.** Le public se pose la question de savoir si le pianiste, qui est malade, pourra jouer.

2 • 5 ... le sens de quelques mots

1. *Bonnes réponses :* **1.** l'audience – **2.** une audience – **3.** l'auditoire – **4.** confidence – **5.** confiance – **6.** confus – **7.** confus – **8.** s'ennuyer.

2. 1. enseigne – **2.** renseigner – **3.** entourage – **4.** imagination – **5.** lecteur, la lecture – **6.** la mémoire – **7.** à – **8.** de.

3. 1. reviendrez – **2.** retourne – **3.** connais, savaient, savoir, connaissaient – **4.** à cause de – **5.** grâce au courage – **6.** vers – **7.** envers – **8.** les mots, le vocabulaire.

N° d'éditeur : 10128819 - CGI - Novembre 2005
Imprimé en France par l'Imprimerie Hérissey - N° 100514